中青年经济与管理学者文库

华中师范大学优秀种子培育项目（CCNU25XJ012）

中国债券市场的交叉违约制度研究

蒋安璇　著

中国财经出版传媒集团

中国财政经济出版社

·北京·

图书在版编目（CIP）数据

中国债券市场的交叉违约制度研究 / 蒋安璇著.
北京 : 中国财政经济出版社, 2025. 7. -- (中青年经济与管理学者文库). -- ISBN 978-7-5223-4058-6
Ⅰ. F832.51
中国国家版本馆CIP数据核字第2025NP8273号

责任编辑：马　真　　　　　责任校对：张　凡
封面设计：智点创意　　　　责任印制：史大鹏

中国债券市场的交叉违约制度研究
ZHONGGUO ZHAIQUAN SHICHANG DE JIAOCHA WEIYUE ZHIDU YANJIU

中国财政经济出版社 出版

URL：http://www.cfeph.cn

E-mail：cfeph@cfeph.cn

（版权所有　翻印必究）

社址：北京市海淀区阜成路甲28号　邮政编码：100142

营销中心电话：010-88191522

天猫网店：中国财政经济出版社旗舰店

网址：https://zgczjjcbs.tmall.com

涿州汇美亿浓印刷有限公司印刷　各地新华书店经销

成品尺寸：170mm×240mm　16开　14.75印张　220 000字

2025年7月第1版　2025年7月河北第1次印刷

定价：68.00元

ISBN 978-7-5223-4058-6

（图书出现印装问题，本社负责调换，电话：010-88190548）

本社质量投诉电话：010-88190744

打击盗版举报热线：010-88191661　　QQ：2242791300

策划人语

题记：一个人的精神成长史，取决于他的阅读史。只有阅读能最有效地培养精神生活习惯，而好的习惯又培养性格，性格决定人生。

——我们自豪，因为我们就是创造这精神产品的人。

选择了飞翔，总能看到蓝天；选择了远航，总能感受大海。人生不仅要作出选择，也要坚持住自己的选择。学会计、当编辑是我的意外选择。人说编辑是为人作嫁，可是这一选择我坚持了34年，苦在其中，乐在其中，也算是有声有色。每当我把一本本好书呈献给人们的时候，我觉得我是"富贵"的人：富，不是你身上的钱财，而是你心里的满足；贵，不是你地位的显赫，而是你被人需要的程度。

书海探寻，情怀永恒

我要说，做编辑我幸运，因为我不仅是第一个读者，可以对作品"品头论足"，也可以对作品"生杀予夺"；更重要的是，这是一个有很高层次的平台，在多年与名家的交往和名著的"对话"中，深深地为他们的人格和才学所感动，被作品的精彩所吸引，这不仅使我"下笔如有神"，更使我的思想和灵魂也受到一次次洗礼和震撼，得到一次次升华。对于我的作者我的书，如数家珍，作者中不乏才学和为人同样过人的多位泰斗和"颜值高责任大"的众多才子佳人；策划的作品不仅立足专业还兼顾人文，也是情怀所在，专业加人文路才会更宽更远。

多年的体会是，作为一名编辑，起码要"三心二意"，即"责任心、细心、耐心"和"服务意识、创新意识"。要多策划一些拳头产品，用一个选题推动一个系统工程，用一个系统工程培养一个出版社品牌。给新入职编辑讲座时我做过一个比喻：编辑两项基本功，审稿——甚至要比博导审批学生论文还要全面、细致；选题策划——要像电影导演一样做"星探"，善于发现优秀作者和挖掘好的原创作品。记不清30多年来我策划和编辑了多少种图书，组织和策划了大批教材、业务培训用书、通俗读物、理论专著等，有的获得过国家、省部级各类奖项，有的以其填补空白、社会热点、风格新颖、开拓尝试等特点受到读者的欢迎。正是：

一入书门情似海，
探寻经典职责在。
苦辣酸甜何其乐，
编辑人生也精彩。

想是问题，做是答案

众所周知，目前的图书出版业在行业竞争和纸质图书受到严重冲击的情况下，出版人无不感到莫大的危机。在这种背景下，我们还要积极应对，完善纸质图书的固有特质，拓宽纸媒的功能，挖掘出版内容和形式都精彩的原创作品，适应新形势下读者的更高需求。在新的时代环境下不断出新，我又策划了多套系列丛书和单本图书，不乏名家著作、教材、学术专著和实务丛书等，继续为扶持学术研究和总结实践最新成果，在高端研究与专业知识普及和应用之间搭建一座座有益的桥梁。

每一个时代的经济环境不同，理论研究和实务探索所需要解决的问题也有所差别。当前我国处于新的历史时期，市场环境和组织模式不断演变发展、推陈出新，经济、管理、财税等领域的新理论、新思想、新方法、新工具也层出不穷。乱花渐欲迷人眼，击水三千浪几何？这些领域的研究人员被时代赋予了更艰巨的责任，也面临着更高、更多元的要求，我们不仅要具备更广阔的学术视野，而且要有更严谨的学术思维。

输在犹豫，赢在行动

《中青年经济与管理学者文库》的作者，都是我国经济与管理领域的中坚力量，也是未来的大家。他们中有些人潜心从事理论研究，有些人则深耕在实务一线，但无论现实身份如何，视野全都没有被拘泥在"象牙塔"内。他们从不同视角对市场经济的不同要素进行细致审视，然后汇聚于"财经版"这面旗帜之下，相互碰撞，彼此激荡，力求在市场经济转型升级的关键时期留下最新鲜的"中国印记"。

这些经济与管理领域的中青年学者，就是我国市场经济发展的潜力与优势，他们的研究成果，不仅将引领市场经济的各个组成环节向更科学、更先进的方向发展，而且将成为我国政府和企业在未来经济世界扮演更重要角色的支点与动力。祝愿这些中青年学者能攀上更高的学术之山，走向更远的研究之路，也期待宏观、中观、微观各个层面的市场参与者都能从这套文库中得到切实的启发与指引，在全面深化改革、增强发展活力的关键时期，发挥正能量和积极作用，为经济社会发展增添新的动力！——这也是我策划此套丛书的初衷。

2017年策划出版《中青年经济与管理学者文库》至今已9年，得到了众多中青年学者的热烈响应与大力支持，文库诞生至今已囊括专著近百种，为年学者们提供了展示学术研究成果的平台，作者队伍不断中青壮大，作品陆续出版。如果您认可，如果您有意愿，欢迎您和您的朋友加盟我们的作者队伍！在中国财经出版传媒集团的"旗舰"下，中国财政经济出版社这"老字号"，一定励精图治，谱写新的篇章。敬请关注"龙媒玉制新书坊"微信公众号，我们用"龙的精神，玉的品质"来助力您实现梦想！

策划人：樊清玉

邮箱：qingyuf@sina.com

2025年7月1日

前言

在中国金融体系持续深化与完善的进程中，债券市场扮演着越发关键的角色。作为直接融资的重要渠道，债券市场不仅为企业提供了多元化的资金来源，有力推动实体经济的发展，还在宏观经济调控与金融风险分散方面发挥着不可替代的作用。近年来，我国债券市场实现了规模的迅速扩张与制度的逐步健全，已成为全球第二大债券市场，展现出巨大的发展潜力与活力。然而，随着债券市场规模的不断扩大与复杂程度的日益提高，债券违约事件也逐渐增多，给债券市场的稳定运行与健康发展带来了前所未有的挑战。

债券违约现象的增多不仅导致投资者遭受损失，还可能引发系统性金融风险，对整个金融体系的稳定构成威胁。在此背景下，交叉违约条款作为一种旨在增强投资者保护与风险防控的金融制度安排，被引入债券契约中。其核心理念是，当债券发行人在其他债务合同中出现违约时，视为对当前债券契约的违约，赋予债券持有人提前求偿的权利，从而及时保护债券投资者。这一条款的引入，从理论上能够有效保护投资者利益，增强市场信心，维护债券市场的稳定。但在实践中，交叉违约条款的实施效果却复杂多样，可能因条款触发导致企业资金链紧张，进而引发新的违约风险。

交叉违约条款的实施效果之所以复杂，是因为其涉及多方面的利益平衡与市场机制的相互作用。一方面，交叉违约条款确实能够通过提前揭示企业潜在的财务困境，促使投资者及时采取措施规避风险，保护自身利益。另一方面，若条款设置不当，可能对企业的正常经营与融资活动造成过度干扰，甚至引发不必要的违约连锁反应，加剧市场的不稳定因素。因此，深入研究交叉违约制度在我国债券市场中的具体应用及其影响，探究其在平衡投资者保护与企业融资需求方面的实际效果，揭示其对债券市场系统性风险的作用机制，成为当前债券市场研究与政策制定亟待解决的重要课题。

本书的研究目标是全面剖析交叉违约制度的理论基础、发展现状、挑战与对策，为我国债券市场的健康发展提供理论支持与实践指导。从理论层面出发，系统梳理信息不对称理论、委托代理理论、风险定价理论等相关理论，为交叉违约制度的研究构建坚实的理论框架。在实证分析方面，通过对大量债券数据的深入研究，揭示交叉违约制度对债券违约风险以及系统性金融风险的实际影响，量化其在债券市场中的作用效果。同时，通过对典型案例的剖析，深入探讨交叉违约制度在实际操作中的应用与局限性，为理论分析提供丰富的现实依据。

在研究内容的组织上，本书首先对交叉违约制度的起源、演进历程及其法理依据进行详细阐述，分析其在不同法域的实践差异与发展趋势。其次，对我国债券市场中交叉违约条款的触发情形、处置方案以及典型应用案例进行系统梳理，揭示其在当前市场环境中的运行状况与存在的主要问题。进一步地，本书深入剖析交叉违约制度对债券市场的影响，包括其对债券违约风险、风险传染效应的作用路径与影响因素，并运用实证研究方法验证相关理论假设与模型预测。在此基础上，本书提出一系列完善交叉违约制度的政策建议，涉及条款设置规范、信息披露要求、监管协调机制等多个层面，旨在优化交叉违约制度设计，提升其在债券市场中的风险防控效能。

综上所述，本书力图通过理论分析与实证研究相结合的方式，为读者呈现交叉违约制度在我国债券市场中的全景图，深入揭示其内在的经济逻辑与市场机制，为政策制定者、市场参与者以及相关研究者提供有价值的参考与启示。

第 1 章　绪论 ……………………………………………………（ 1 ）
　1.1　研究背景和研究意义 ……………………………………（ 1 ）
　1.2　研究目标和研究内容 ……………………………………（ 8 ）
　1.3　研究方法和技术路线 ……………………………………（ 12 ）
　1.4　研究创新和研究贡献 ……………………………………（ 16 ）

第 2 章　理论基础与文献回顾 …………………………………（ 18 ）
　2.1　理论基础 …………………………………………………（ 18 ）
　2.2　文献回顾 …………………………………………………（ 27 ）

第 3 章　交叉违约制度的发展现状 ……………………………（ 38 ）
　3.1　交叉违约制度的引入背景 ………………………………（ 38 ）
　3.2　交叉违约制度的法理依据 ………………………………（ 40 ）
　3.3　中国债券市场交叉违约制度的触发情形和处置方案 …（ 42 ）
　3.4　企业发行债券触发交叉违约条款的典型案例 …………（ 45 ）

第 4 章　交叉违约制度与债券融资成本 ………………………（ 51 ）
　4.1　引言 ………………………………………………………（ 51 ）
　4.2　理论分析与研究假设 ……………………………………（ 57 ）

4.3 研究设计 …………………………………………… （61）
4.4 实证结果与分析 …………………………………… （68）
4.5 进一步分析 ………………………………………… （83）

第5章 交叉违约制度与债券市场系统性金融风险 ……… （99）
5.1 引言 ………………………………………………… （99）
5.2 制度背景与理论分析 ……………………………… （104）
5.3 研究设计 …………………………………………… （111）
5.4 实证结果与分析 …………………………………… （119）
5.5 进一步分析 ………………………………………… （139）

第6章 完善交叉违约制度的政策建议 …………………… （148）
6.1 规范交叉违约条款的设置与适用 ………………… （148）
6.2 完善交叉违约条款的配套措施 …………………… （155）
6.3 加强对交叉违约条款的监管力度 ………………… （161）

第7章 结论与展望 ………………………………………… （167）
7.1 主要研究结论 ……………………………………… （167）
7.2 主要研究创新点 …………………………………… （172）
7.3 主要研究贡献 ……………………………………… （175）
7.4 研究局限与未来展望 ……………………………… （177）

参考文献 ………………………………………………………… （180）

附　录 ………………………………………………………… （190）

绪　　论

1.1　研究背景和研究意义

1.1.1　研究背景

中国债券市场自 20 世纪 80 年代起步以来，经历了从无到有、从小到大的发展历程，如今已成为世界第二大债券市场，在金融体系中占据着举足轻重的地位。债券市场的发展历程大致可分为以下几个阶段：20 世纪 80 年代初，国债和企业债相继恢复发行，债券市场初步形成。当时，国债发行主要是为了弥补财政赤字，企业债则主要是为了满足国有企业资金需求。随着改革开放的推进，债券市场逐渐成为筹集资金的重要场所。90 年代初，银行间债券市场开始发展，市场基础设施逐步完善。1997 年，银行间债券市场正式成立，为债券市场的规模化发展奠定了基础。这一时期，债券市场的交易品种逐渐丰富，包括国债、金融债、企业债等，市场活跃度有所提升。2005 年以后，随着银行间市场和交易所市场的不断深化发展以及债券品种的日益丰富，债券市场规模迅速扩大，市场活跃度显著提升。资产支持证券、中期票据等创新品种不断涌现，债券市场的服务能力和覆盖范围不断扩大。与此同时，债券市场的制度建设也在不断完善，如信用评级体系的逐步健全、信息披露要求的日益严格、债券违约处置机制的不断优化等,为债券市场的健康发展提供了有力保障。

债券市场的快速发展使其在国民经济中的作用日益凸显。它不仅为政府、企业提供了一个重要的融资渠道,支持了基础设施建设、企业技术改造和扩张等,推动了经济的增长,还为投资者提供了多元化的投资选择,有助于分散投资风险,提高资产配置效率。债券市场的价格发现功能促进了资金的合理流动,引导资金流向效益高、信用好的企业和项目,优化了资源配置,对宏观经济的稳定和健康发展发挥了重要作用。债券市场的场内交易主要在全国中小企业股份转让系统、证券交易所和期货交易所内进行,而场外交易则依托金融机构柜台市场和银行间市场开展。截至2023年6月底,中国债券市场托管量已达到149.5万亿元,年度成交量达到854.9万亿元,市场上流通的债券数量超过4万只,参与的法人数超过2万家,个人投资者数量超过1500万个,这些数据充分彰显了中国债券市场的庞大规模和活力。

然而,随着债券市场的不断发展,债券违约也逐渐成为常态化的现象。自2014年首只公募债券违约以来,债券违约数量和金额不断攀升,违约主体从民营企业扩展到国有企业、从上市公司扩展到非上市公司。2014年,上海超日太阳能科技股份有限公司发行的"11超日债"未能按时支付利息,成为中国债券市场首例公募债券违约事件,打破了债券市场的"刚性兑付"预期。此后,债券违约事件逐渐增多,2015—2016年,债券违约规模有所扩大,涉及的企业数量也逐渐增加。2018年更是成为债券违约的高峰期,全年新增违约主体41家,违约债项125只,违约规模高达1198.05亿元。2019—2020年,债券违约规模继续攀升,2020年,债券市场违约率进一步攀升至1.06%,违约金额达到创纪录的2239.72亿元。债券违约的集中出现,不仅给投资者带来巨额损失,还显著增加企业融资成本、损害企业价值,且可能通过供应链和同行业、同地区企业间的关联引发风险传染,导致大量企业在同一时间段内集中违约,显著加剧系统性金融风险。

债券违约常态化对债券市场的稳定运行和健康发展构成了威胁。一方面,债券违约事件的频发暴露了部分企业信用风险暴露的问题,反映了宏观经济增速放缓、行业竞争加剧、企业经营管理不善等多重因素对企业偿债能力的影响。另一方面，违约事件的集中爆发凸显了债券市场风险防范机制的不足，如信用评级体系的不完善、信息披露制度的缺陷、债券违约处置机制的不健全等，这些问题的存在使得市场参与者难以准确评估和有效管理债券风险，进一步加剧了债券市场的不稳定因素。

在债券违约常态化背景下，交叉违约条款作为一种创新的金融制度安排被引入债券契约。2016年9月8日，中国银行间市场交易商协会发布《投资人保护条款范例》，首次提出交叉违约条款，其初衷是让同一企业的不同债券投资者在债务违约时享有同等求偿权，以市场化和法治化的手段处置债务违约，保护债权人利益，解决债券市场中因"刚性兑付"预期导致的风险累积问题。交叉违约条款的引入旨在构建一种机制，使得当发行人在其他债务合同中出现违约时，债券持有人可以及时主张权利，提前采取救济措施，避免因信息不对称而导致的损失。

具体而言，交叉违约条款是指当发行人在其他债务合同中出现违约时，视为在本债券契约中也构成违约。这为债券持有人提供了一种提前防范风险的手段，避免因发行人在其他债务中的违约行为而给本债券持有人带来损失。其直接作用在于：一旦当事人根据对方在其他协议项下的不履行事实判断对方在本协议项下的履约能力有问题时，允许当事人终止本协议。对方当事人在其另外一个交易项下未能履约，很可能就是陷入了财政困境，履约能力成为疑问。在市场瞬息万变，交易双方信息不对称的情况下，本协议的债权人会强烈地倾向于终止与该对手继续进行交易，尽管可能从本协议项下来看可能还没有出现现实的不履约情况。

交叉违约条款还有一个间接作用，即通过其存在，使得本协议项下的债权人得以参与到对方当事人因在其他协议项下违约而导致的谈判中去，从而保护自己不至于比其他的债权人处于更加不利的位置。这种谈判过程的参与，以及终止本协议的威胁，使得本协议的债权人有可能分享违约债务人给予其他协议债权人的好处与利益。从法律基础来看，交叉违约条款来源于英美法上的预期违约制度，大陆法上与交叉违约条款有关系的是不安抗辩权制度。

在国际市场上，交叉违约条款已得到广泛应用。在美国债券市场上活跃的公司债中，有占总数49%的债券附有交叉违约条款；我国企业海外存量债券中，附有交叉违约条款的债券数量占比约45%，主要集中在能源和制造业发行人。此外，交叉违约条款多见于国际贷款协议中，救济措施一般是加速到期。

然而，交叉违约条款在实际应用中也暴露出一些问题和局限性。一方面，交叉违约条款的触发可能导致企业面临资金链断裂的风险，尤其是当企业流动性较差时，可能引发连锁违约效应，反而加剧了企业的财务困境。例如，大连机床集团有限责任公司出现银行承兑汇票垫款违约，导致存续债券发生连锁反应，多次触发交叉违约约定事件，最终陷入严重的财务危机。另一方面，交叉违约条款的设置和执行需要充分的信息披露作为前提，否则可能影响投资者保护的效果。在实践中，存在条款设置不清、信息披露质量低和救济措施不到位等问题，给债权人维权带来困难。例如，持有人会议召开的触发条件不明确，信息披露不及时，救济措施不明等。

此外，交叉违约条款或加剧债务人偿债压力，导致偿债危机的爆发，且能否求偿仍取决于债务人信用资质。由于交叉违约条款仍然是基于债务人自身的信用水平，当发行人无力偿债时，交叉违约条款效果几乎丧失。而且，在债券契约中引入交叉违约条款可能在债券发行前释放了企业低质量的信号，在事后又可能导致企业因资金链断裂而产生更高的违约风险。对于债券投资者而言，交叉违约条款的引入可能并未降低违约风险，反而可能因为条款设置不当而增加了投资风险。

综上所述，随着我国债券市场违约常态化趋势的加剧，交叉违约条款的引入引发了广泛的关注和讨论。其在保护投资者利益、增强市场透明度和规范发行人行为方面具有积极作用，但在实际应用中也存在诸多局限性和挑战。因此，深入研究交叉违约条款的作用机制、潜在风险及其对债券市场的系统性影响，对于完善债券市场的制度建设，提高市场效率，为投资者提供更好的保护，促进债券市场的健康稳定发展具有重要的理论和现实意义。

1.1.2 研究意义

本书研究的理论意义如下：

第一，深化债券市场风险传导机制研究。债券市场作为金融市场的重要组成部分，其风险传导机制一直是学术界和实务界关注的焦点。传统研究多聚焦于企业个体层面的信用风险、市场风险等对债券违约的影响，或是从宏观经济形势、行业竞争格局等外部环境因素出发探讨债券市场的风险形成与演变。然而，随着债券市场规模的不断扩大和市场结构的日益复杂，仅仅关注上述因素已难以全面、深入地理解债券市场的风险传导规律。交叉违约制度作为一种新型的金融制度安排，其引入为研究债券市场风险传导机制提供了独特视角。交叉违约制度使得债券违约风险不再局限于单个债券或单个企业，而是可能在同行业、同地区企业间迅速扩散。当一家企业触发交叉违约条款时，不仅其自身发行的其他债券面临违约风险，还可能波及与之存在关联的同行业或同地区其他企业所发行的债券，引发系统性金融风险。深入研究交叉违约制度对债券市场风险传导机制的影响，有助于揭示债券市场风险在不同主体之间的传递路径、影响因素和作用机理，从而丰富债券市场风险传导理论，为构建更加全面、科学的债券市场风险预警与防范体系奠定坚实的理论基础。

第二，拓展交叉违约制度的经济后果研究。交叉违约制度的引入是债券市场制度创新的重要举措，旨在通过赋予债券投资者在企业其他债务违约时的提前求偿权，保护投资者利益，增强市场透明度和规范性。然而，现有研究大多集中于交叉违约制度对单个企业内部债券违约风险的影响，鲜有从整个债券市场的宏观层面进行系统性研究。本书从宏观视角出发，探讨交叉违约制度对债券市场整体违约风险和系统性金融风险的作用机制，揭示了交叉违约制度在债券市场中的经济后果。本书通过实证研究发现，交叉违约条款不仅会提高附有该条款债券的信用利差，反映出投资者对违约风险的更高要求，还会进一步加剧债券市场的系统性金融风险。这一发现拓展了交叉违约制度的经济后果研究范畴，使学术界和业界人士对交叉违约制度的影响有了更为全面和深入的认识，也为后续相关研究提供了新的思路和方向。

本书研究的实践意义如下：

第一，为政策制定者提供决策参考。在债券市场违约常态化和系统性金融风险防范压力增大的背景下，监管部门面临着如何完善债券市场制度、保护投资者利益、维护市场稳定的艰巨任务。本书研究发现为政策制定者提供了宝贵的决策依据。首先，本书研究表明交叉违约制度虽能在一定程度上保护投资者利益，但也可能因条款设置不当而引发新的风险，这提示政策制定者应加强对交叉违约条款的监管和指导，明确其触发条件、适用范围和信息披露要求，防止因条款滥用或误用导致市场风险加剧。其次，本书研究揭示了交叉违约制度对系统性金融风险的潜在影响，这有助于政策制定者在制定相关政策时，更加注重平衡投资者保护与市场稳定之间的关系，避免因过度强调某一方面而忽视了整体市场的健康发展。例如，政策制定者可根据研究结果，合理引导企业在债券发行中设置交叉违约条款，避免条款过于宽松或严苛，确保债券市场的平稳运行。最后，本书研究提出了完善交叉违约条款配套制度的建议，如保障债券持有人会议决议的法律效力、完善发行人财产保全措施、引入专业评估制度等，为政策制定者提供了具体的政策改进方向，有助于提高债券违约处置的效率和公正性，降低因制度缺陷导致的系统性金融风险。

第二，促进债券市场的健康发展。一方面，债券市场的稳定发展对于支持实体经济发展、优化金融资源配置具有重要意义。交叉违约条款作为债券市场的重要制度安排，其合理运用能够增强市场的透明度和规范性，提高投资者信心，吸引更多的资金流入债券市场，从而促进债券市场的健康发展。另一方面，深入研究交叉违约条款的影响机制，有助于市场参与者更好地理解和应对债券违约风险。投资者可根据研究结果，更加准确地评估债券的投资风险，作出合理的投资决策；发债企业则可在此基础上，合理规划自身的融资结构和债务管理策略，避免因触发交叉违约条款而陷入财务困境。这将有助于优化债券市场的供求关系，提高市场的资源配置效率，推动债券市场在服务实体经济、支持国家经济建设中发挥更大的

第1章 绪 论

作用。

第三,优化债券违约处置机制。有效的债券违约处置机制是维护债券市场稳定、保护投资者利益的关键环节。交叉违约制度的引入为债券违约处置提供了新的途径和手段,但其在实践中也暴露出一些问题,如条款设置不清、信息披露不及时、救济措施不到位等,这些问题严重影响了交叉违约条款在债券违约处置中的实际效果。本书研究对交叉违约条款在债券违约处置中的作用和局限性进行了深入分析,为优化债券违约处置机制提供了有益的参考。本书建议进一步明确交叉违约条款的法律地位和效力,规范其在债券契约中的应用,加强对信息披露的监管力度,确保投资者能够及时、准确地获取与交叉违约条款相关的信息,以便在违约事件发生时能够迅速、有效地采取救济措施。同时,本书还强调了完善债券违约处置中的财产保全、司法救济等配套措施的重要性,以提高违约处置的效率和公正性,降低投资者的损失,增强市场对债券违约风险的承受能力。

第四,推动市场参与者风险意识提升。债券市场的平稳发展离不开市场参与者风险意识的提升。近年来,债券违约事件的频发使得投资者风险偏好明显降低,风险防范意识逐渐增强。在此背景下,本书研究通过对交叉违约条款及其引发的债券违约风险的深入剖析,进一步推动了市场参与者对债券市场风险的认识和理解。对于投资者而言,研究结果有助于其更加全面地评估债券投资的风险水平,充分认识到交叉违约条款可能带来的潜在风险,从而促使投资者在投资决策过程中更加谨慎,加强对发债企业信用状况、偿债能力等方面的分析和研究,合理调整投资组合,降低投资风险。对于发债企业来说,本书研究的发现也具有重要的警示作用。企业在发行债券时,应充分考虑交叉违约条款可能对其产生的约束和影响,避免盲目追求融资规模而忽视自身的偿债能力。企业在日常经营和财务管理中,需要更加注重信用风险的控制和防范,加强资金流动性管理,确保按时足额偿还债务,避免因触发交叉违约条款而陷入严重的财务危机。

第五,助力债券市场信用风险定价机制完善。准确的信用风险定价是债券市场合理配置资源的基础。交叉违约条款的存在会对债券的信用风险产生重要影响,进而影响债券的定价。本书研究深入探讨了交叉违约条款与债券信用利差之间的关系，揭示了交叉违约条款对债券信用风险定价的影响机制。本书研究发现，交叉违约条款的设置会使债券信用利差显著提高，这反映了市场对附有交叉违约条款债券的信用风险的重新评估和定价。这一结论有助于市场参与者更加深入地理解债券信用风险定价的影响因素，促使市场在债券定价过程中更加充分地考虑交叉违约条款所蕴含的风险信息，从而提高债券市场信用风险定价的准确性和合理性。完善债券市场信用风险定价机制，有助于引导资金流向信用风险较低、投资价值较高的债券，优化金融资源的配置效率，提高债券市场的整体运行效率。

1.2 研究目标和研究内容

1.2.1 研究目标

本书旨在全面、系统地探究债券市场中交叉违约制度的相关问题，为我国债券市场的健康发展提供理论支持和实践指导。具体研究目标如下：

第一，全面剖析交叉违约制度的发展现状。本书致力于深入探究交叉违约制度的起源、演进历程以及在不同法域的实践情况，旨在阐明交叉违约制度在国际上的应用背景及发展脉络，为后续分析我国该制度的实践提供坐标系。剖析英美法系的预期违约制度与大陆法系的不安抗辩权制度，为交叉违约条款的法理阐释提供基石。同时，详细梳理我国债券市场引入交叉违约制度的阶段性特征与关键节点，为读者呈现我国债券违约制度的发展全貌。通过对我国债券市场交叉违约制度实践的深入调研，剖析其在保护投资者权益、规范债券市场秩序等方面的实际成效。探究交叉违约条款在不同类型债券中的应用范围及差异，为市场参与者提供直观的实践图景。

第二，深入探究交叉违约制度在债券市场中的作用机制与影响效应。本书旨在揭示交叉违约条款对债券违约风险的传导机制及影响效应，剖析其如何改变债券风险格局。具体而言，探究交叉违约条款如何将个别债券违约风险传导至同行业、同地区其他债券，以及如何放大风险引发系统性金融波动。通过实证研究，剖析交叉违约条款对债券信用利差的影响机制，明确其在债券定价中的风险溢价作用。基于丰富的案例与实证数据，剖析交叉违约条款在不同情境下对债券市场参与主体行为的塑造力量。剖析交叉违约条款对债券市场融资功能的影响，探讨其在平衡投资者保护与企业融资需求间的效益与挑战。研究其对企业融资规模、融资成本的制约效应，权衡其在优化市场生态中的利弊得失。

第三，精准识别交叉违约制度面临的挑战。本书意图在于透过对我国债券市场交叉违约制度实践的深入剖析，精准识别当前制度设计与执行层面存在的痛点与难点。探究交叉违约条款在实际应用中可能引发的连锁违约反应及其成因，为企业风险防控提供关键线索。剖析交叉违约条款在信息披露、条款设置及救济措施执行等环节存在的障碍，剖析其对投资者保护目标实现的阻碍。关注交叉违约条款触发后，企业面临的资金链断裂风险及司法救济不及时等问题，剖析其对债券市场稳定的冲击。

第四，提出完善交叉违约制度的切实可行的对策建议。本书期望为优化我国交叉违约制度设计与实施提供一揽子创新性解决方案。建议从平衡风险防范与企业发展角度出发，构建交叉违约条款的动态调整与差别化监管体系。从增强制度适应性与灵活性维度，提出完善交叉违约制度的配套措施，如建立交叉违约条款的专业评估与咨询机制。为保障投资者权益及时兑现，优化司法救济流程，提高救济效率。提出加强监管力度、细化监管准则的策略，保障交叉违约条款合规性与合理性，维护市场秩序。探索借助科技手段提升交叉违约风险管理智能化水平的路径，推动债券市场健康发展。

第五，为债券市场的稳定发展提供理论支撑与决策参考。本书期望通过深入剖析交叉违约制度的作用机制、挑战及对策，为我国债券市场的稳定发展贡献理论智慧与实践方案。为监管部门制定政策、优化制度提供科学依据，助力构建有效的债券市场风险防控体系。帮助企业准确评估融资风险，优化融资决策，平衡创新发展与风险防控。为投资者提供专业指导，增强其风险意识与应对能力，助力优化投资决策。为学术研究提供丰富的实证素材与理论分析，促进相关学科发展，培养专业人才。

1.2.2 研究内容

根据上述的研究思路，本书安排了7章研究内容，具体安排如下：

第1章为绪论，主要阐述研究背景和意义，指出债券市场在我国金融体系中的重要地位以及交叉违约条款引入的必要性与潜在影响，强调深入研究该制度对于防范系统性金融风险、促进债券市场健康发展的重要性。同时，明确研究目标，即探究交叉违约制度的作用机制、影响效应及优化路径，并介绍本书的研究内容、方法、技术路线，以及可能的创新点和贡献。

第2章为理论基础与文献回顾，系统梳理国内外关于交叉违约制度的相关理论与研究，并总结债券市场风险传导、违约风险定价等理论基础。同时，对现有文献进行全面回顾，阐述交叉违约制度在保护投资者利益、处置债务违约方面的积极作用，以及在风险传染、系统性金融风险诱发等方面的潜在问题，进而明确本书的研究切入点与拓展方向。

第3章为交叉违约制度的发展现状，深入剖析交叉违约制度的引入背景，旨在使读者明晰该制度诞生的市场环境与现实需求。系统梳理中国债券市场中交叉违约制度的触发情形与处置方案，通过分析不同情形下的实际操作流程，揭示其在实践中的应用逻辑与潜在问题。最后，选取大连机床等典型案例进行深入剖析，生动展现企业发行债券触发交叉违约条款后的连锁反应，为后续研究提供扎实的现实依据。

第4章为交叉违约制度与债券融资成本，基于2016年9月至2020年底发行的债券数据，分析交叉违约条款对债券违约风险的影响。研究发现交叉违约制度显著提高了债券违约风险，表现为债券信用利差显著更高。机制检验结果表明，债券发行人触发交叉违约条款后会产生一系列负面影响，如资金链压力骤增、债券价格下跌、信用评级被调低等。异质性检验发现，该现象在债务违约预期高、偿债压力大的企业中更为显著，且当债券未设置"事前"限制性契约条款时，交叉违约条款导致的债券信用利差上升更为明显。

第 5 章为交叉违约制度与债券市场系统性金融风险，以 2016 年 9 月至 2022 年底发行的债券为研究对象，深入剖析交叉违约条款对债券信用利差的影响机制。研究发现交叉违约条款会将同行业、同地区个别违约事件的违约风险传递至新发债券，导致其信用利差显著升高，从而加剧债券市场系统性金融风险。进一步的机制分析揭示同行业和同地区共同风险因子是违约风险传递的根本原因，且交叉违约条款中债务违约主体范围越大、违约种类越多，风险放大效应越强。此外，供应链违约事件及头部企业违约事件也会沿交叉违约条款引发新发债券的违约风险传递。

第 6 章为完善交叉违约制度的政策建议，提出完善交叉违约制度的政策建议。一是对交叉违约条款的适用范围予以明确限制，防止企业设置过大的触发范围而引发连锁债务违约风险。二是推动交叉违约条款与现有"事前"类限制性契约条款的有效结合，设置"事前"对发行人予以限制的条款，以降低交叉违约条款激化债务违约风险的作用。三是完善交叉违约条款的配套制度，如保障债券持有人会议决议的法律效力、完善发行人财产保全措施、引入专业评估制度等，以切实发挥交叉违约条款保护投资者利益的作用。

第 7 章为结论与展望，总结了交叉违约条款对债券市场的影响及其诱发系统性金融风险的制度性成因，强调交叉违约条款虽能增强投资者保护，但也可能放大债券市场的违约风险。归纳本书的研究创新点，如从制度角度揭示债券市场系统性金融风险的形成诱因、丰富交叉违约制度的相关研究、拓展法与经济学领域的交叉研究等。同时，展望未来研究方向，包括进一步细化交叉违约条款的分类研究、深入探讨不同市场环境下交叉违约制度的动态调整机制等，为后续研究提供参考方向。

1.3 研究方法和技术路线

1.3.1 研究方法

本书的研究内容是一项涉及经济学、金融学、法学、管理学的多学科研究课题，将采用经济学、金融学、统计学、法学和管理学等相关领域的前沿研究方法，以确保研究结果的科学性、可靠性和有效性。主要的研究方法包括：

(1) 文献研究法。本书通过系统梳理国内外关于交叉违约制度的相关文献，建立了坚实的理论基础。在理论基础构建方面，对交叉违约制度的法理依据，如英美法系的预期违约制度和大陆法系的不安抗辩权等进行深入研究，为交叉违约条款的法理阐释提供基石。同时，收集和分析了国际上主要债券市场（如美国）的交叉违约条款应用情况，包括其触发条件、适用范围和实际案例，为我国债券市场的实践提供了国际经验参考。对国内外学术文献的梳理，总结了现有研究在交叉违约制度对债券违约风险、信用利差、风险传导机制等方面的影响，识别了现有研究的重点、不足和未来发展方向，明确了本书的研究切入点和创新点。

(2) 案例分析法。案例分析法是本书的重要研究方法之一。选取了大连机床等典型案例进行深入剖析，生动展现了企业发行债券触发交叉违约条款后的连锁反应。通过对具体案例的详细分析，深入理解交叉违约条款在实际操作中的应用、存在的问题以及对市场参与者的影响。例如，大连机床集团有限责任公司出现银行承兑汇票垫款违约，导致存续债券发生连锁反应，多次触发交叉违约约定事件，最终陷入严重的财务危机。这些案例分析为本书提供了丰富的现实背景和实践依据，有助于揭示交叉违约条款在实际应用中的复杂性和潜在风险，为后续的理论分析和政策建议提供有力支撑。

（3）实证研究法。本书采用了实证研究法，通过对大量实际数据的分析，验证了交叉违约条款对债券市场的影响。在分析交叉违约条款对债券信用利差的影响时，本书以 2016 年 9 月至 2022 年底发行的全部短期融资券、中期票据、企业债和公司债为研究对象，构建了严谨的计量经济模型。采用 OLS 估计方法，并控制了一系列可能影响债券信用利差的变量，从而准确地识别出交叉违约条款对债券信用利差的显著影响。此外，还运用夏普利值分解法分析了行业和地区因素对债券定价的贡献程度，揭示了同行业和同地区共同风险因子在违约风险传递中的关键作用。在探究交叉违约条款对债券违约风险的影响时，同样基于 2016 年 9 月至 2020 年底发行的债券数据，通过构建多元回归模型，控制多个影响因素，发现交叉违约条款显著提高了债券违约风险，表现为债券信用利差的显著提高。同时，还运用倾向得分匹配（PSM）法、熵平衡法、双重差分（DID）模型等多种计量方法，对研究结果进行稳健性检验，确保结论的可靠性和稳定性。

（4）比较分析法。在研究过程中，比较分析法被广泛应用于多个方面。首先，对不同法域的交叉违约制度进行了比较，剖析了英美法系的预期违约制度与大陆法系的不安抗辩权制度的异同点，为我国交叉违约制度的法理基础提供了多元视角。其次，对我国与其他国家（如美国）交叉违约条款的应用情况进行比较，包括条款设置、触发条件、适用范围等方面的差异与共性，为我国制度的优化提供了国际经验借鉴。此外，还对交叉违约条款在不同类型债券（如短期债券与长期债券、不同信用级别债券等）中的应用效果进行了比较分析，从而更全面地理解其在不同情境下的影响和作用。

（5）规范分析法。规范分析法用于探讨交叉违约制度的设计原理、规范要求以及其在法律和经济框架下的合理性。从法理角度严谨剖析交叉违约条款的合法性与合理性，包括其与合同法、债券市场法规的契合度，论证交叉违约制度在我国债券市场存在的法理基础。基于经济学原理深入探讨交叉违约条款对债券市场资源配置、风险分配的优化机制，从理论层面揭示其潜在价值与局限。对交叉违约条款的规范应用进行细致分析,明确条款设计的必备要素、信息披露的规范要求以及触发后的处置流程等,确保交叉违约制度在实践中合法合规、高效运行。

(6)政策分析法。在提出政策建议的过程中,本书采用了政策分析法。基于研究结论,从监管优化的视角,提出了明确交叉违约条款适用范围、限制触发条件的政策建议,以防范因条款滥用引发的市场风险。从制度建设的层面,建议构建交叉违约条款与"事前"限制性契约条款的协同机制,通过完善信息披露制度、加强条款合规性审查等措施,降低交叉违约条款激化债务违约风险的可能性。从投资者保护的角度,提出优化交叉违约条款配套措施的政策建议,如保障债券持有人会议决议效力、完善财产保全与司法救济流程等,以增强投资者信心、维护市场稳定。分析了不同政策工具在优化交叉违约制度方面的适用性和有效性,为政策建议的选择提供依据。例如,探讨了信息披露监管、条款设计指引、司法解释等政策工具如何针对性地解决交叉违约制度存在的问题,从而确保政策建议的科学性和有效性。

1.3.2 技术路线

本书的研究技术路线如图1-1所示。

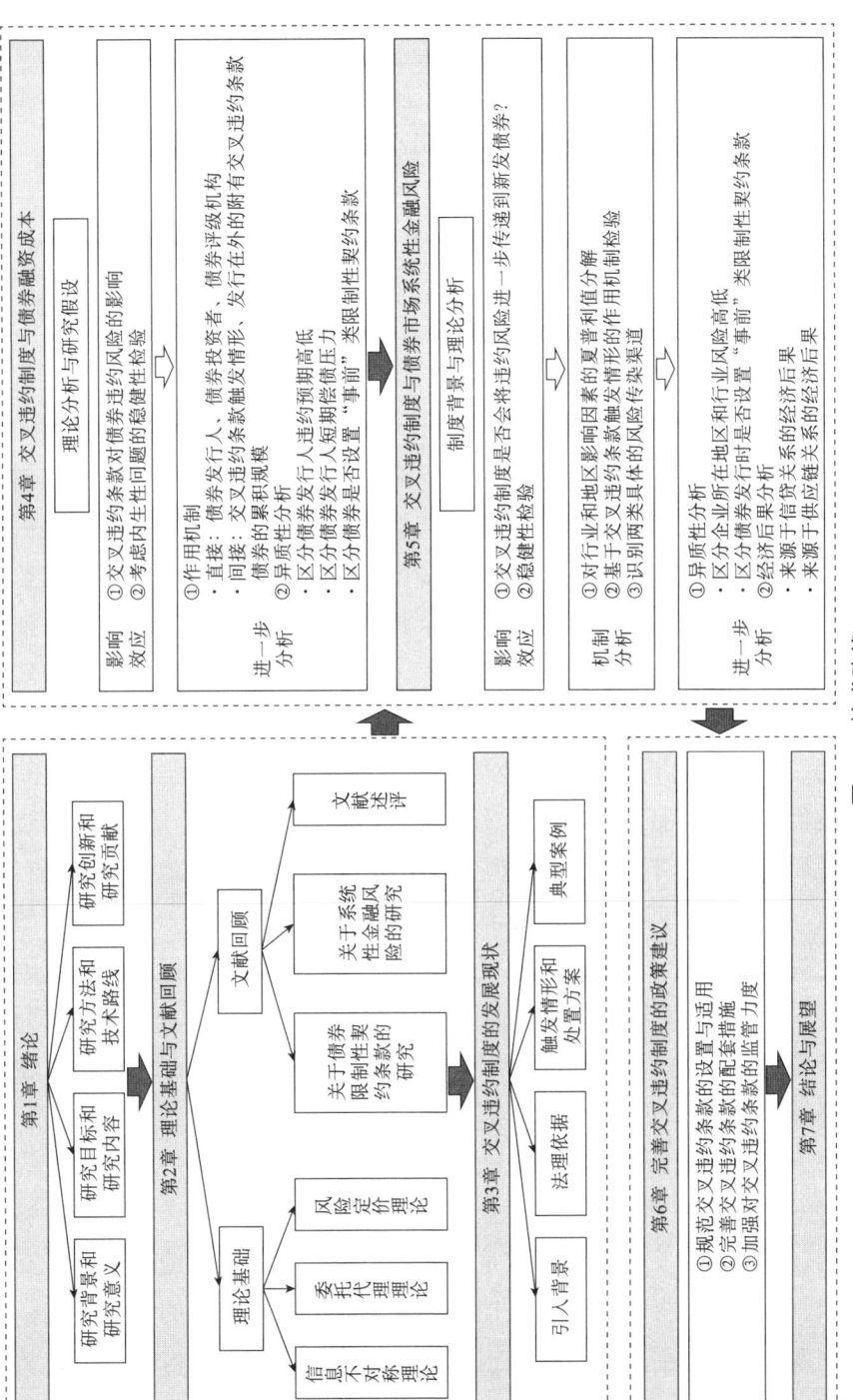

图1-1 技术路线

1.4 研究创新和研究贡献

1.4.1 研究创新

本书研究的创新主要体现在：

第一，视角创新：制度层面的深度剖析。本书创新性地从制度层面深入剖析交叉违约制度对债券市场系统性金融风险的影响，有别于以往研究多从市场视角出发探讨企业间特定经济关系对风险传导的作用。本书聚焦交叉违约条款这一金融制度安排，揭示其如何放大同行业、同地区个别违约事件的风险，并将其传递至新发债券，引发市场系统性风险，为理解债券市场风险形成提供了全新视角。

第二，方法创新：多种研究方法有机结合。本书综合运用了文献研究、案例分析、实证研究、比较分析、规范分析和政策分析等多种方法。在实证研究部分，不仅采用了传统的 OLS 估计，还创新性地结合夏普利值分解法、倾向得分匹配（PSM）法、熵平衡法和双重差分（DID）模型等多种先进计量方法。例如，运用夏普利值分解法量化分析行业和地区因素对债券定价的贡献程度，揭示风险传递的根源；使用 PSM 和熵平衡法为附有交叉违约条款的债券寻找特征相似的对照组债券，有效解决内生性问题，确保研究结论的稳健性和可靠性。

第三，内容创新：深入探讨触发情形与处置方案。本书对交叉违约制度的触发情形和处置方案进行了全面细致的梳理和分析。详细列举并解读了中国债券市场中交叉违约条款常见的触发条件，如其他债务违约、资产处置限制违反、财务指标恶化、控制权变更等，以及对应的处置措施，如加速到期、资产处置限制、提供担保等。在此基础上，深入探讨了交叉违约条款在债券契约中的应用现状，包括不同债券类型中条款的普遍性、设置差异和市场接受度，进一步分析了交叉违约条款对债券信用利差的影响及其在风险定价中的作用机制，丰富了交叉违约制度的研究内容。

1.4.2 研究贡献

本书研究的贡献主要体现在：

第一，理论贡献：完善债券市场风险理论体系。本书的深入研究为债券市场风险理论体系的完善作出了重要贡献。在理论层面，系统地梳理了交叉违约制度的法理依据，包括预期违约制度和不安抗辩权等，为交叉违约条款的合法性与合理性提供了坚实的法理基础。通过实证研究揭示了交叉违约条款对债券市场风险传导机制的影响，丰富了债券市场风险形成与演变的理论内涵。进一步深化了对债券市场系统性金融风险形成机制的理解，明确交叉违约条款在其中的关键作用，为构建更为全面、科学的债券市场风险预警与防范体系提供了重要的理论支持。

第二，实践贡献：助力债券市场的稳健发展。从实践角度看，本书对交叉违约条款的应用效果进行了全面评估，揭示了其在保护投资者利益和防范系统性金融风险方面的潜在问题。为政策制定者提供了宝贵的决策参考，建议明确交叉违约条款的适用范围、限制触发条件、完善信息披露要求等，以优化交叉违约制度设计，平衡投资者保护与企业融资需求。为债券市场参与者提供了有益的指导，帮助投资者更准确地评估债券风险，作出合理的投资决策；同时，提醒企业在发行债券时合理设置交叉违约条款，避免因条款触发而陷入财务困境。提出的完善交叉违约条款配套措施的建议，如保障债券持有人会议决议的法律效力、完善发行人财产保全措施、引入专业评估制度等，有助于提高债券违约处置的效率和公正性，降低市场风险，对促进债券市场的健康稳定发展具有重要意义。

第2章 理论基础与文献回顾

2.1 理论基础

2.1.1 信息不对称理论

信息不对称理论在债券市场中的应用具有深刻的理论内涵和实践价值。这一理论最早由 George Akerlof 在 1970 年提出的"柠檬市场"模型系统阐述,后经多位学者发展完善。在债券市场中,信息不对称表现为发行人作为信息优势方全面掌握自身财务状况、项目风险和还款能力,而投资者只能通过有限的公开披露文件获取信息。这种信息分布的不平衡贯穿债券生命周期的各个阶段,从发行前的"隐藏信息"问题到发行后的"隐藏行动"风险,形成了完整的风险链条。研究表明,在美国高收益债券市场,仅因信息不对称导致的融资成本溢价就达到 150—200 个基点。

逆向选择问题在债券发行前表现得尤为突出。根据 Rothschild 和 Stiglitz 提出的分离均衡模型,担保要求可以形成有效的风险定价分离机制。低风险企业通常愿意提供足额担保以换取较低的融资利率,数据显示 AAA 级企业债的平均担保覆盖率可达 130%。而高风险企业由于无法提供充足抵押,只能接受更高的融资成本。在中国债券市场,2015—2020 年的公司债数据显示,提供第三方担保的债券平均发行利率较无担保债券低 82

个基点。但值得注意的是，担保机制的有效性可能受到关联交易的影响，约23%的担保存在"互保联保"的结构性问题，这在一定程度上削弱了担保的信号传递功能。

道德风险问题在债券存续期间持续存在。为应对这一问题，担保机制通过现金流控制和行为约束条款发挥事后监督作用。设置抵押资产监管账户可以将违约回收率提升40%—60%，而常见的限制性条款包括限制分红比例（通常不超过净利润的30%）和资产处置权限等。然而在中国市场，道德风险的治理面临特殊挑战。历史遗留的刚性兑付问题导致2014—2017年违约债券中，有担保债券的实际回收率仅比无担保债券高8.7个百分点，远低于国际市场25%—30%的水平差异。此外，担保物平均处置周期长达2.3年的司法执行效率问题，也显著削弱了担保机制的实际效力。

交叉违约条款作为重要的契约安排，在信息不对称治理中发挥着独特作用。这类条款通常设置债务逾期阈值（未偿本金的1%—2%）和宽限期（国际债券7—15天，国内债券30—90天）等触发条件。根据Bolton和Scharfstein的债权人博弈模型，交叉违约条款可以使债权人集体行动成本下降35%以上。但在实践中也可能引发"挤兑效应"，如永煤违约事件中交叉债务触发规模达到原债务的6.8倍。中国市场的实证研究显示，包含交叉违约条款的债券平均发行利率要高出43个基点，但对于3年期以上的长期债券，由于该条款可以降低后续展期成本，反而出现了"期限折价"的特殊现象。

不同市场形成了各具特色的信息不对称治理模式。美国市场主要依靠SEC的10-K/10-Q持续披露制度，配合信用违约互换（CDS）市场的价格发现功能。欧洲市场则强调银团贷款的监督人机制，而日本模式依赖主银行制的贴身监管。中国近年来在制度建设方面取得进展，2020年实施的公司信用债信息披露新规要求披露关联债务明细，同时深圳中级人民法院试点的"债券法庭"将案件审理周期缩短至9个月。但整体而言，中国信用衍生品市场发展仍显滞后，当前CDS等风险对冲工具的市场覆盖率不足5%。

随着市场发展，信息不对称治理面临新的挑战和机遇。区块链技术的应用探索显示,智能合约可以提升违约识别速度70%,但其法律效力仍存争议。环境、社会和治理(ESG)因素的融入带来新的维度,研究发现绿色债券的信息不对称程度比普通债券低22%。新冠疫情冲击下,2020年全球交叉违约触发量激增380%,引发了对传统条款适用性的重新思考。这些新趋势要求市场参与者不断创新治理工具,监管部门也需要完善制度框架,以应对日益复杂的市场环境。

为提升债券市场信息不对称治理的有效性,需要采取系统性的改革措施。担保机制应当建立动态评估体系,引入独立担保估值机构以提高透明度。交叉违约条款需要标准化触发条件,避免因条款差异导致的"套利"行为。在基础设施建设方面,应推动央行征信系统与债券市场的互联互通,打破信息孤岛。同时,有序发展信用衍生品市场,逐步放开CDS等风险对冲工具,为市场参与者提供更完善的风险管理手段。这些措施的综合实施,将有助于构建更加透明、高效的债券市场生态体系。

在本书中,信息不对称理论为理解交叉违约条款的作用机制提供了重要的理论基础。交叉违约条款通过赋予债券持有人提前求偿权,减少了因信息不对称导致的逆向选择问题。当发行人其他债务违约时,债券持有人可根据这一信息,提前采取措施避免损失。此外,交叉违约条款的存在也可能影响债券的风险定价,通过引入额外的风险因素,影响债券的信用利差和发行利率。

2.1.2 委托代理理论

委托代理理论作为现代经济学的重要分支,其核心在于研究信息不对称条件下委托人与代理人之间的契约关系及其产生的各类问题。该理论建立在非对称信息博弈论的基础上,深刻揭示了现实经济活动中普遍存在的信息不对等现象及其带来的效率损失。非对称信息是指某些参与人拥有但另一些参与人不拥有的信息,这种信息差异会导致市场失灵和资源配置扭曲。从时间维度来看,非对称性可能发生在当事人签约之前或之后,分别形成逆向选择模型和道德风险模型两类基本分析框架。前者研究签约前代理人隐藏自身真实信息导致的"劣币驱逐良币"现象，典型如保险市场中高风险投保人驱逐低风险投保人；后者则关注签约后代理人采取隐藏行为损害委托人利益的情形，如企业经理人的偷懒行为。从内容维度划分，非对称信息又可分为隐藏行为模型和隐藏信息模型，前者指代理人行为不可观测，后者指代理人拥有委托人无法验证的私有信息。

在债券市场的具体语境下，委托代理关系主要表现为债券发行人与债券持有人之间的契约关系。发行人作为资金使用者和管理决策者处于代理人地位，而债券持有人作为资金提供者处于委托人地位。这种分离产生了典型的所有权与控制权分离问题，代理人可能利用信息优势采取机会主义行为损害委托人利益。具体表现为：代理人可能进行过度投资以追求规模扩张而非股东价值最大化；可能实施资产转移或利益输送掏空企业价值；可能选择高风险项目获取私人收益而将失败风险转嫁给债权人。这些代理问题在债券期限较长、监督成本较高的情形下尤为突出，因为债权人难以及时准确地掌握企业的真实经营状况和财务状况。

交叉违约条款作为债券契约中的重要保护性条款，其设计与应用深深植根于委托代理理论的分析框架。该条款通过扩展违约事件的认定范围，为债券持有人提供了更为全面的保护机制。传统违约条款仅关注本债券项下的支付违约，而交叉违约条款则将触发条件延伸至发行人在其他债务下的违约行为。这种制度设计有效弥补了债权人在信息获取和监督能力方面的天然劣势，降低了因代理人机会主义行为导致的潜在损失。从作用机理来看，交叉违约条款主要通过两方面缓解代理冲突：一是提前预警功能，当发行人在其他债务出现违约时及时发出风险信号；二是止损功能，允许债权人提前介入以避免损失扩大。这种双重保护机制显著提升了债权人的谈判地位和风险应对能力。

从契约设计的角度来看，交叉违约条款体现了委托人在信息不对称环境下构建激励相容机制的努力。根据委托代理理论，最优契约应当满足参与约束和激励相容约束双重条件。交叉违约条款通过设置合理的触发条件和救济措施，既确保了代理人正常经营所需的自主权，又对其风险承担行为形成了有效约束。具体而言，条款中关于债务类型、违约金额门槛、宽限期等要素的精细设计，实质上是在代理人的经营灵活性与债权人的风险控制之间寻求平衡点。这种平衡有助于引导代理人采取符合债权人利益的行为决策，降低债务融资的代理成本。

交叉违约条款的运行效果还受到法律制度环境的影响。在投资者保护较弱的法律体系中，该条款往往被赋予更为严格的标准和更广泛的适用范围。这是因为法律执行效率的不足需要通过契约条款的自我执行来弥补。实践中，不同法域对交叉违约条款的司法认定存在显著差异，这反过来又影响了条款的具体设计。例如，在英美法系国家，法院通常尊重当事人的契约自由，对条款效力采取较为宽松的态度；而在大陆法系国家，法官可能更倾向于对条款进行实质性审查，以平衡各方利益。这种制度背景的差异使得跨国债券发行中的交叉违约条款设计面临特殊的挑战。

从金融稳定的宏观视角看，交叉违约条款在债务市场中发挥着重要的风险传导和约束功能。一方面，该条款通过建立债务合约之间的关联性，使市场纪律能够更有效地作用于发行人；另一方面，它也可能加速风险的跨市场传染，在系统性风险积聚时产生"多米诺骨牌"效应。2008年全球金融危机期间，交叉违约条款在部分案例中加剧了流动性危机，这促使市场参与者对条款设计进行了反思和优化。现代债券契约中的交叉违约条款通常包含更具弹性的触发机制和救济措施，如引入实质性不利变化条款、设置多级违约门槛等，以增强风险管理的精细化程度。

在实践操作层面，交叉违约条款的谈判与执行涉及复杂的法律技术问题。债权人在条款设计中需要考虑债务类型的具体界定（如是否包含或有债务、衍生品负债等）、违约事件的认定标准（如技术性违约是否触发）、宽限期的合理设置等关键要素。同时，还需要关注与其他保护条款（如控制权变更条款、消极担保条款等）的协调配合，形成完整的投资者保护体系。在违约事件实际发生时，债权人还需要审慎评估行使权利的时机和方式，权衡立即求偿与债务重组的利弊得失。这些操作细节直接影响条款的实际保护效果。

从历史演进的角度观察，交叉违约条款的发展反映了债务市场参与者对代理问题认识的不断深化。早期债券契约中的投资者保护条款相对简单,主要依赖基本的支付违约和担保条款。随着金融市场复杂度的提升和公司财务实践的创新,交叉违约条款逐渐成为高收益债券、国际债券等高风险品种的标准配置。近年来,在杠杆贷款、私募债等非公开债务工具中,交叉违约条款的设计呈现出更加个性化和精细化的趋势。这种演变本质上是对新型代理问题的适应性反应,体现了契约机制随市场环境变化的动态调整过程。

委托代理理论为理解交叉违约条款的经济实质提供了深刻的理论视角。该条款本质上是通过契约机制解决债务融资中的代理问题,其设计逻辑与理论预测高度一致。在实践中,有效的交叉违约条款应当能够准确识别代理人的风险行为,及时触发保护机制,并为债权人提供充分的救济手段。同时,条款设计还需要考虑执行成本和市场惯例的约束,在理论理想与现实可行性之间寻求平衡。随着金融创新的持续推进和公司财务实践的不断演化,委托代理理论将继续为债券条款的优化完善提供坚实的理论基础和分析工具。

2.1.3 风险定价理论

风险定价理论作为现代金融学的核心理论之一,深刻揭示了金融资产收益与风险之间的内在联系。该理论认为,在有效的金融市场中,资产的预期收益应当与其承担的风险水平相匹配,高风险必然要求高收益作为补偿。这一原理在债券市场中表现得尤为明显,特别是通过信用利差这一关键指标得以量化体现。信用利差作为债券实际收益率与同期限无风险国债收益率之间的差额,本质上反映了市场对债券违约风险的集体判断和定价。从理论渊源来看,风险定价理论可以追溯到资本资产定价模型(CAPM)和套利定价理论(APT),但这些传统理论主要关注系统性风险,而债券信用利差则更侧重于发行人的特定信用风险。随着金融市场的发展,学者们逐渐认识到,债券定价不仅受宏观经济因素影响,而且与债券的具体条款设计密切相关,其中交叉违约条款就是最具影响力的契约条款之一。

交叉违约条款的引入从根本上改变了债券的风险特征和定价机制。从表面上来看，该条款似乎只是债券契约中的一个技术性规定，但其实际影响却极为深远。当债券契约中包含交叉违约条款时，意味着发行人在其他债务工具上的违约行为将自动触发本债券的违约事件，即使本债券本身并未发生实际的支付违约。这种"连带责任"机制实质上创造了一种风险传导渠道，使得不同债务工具之间的信用风险产生了紧密关联。实证研究发现，含有交叉违约条款的公司债券，其信用利差平均要比同类无此条款的债券高出30—50个基点，这个差异在统计和经济意义上都极为显著。这种现象可以通过"风险叠加效应"来解释：交叉违约条款实际上将发行人所有债务的违约风险部分地叠加到单只债券上，显著扩大了投资者的风险暴露。更重要的是，这种风险叠加并非简单的线性相加，而是会产生乘数效应，因为不同债务之间的违约风险往往具有正相关性。

从信息经济学的视角来看，交叉违约条款对债券定价的影响机制更为复杂。在信息不对称的市场环境中，投资者很难完全掌握发行人的真实财务状况和偿债能力。交叉违约条款作为一种契约设计，实际上起到了风险信号放大器的作用。当发行人其他债务出现违约征兆时，交叉违约条款会立即将这一风险信息传导至所有相关债券，迫使市场价格迅速调整。这种机制虽然可能加剧市场波动，但从长远来看却提高了市场定价效率。一个典型的例证是2018年某大型企业集团债务危机事件，该集团发行的多只债券中，含有交叉违约条款的债券在集团首次出现子公司违约后，信用利差在一周内飙升了200个基点，而无此条款的同类债券利差仅上升了80个基点。这个案例生动展示了交叉违约条款如何加速风险信息的市场定价过程。

交叉违约条款对债券信用利差的影响还呈现出明显的周期性特征。在经济扩张期，市场风险偏好较高，交叉违约条款对信用利差的提升作用相对有限，通常为20—30个基点。然而一旦进入经济下行周期，这种影响会急剧放大，可能达到100个基点以上。这种不对称效应源于投资者在不同经济环境下对风险关联度的不同评估。在经济繁荣时期，投资者往往低估不同债务工具之间的风险传染性；而当经济衰退来临时，市场会突然意识到交叉违约条款可能引发的"多米诺骨牌效应",从而导致信用利差的大幅跳升。2008年全球金融危机期间,含有交叉违约条款的公司债券与不含此条款的债券之间的利差差异一度扩大到历史最高水平,这正是风险定价理论在极端市场条件下的有力验证。

从发行人的角度来看,交叉违约条款是一把"双刃剑"。一方面,包含此类条款可以提高债券的市场接受度,因为投资者会认为发行人愿意接受更严格的市场监督;另一方面,这又会显著提高融资成本。有趣的是,不同信用等级的发行人受到的影响存在显著差异。对投资级发行人而言,交叉违约条款可能只会增加10—20个基点的融资成本;而对投机级发行人,这一数字可能高达80—100个基点。这种差异反映了市场对高风险发行人的更严厉惩罚,也印证了风险定价理论中关于非系统性风险需要更高补偿的核心观点。此外,交叉违约条款的影响还取决于债券的其他特征,如期限长短、担保情况等。长期债券受交叉违约条款的影响通常大于短期债券,因为长期债券本身已经包含更高的不确定性,交叉违约条款会进一步放大这种不确定性。

从投资者行为角度分析,交叉违约条款的存在会显著改变投资者的决策过程。行为金融学研究表明,面对含有交叉违约条款的债券,投资者往往表现出更强的损失厌恶倾向。这是因为交叉违约条款实质上增加了"尾部风险"——发生极端不利事件的概率。即使基础违约概率不变,一旦触发交叉违约,投资者可能面临完全损失本金的最坏情况。为补偿这种潜在的灾难性损失,投资者自然会要求更高的信用利差。这种现象在机构投资者和个人投资者之间也存在差异:机构投资者由于风险管理能力较强,对交叉违约条款的溢价要求相对较低;而个人投资者则往往要求更高的风险补偿,这导致在零售债券市场中,交叉违约条款对信用利差的影响更为明显。

在债券市场的微观结构层面,交叉违约条款还通过改变流动性风险来间接影响信用利差。含有交叉违约条款的债券通常面临更大的流动性风险,因为一旦发行人其他债务出现违约迹象,做市商会立即扩大这类债券的买卖价差,甚至可能暂停报价。这种流动性枯竭的风险会被提前计入债券定价，表现为更高的信用利差。研究数据显示，在正常市场条件下，交叉违约条款带来的流动性溢价为15—25个基点；而在市场压力时期，这一数字可能翻倍。这种动态调整过程充分体现了风险定价理论的另一个重要观点：资产价格不仅反映其基础风险，还包含市场摩擦带来的额外成本。

从金融稳定的宏观视角来看，交叉违约条款对信用利差的影响还涉及系统性风险的考量。当市场中大量债券都包含交叉违约条款时，单个发行人的违约可能通过"交叉传染"机制引发更广泛的市场动荡。这种潜在的系统性风险会被理性的投资者提前预判，并反映在债券定价中。特别是在金融体系杠杆率较高的时期，交叉违约条款可能导致信用利差对负面消息的反应更加敏感和剧烈。监管机构对此现象也日益关注，因为过度使用交叉违约条款可能加剧金融体系的顺周期性，在经济下行时放大危机效应。

风险定价理论在解释交叉违约条款的影响时，还需要考虑市场参与者的学习效应。随着市场经验的积累，投资者对交叉违约条款的理解和定价能力也在不断进化。早期市场可能低估这类条款的风险传导效应，导致定价不足，但随着一系列违约事件的教育作用，市场会逐渐形成更准确的定价模式。这种学习过程使得交叉违约条款对信用利差的影响呈现出动态变化的特征。例如，在亚洲金融危机后的十年间，亚洲债券市场对交叉违约条款的风险溢价要求明显高于其他地区，这反映了市场从危机中吸取的教训。

值得注意的是，交叉违约条款对债券信用利差的影响还受到法律环境和破产制度的影响。在债权人保护较弱、破产程序冗长的法域，交叉违约条款可能被视为重要的风险缓释工具，因此投资者对其溢价要求相对较低；相反，在法律制度完善的市场，交叉违约条款可能被视为"过度保护"，反而会推高融资成本。这种跨法域的差异为研究制度因素如何调节风险与定价的关系提供了天然实验场。

展望未来，随着金融创新的不断深入和债券市场全球化程度的提高，交叉违约条款对债券定价的影响机制还将继续演化。特别是金融科技的发展使得风险信息的传播和处理效率大幅提升，这可能改变交叉违约条款的风险传导速度和定价效率。同时，ESG（环境、社会和治理）投资的兴起也为这一领域增添了新的维度，因为交叉违约条款可能被视为公司治理结构的重要组成部分。风险定价理论需要不断发展和完善，以更好地解释这些新兴现象，为市场参与者和政策制定者提供更精准的分析工具。

2.2　文献回顾

2.2.1　关于债券限制性契约条款的研究

公司债券作为企业直接融资的重要方式，以其灵活性高、流动性强和成本相对较低的优势，在发达国家被企业广泛采用。尽管中国公司债券市场近年来发展迅速，发行规模显著增长，在2016年已超过企业债券和中期票据总和，成为中长期债券融资的主要场所，但越来越多的债券开始暴露违约风险，使得市场参与者更加关注信用风险。在这一背景下，作为一种内在的投资者保护机制，限制性契约条款被日益引入债券契约中。这类条款旨在限定债券发行人可能损害投资者利益的行为，或在侵害事件发生后进行紧急应对和追责，从而帮助债券投资者更好地保护自身利益。在美国等发达国家，限制性契约条款已得到广泛应用，但在中国债券市场上，其使用仍处于起步阶段。

限制性契约条款的设置有其深刻的理论基础（陈超和李镕伊，2014）。它基于不完全契约理论、委托代理理论、信息不对称理论和信号理论。不完全契约理论认为，由于环境复杂和有限理性，长期合同如公司债券契约无法预见未来所有事件，因此需要设计机制来应对不完全性（冯果和阎维博，2017）。委托代理理论和信息不对称理论则关注股东（委托人/信息优势方）与债权人（代理人/信息劣势方）之间的利益冲突和信息不对称问题（陈超和李镕伊，2014；冯果和阎维博，2017；史永东等，2018）。股东可能为了自身利益最大化而采取损害债权人利益的行为，如支付高股利、稀释债权、资产替换（投资高风险项目）、投资不足等（陈超和李镕伊，2014；冯果和阎维博，2017；史永东等，2018）。限制性条款正是缓解这些代理冲突和信息不对称的有效方式。信号理论则认为，发行人可以通过采用更严格的限制性条款来向市场传递其良好资质的信号，从而降低融资成本。通过限制发行人的特定行为，限制性条款力求在约束公司行为和促进公司稳定发展之间达到平衡。其核心在于保护债权人利益，降低其面临的风险，并可能使企业以更有吸引力的利率发行债券。债务契约的设计、缔结、执行与违约处理构成了债务融资的核心环节，事先明确权利义务范围，对于最大限度保护债权人利益至关重要。

根据文献，限制性契约条款的内容广泛，约束方式多样（陈超和李镕伊，2014；冯果和阎维博，2017；史永东等，2018）。可以将其划分为不同类别，如与特殊事件相关的条款、与红利支付相关的条款、与债券再融资相关的条款、与投资生产相关的条款以及与债权人治理相关的条款。更具体地，可以分为投资限制条款、融资限制条款、支付限制条款、基于财务数据的限制性条款和事件类条款。投资限制条款约束公司资金运用，防止管理层投资高风险项目或进行损害资产质量的资产处分。融资限制条款则限制发行人未来融资行为，如发行新的优先股、次级债、有担保债务等，防止稀释现有债权人求偿权。支付限制条款约束发行人的股利发放等行为，防止资金流出损害偿债能力。基于财务数据的条款要求发行人维持特定的财务指标（如净资产、负债水平、杠杆率、盈利能力），一旦触发可能导致技术性违约。事件类条款则针对特定事件发生后（如其他债务违约、信用评级下调、控制权变动）的处理，使债权人能在实质性违约前介入风险管理（史永东等，2018）。

然而，于凤瑞（2016）指出中国的公司债券限制性契约条款与美国等发达市场相比存在较大差距。我国条款设计相对粗糙和单一，描述常有模糊之处，可执行性和可监督性较弱。很多条款是作为出现或预期出现违约时的紧急应对或事后补救措施，而非事前主动约束。基于财务数据的限制性条款应用极少，且触发后的处罚方式单一，往往仅要求追加担保。特定事件的范围也相对较窄，大多围绕直接违约事件展开。相比之下，美国市场条款设计更丰富，更注重事前约束，广泛应用财务指标触发条款，特定事件范围更广。

造成这种差距的原因是多方面的。中国债券市场起步较晚，且曾长期处于"零违约"状态，使得市场参与者对限制性契约条款的重视程度不足。刚性兑付的主导掩盖了信用风险，导致投资者不分析发行人实质信用风险，而是依赖政府背景或隐性担保。行政主导下的风险管制扭曲了市场逻辑，审批制而非市场化定价成为关注焦点，缺乏设置限制条款的内生激励（张正国，2009）。此外，限制性条款作用的发挥离不开完善的信息披露制度、受托管理人的积极参与等配套条件，目前我国市场在这些方面尚有不足。

尽管如此，随着近年来中国债券市场违约事件的频发，"刚性兑付"信仰被逐步打破，市场参与者（包括监管机构、投资者、承销商、信用评级机构）开始更加注重信用风险防范，依法依契约处理违约事件（徐晨阳等，2018）。这为限制性契约条款发挥作用提供了新的契机，其重要性日益凸显。市场开始逐步恢复理性，更多地依据债券本身的风险水平进行估值。

有研究基于不完全契约理论、委托代理理论、信息不对称理论和信号理论，选取中国公司债券市场样本，深入探讨了限制性契约条款的相关问题。研究对象主要聚焦于被认为具有实际约束力的"限制融资条款"和"限制资产出售条款"。实证研究考察了影响这些条款引入的因素（陈超和李镕伊，2014；冯果和阎维博，2017；史永东等，2018）。结果表明，债券的基本特征（发行规模越小、存续期越长，引入可能性越高）、主承销商声誉（声誉越高，可能性越高）以及发行人的公司治理水平（独立董事占比越高、第一大股东持股比例越低，可能性越高）都会对限制性契约条款的引入产生显著影响。其他研究也发现基准利率、政策变化（如《公司债券发行与交易管理办法》颁布后）、承销能力、公司规模、企业性质（国企/民企）、担保情况、信用评级、宏观环境波动、盈利能力等因素会影响条款选择。

进一步的研究考察了引入限制性契约条款对公司债券融资成本的影响（陈超和李镕伊，2014；冯果和阎维博，2017；史永东等，2018）。研究发现，当债券契约中包含限制融资或限制资产出售条款时，公司债券的融资成本越低（发行利差较低）。这提供了限制性契约条款有助于降低债券融资成本的经验证据，表明投资者偏好包含这些条款的债券，愿意索取较低的风险溢价。即使在处理了内生性问题和进行多项稳健性检验后，这一结论依然成立。一些因素会影响限制性契约条款功能发挥的显著性。例如，在股利分配率较高、代理冲突更严重、会计信息质量较高以及债券发行人为国有企业时，限制性契约条款与债券融资成本之间的负相关关系更为显著。研究也发现，信用评级和主承销商承销能力越强，债券实际发行利率越低。国有企业发行债券利率相对更低，可能因政府的隐形担保。较高的审计质量也能降低发行利率，反映信息透明度降低了信息不对称。

除了对融资成本的影响，研究还考察了限制性契约条款在债券存续期内对债券发行人行为的实际约束作用（史永东等，2018；贾莹丹等，2023；邱保印等，2024）。实证结果表明，当公司债券契约中引入限制融资或限制资产出售条款后，债券发行人在债券发行下一年度进行过度投资的概率下降。这揭示了限制性契约条款能部分缓解公司的代理冲突，并有效约束公司行为，进而显著降低过度投资。然而，对投资不足并没有显著影响。这种抑制过度投资的作用在发行人股利发放水平较高、机构投资者持股比例较低以及会计信息质量更高时更加显著。这表明限制性契约条款确实能够对发行人决策产生影响，降低债券持有人面临的潜在风险。

综合来看，研究结论表明，中国公司债券契约中的限制性契约条款确实受到市场参与者（发行人、承销商、投资者）的关注。其设计并非随意，而是受到多种内外部因素的影响。限制性契约条款的引入受到投资者的关注和认可，反映在融资成本上。同时，一些条款确实对债券发行人起到了实际约束作用，影响其在债券存续期间的决策。限制性条款的使用与分化体现了市场逻辑，投资级债券与非投资级债券在条款使用频率上的差异，反映了其增信目的。

尽管限制性契约条款的有用性已得到市场认可，但其在我国公司债券契约中的应用水平仍处于初级阶段。与美国市场的丰富性相比，我国条款设计相对粗糙，针对特定事件较少，对发行人处罚方式单一。未来的发展方向应是通过有效的合约条款设计来保护债权人利益。随着"刚性兑付"信仰的打破和市场的不断发展，市场参与者将更加关注限制性契约条款的作用与创新，我国限制性契约条款未来有很大的创新与应用空间。然而，实现这一目标仍面临挑战，包括部分条款描述模糊、可执行性不强等问题。数据获取的局限性（尤其是私募债）和内生性处理的困难也是现有研究的局限所在。

要完善限制性契约条款的功能，需要加强条款设置的规范化引导，提供标准化模板。这有助于克服条款保护的局限性，减少效力争议，并使投资者能更好甄别风险差异，理性"用脚投票"，反过来促使发行人采用更有利于投资者的条款。同时，必须完善配套制度的衔接协调。条款写入契约只是第一步，后续的监督履行、违约触发和处置救济依赖于信息披露、受托管理人制度和债券持有人会议等组织化保护机制的有效运行。这些机制需要协同作用，成为集体诉求表达、协商沟通和利益代表的渠道。限制性条款的功能实现依赖于市场符合规律的运行，行政主导走向市场深化是必要条件。尽管合同机制的保护有其局限性，但作为债券债权债务基本属性之上的保护，其基础性地位无可替代。债券市场的市场化改革进程将促进限制性契约条款重要性的日益凸显。当下零星条款的创新实践和市场违约常态化背景下市场逻辑的自我修复，预示着中国债券市场风险防范体系市场化转型中市场运行机制的觉醒。加强规则设计，完善投资者保护条款，债券违约的预防和治理机制才能真正发挥作用。

2.2.2 关于系统性金融风险的研究

系统性金融风险是指一个事件影响整个金融体系功能或使不相关的第三方付出代价的可能性，其特征包括复杂性、突发性、传染快、波及广和危害（葛志强，2011）。它是一个连续变量，而金融危机则是其爆发的具体实现。防范金融危机首先需要识别和防范系统性金融风险（葛志强，

2011)。

近年来，中国非金融企业和政府部门的杠杆率呈上升趋势。尽管名义杠杆率与发达国家相比不高，但潜在风险不小，存在较多隐性债务且债务增长偏快（马建堂等，2016）。杠杆率过快上升与过度依赖间接融资、资金使用效率偏低、过剩产能占压大量资金以及货币信贷政策过度工具化等因素密切相关。防控系统性金融风险已成为当前金融监管的首要任务和经济政策的重要目标之一（黄益平，2017）。中国经济已进入金融风险高发期，风险在股票、房地产、债券、互联网金融和外汇等市场之间游走。

系统性金融风险的来源多样（葛志强，2011）。宏观经济周期性调整可能引致风险。中国经济结构性问题凸显，人口红利减退，政府主导投资需转变，经济周期性调整可能性加大。经济增速持续减速是重要的风险驱动因素，尤其是由结构变化导致的增速放缓，使过去有竞争力的企业失去活力，形成僵尸企业，实体经济投资回报下降，推动金融风险积累。房地产信贷风险是另一重要来源，与汇率、通胀、政府债务和经济波动紧密联系。中国大城市房价已处于世界高位，房地产泡沫风险明显。通货膨胀风险对系统性风险的影响多元复杂，直接影响实体经济，导致企业困境；引发"存款搬家"，可能导致银行冒险经营和资产泡沫。

在转轨经济特征下，风险也体现在特定领域（陶玲，2015）。社会融资结构失衡，银行间接融资比重过大，"影子银行体系"的期限错配提升了金融体系脆弱性（陶玲，2015）。金融创新和综合经营的快速发展在分业监管下产生监管套利和真空，跨行业跨市场产品及金融控股公司发展导致风险转移和扩散。银行信贷之外的融资规避监管，弱化宏观调控，强化金融体系复杂性、关联性和传染性。道德风险普遍存在，中央银行承担本应由其他主体承担的风险，金融机构过度从事高风险业务，公众风险意识薄弱，地方政府仍进行行政干预。过剩产能和企业负债率过高导致银行不良贷款增加和资金配置扭曲。政府债务风险向金融体系转移，地方政府显性债务和隐性债务可能波及银行。政策伴生风险包括利率市场化对银行盈利、流动性、风险特征的影响，汇率改革、资本项目可兑换和人民币国际化增强国际国内风险联动，金融创新可能带来新风险点。欠审慎的综合经营和贪大求全导致大型金融机构过度承担风险。过快的利率市场化和不审慎的资本项目可兑换也被认为是风险隐患（张晓朴，2010）。

一些研究强调，系统性风险本身是内生的，而非仅由外部冲击引发（马勇，2011）。这被称为金融"原罪"。金融体系作为联结盈余和赤字部门的桥梁，其高杠杆性放大了与实体经济的反馈机制。高杠杆已成为金融业专有属性，资产依靠负债驱动，资产负债结构不匹配是金融机构固有的内生问题。复杂的金融合约可能导致信息处理失效和风险分布失衡。金融安全网（如存款保险、政府担保、最后贷款人机制）旨在防止挤兑和混乱，但可能导致风险的长期过度积累，增大系统性风险爆发能量。过度保护引发道德风险，银行倾向于过度贷款和维持低流动性资产。安全网无法消除系统性风险，甚至可能创造新的不安全。此外，政府干预（如危机后的宽容性监管）也可能导致系统性风险进一步恶化。

经济泡沫化是实际资源在时间和空间上错配的体现，内含金融机制和实体经济周期的彼此强化（马勇，2011）。金融资本相对于产业资本更具流动性和波动性，可脱离实体经济独立运行。当产业投资机会成本由金融交易决定时，金融资本可能脱离实体经济，投机逻辑压倒生产逻辑。金融资本驱逐产业资本、追求自我扩张的过程是系统性风险加速积累的过程。

从行为和心理角度看，预期作用和个体与群体间的持续反馈是理解系统性风险形成的关键（马勇，2011）。金融资产价格与个人情绪间的反馈将个体态度与群体反馈过程相联系。在非充分信息和有限认知下，市场主体根据习惯和经验行动，对未来价格的预期至关重要。个人与群体之间的持续反馈存在类似蛛网理论的扩散型震荡模式，这是危机传染和扩散的心理学机制，从个体非理性发展到集体非理性。系统性金融风险动态过程内含两种"合成谬误"：个体理性与集体非理性的合成谬误；单个金融机构稳健与整个金融体系不稳定的合成谬误。

在系统性金融风险发展过程中，信贷与利率机制至关重要。核心在于内生的信用创造而非外生的货币供给。投资和融资意愿的变化现实表现为货币、信用和利率的相应改变。现实经济中，个体自利行为不必然导致整体均衡，市场融资过程存在内生不稳定因素。金融脆弱性是金融不稳定的原因，且是内在市场进程的结果。

系统性风险的扩散机制是危机从"小冲击"演变为"大危机"的核心（张晓朴，2010）。主要渠道包括：第一，资产负债表效应：冲击使金融机构和非金融企业资产大幅缩水，侵蚀资本，加剧资产甩卖和价格下跌；融资渠道被切断导致流动性危机和资不抵债（张晓朴，2010）。高杠杆机构首当其冲。企业陷入"财务困境"时，可能转向"债务最小化"模式，将现金流用于偿债。金融深化程度越高，资产负债表关联度越高，扩散越剧烈。金融加速器机制使债务风险和金融风险相互强化（马勇，2011），经济低迷时资产价格下降进一步放大投资冲击（马建堂等，2016）。第二，盯市计价规则：强制金融机构按严重低估的市场价估值，形成"价格下跌—市值缩水—抛售—价格再跌"的恶性循环。第三，心理的恐慌和信心的崩溃。个体与群体间的扩散型震荡也是危机传染和扩散的心理学机制。大型机构破产信号会恶化悲观预期，导致投资消费下降，加速危机扩散。第四，信贷紧缩机制和流动性紧缩机制（陶玲，2015）。地方政府债券通过影响金融中介资产负债表，导致信贷紧缩（李玉龙，2019）。商业银行信贷缺口具有顺周期效应，经济下行时，银行持有更多政府债券，挤占信贷供给，导致信贷供给不足（毛锐，2019）。第五，资产价格波动机制。土地价格下降通过土地财政和地方政府债券影响金融机构资产负债表和净资本，导致杠杆率上升和信贷紧缩。股市暴涨暴跌可能导致家庭损失和引发社会公共事件（马建堂等，2016）。第六，传染机制：包括内部传导和跨境传导。通过交易网、财务链，以及资产负债渠道、支付体系渠道、融资风险渠道、公众信心间接渠道进行。我国金融机构间的风险传染显著（陈建青，2015）。银行与证券、保险、房地产等部门存在复杂的双向或单向风险溢出。极端风险传染可能呈非线性。不同类型的银行在风险传导中的作用不同，股份制和城市商业银行是主要的系统性风险和传染性风险来源，大型商业银行在危机程度低时起稳定作用，危机程度高时则成为传播者（杨子晖，2018）。资本和银行间负债是影响银行系统性风险最重要的两个因素，充足资本能抵御风险，银行间负债扩张则加剧传染（杨子晖，2018）。房地产部门与金融市场深度融合，因高杠杆易成为金融风险输出者。经济政策不确定性成为风险传染的重要渠道（杨子晖，2020），美国经济政策不确定性指数（EPU）是全球金融市场震荡的重要因素（杨子晖，2020）。重大突发公共事件（如疫情）会显著改变风险传导途径，境外事件可能通过香港特区等市场传导至内地（杨子晖，2020）。风险可能在结构相似的市场间"共振"放大，然后迅速扩散。

防控系统性金融风险需要多方面对策（黄益平，2017）。具体包括，第一，稳妥化解债务（马建堂等，2016）。通过发展直接融资（包括股权融资、债券融资、股权众筹）和利用国外融资、调整融资结构。试行债务打折，利用债转优先股、资产证券化、夹层融资等方式盘活资产、调整财务。将债务杠杆由高杠杆部门（非金融企业）转移至低杠杆部门（政府、居民）可能增强宏观金融网络稳定性。处置僵尸企业，通过并购和破产机制淘汰失败企业，中央可设立基金协助平稳过渡。第二，深化金融体系改革（马建堂等，2016）。发展多层次资本市场，完善转板机制。放宽银行业准入，降低民营银行门槛。基本放开利率管制，更好地发挥利率的价格杠杆功能，提高资源配置效率。更好地实施存款保险制度。第三，深化实体经济改革。增强实体经济活力，提高资金使用效率。化解过剩产能（坚决关停、鼓励并购破产、利用倒逼机制促升级改造）。推进活力不足的国有企业退出竞争性领域，发展混合所有制。长期坚持促消费、扩内需政策，应对突发公共事件冲击（杨子晖，2020）。第四，加强金融监管和政策协调（苟文均，2016）。建立健全以债务杠杆为重点的宏观金融风险监测预警体系，提高风险识别和预测水平（葛志强，2015）强化市场纪律，放弃政府兜底，及时释放风险点，出清僵尸金融机构。改革金融监管框架，加强监管协调（设立国务院金融监管发展委员会），完善宏观审慎监管政策。弱化金融机构顺周期行为。加强宏观审慎工具研究。应对创新风险，增加监管资源，从机构监管向功能监管、穿透式监管转变。增强监管机构的独立性、专业性和权威性，切断与被监管对象的行政和利益关系。应对突发公共事件冲击，加强金融协调监管，实时监测风险动态，重点监控金融、房地产等风险输出部门，加强对新型金融模式（如房地信托、债券、股本）的监管。当信贷紧缩或风险升水上升时，央行可采取信贷政策减弱地方政府债务风险传导。货币政策应高度关注金融风险，保持稳健，避免大水漫灌，与金融政策配合，但直接将金融稳定纳入货币政策决策方程存在困难（杨子晖，2019）。逐步降低对地方债的隐性担保率，但需循序渐进。处理经济政策不确定性与市场极端风险的双向传导。第五，防范外部冲击和跨境传导（陶玲，2015）。加强外汇资产负债管理。加强国际交流和合作。管理好房地产调控政策的预期。防控金融风险是长期工作，应做好面对金融危机的思想准备，有预案并及时采取措施减少损失。

2.2.3 文献述评

首先，现有法学和金融学文献大多从交叉违约制度的概念出发，认为其本质是对尚未发生的违约行为予以救济，以实现借贷双方的利益平衡。Childs 等（1996）、Joachim（1997）、Li 和 Lou（2015）以及 Kogin 等（2018）等研究均指出，交叉违约条款不仅扩大了债务违约事件的范围，还赋予债权人债务提前终止权，从而保障资金提供方的债权安全。然而，这些研究大多停留在概念表述层面，缺乏系统的实证检验。近期有研究通过大样本实证分析发现，交叉违约制度可能偏离了其保护投资者利益的政策目标，反而会抬高债券违约风险。这一发现表明，尽管交叉违约条款在理论上旨在保护投资者，但在实践中其效果可能并非如预期那样理想，甚至可能对投资者利益产生负面影响。

其次，以往研究主要聚焦于债券在违约未发生的"事前"阶段对发行人予以限制的契约条款，而较少关注违约发生后的处置机制。本章则聚焦于在违约发生"事后"要求发行人启动违约处置程序的交叉违约条款，为现有关于债券契约条款的文献作出了重要补充。现有文献多关注可赎回条款（Banko 和 Lei，2010）、可转换条款（赖其男等，2005；周铭山等，2013）等期权类条款以及"事前"的限制性契约条款（如限制资产转移类条款、限制投融资类条款）对债券市场的影响（Leland，1994；Bradley 和 Roberts，2004；Miller 和 Reisel，2012；陈超和李镕伊，2014；史永东和田渊博，2016；Beyhaghi 等，2017；Simpson 和 Grossmann，2017；史永东等，

2017；Zhang和Zhou，2018；史永东等，2018）。与之不同，本章深入探讨了交叉违约条款在违约发生后的实际影响，发现其启动机制可能会进一步提高债券违约风险，对债券发行人产生负面影响，提高债券信用利差，未能有效发挥防范债务违约风险的作用。这一结论提示我们，对于债券契约条款的研究不应仅局限于"事前"限制，还需深入分析"事后"处置条款的实际效果。

再次，从制度视角来看，现有文献多从市场视角出发，强调企业间的特定经济关系会导致债券违约风险外溢，进而引发债券市场系统性金融风险（张一林等，2022；杨子晖等，2023；纳鹏杰等，2017；王辉等，2021）。然而，鲜有文献从制度层面探讨债券市场系统性金融风险的诱因。实际上，制度设计在债券市场发展中起着至关重要的作用。近期有研究通过大样本实证研究发现，交叉违约制度是债券市场系统性金融风险的一种重要制度诱因。具体而言，交叉违约制度会将同地区、同行业个别违约事件所伴随的违约风险进一步传递到新发债券，极大地加大了债券市场系统性金融风险发生的可能性。这一发现为我们深入理解债券市场风险的形成机制提供了新的视角，也凸显了在制度设计过程中需充分考虑其潜在的系统性风险影响。

最后，关于交叉违约制度在债券市场中的应用研究，已有的相关研究多从发债企业内部视角出发，证实交叉违约条款会导致企业发行的其他债券的违约风险增加（杨国超和蒋安璇，2022）。然而，本章从整个债券市场的宏观角度出发，进一步拓展了这一研究领域。研究发现，同行业、同地区其他发债企业发生的债券违约事件，也会沿着交叉违约条款将违约风险进一步传递给该发债企业。这意味着交叉违约条款不仅是发债企业内部违约风险传染的渠道，还会放大发债企业之外跨行业、跨地区企业的违约风险，最终可能演化成债券市场系统性金融风险的一个制度诱因。这一结论揭示了交叉违约制度在实际应用中可能产生的"制度悖论"问题，即其初衷是为了保护债券投资者利益，但在实践中却可能加剧市场风险，这一现象值得我们在制度设计和市场实践中深入反思和审慎对待。

第3章
交叉违约制度的发展现状

3.1 交叉违约制度的引入背景

交叉违约条款首次出现于1980年的《国际复兴开发银行贷款协定和担保协定通则》中,对应条文的基本含义为"若本合同的债务人在其他债务合同中出现违约情形,则本合同的债务也将被视为违约,此时本合同的债权人可以要求该债务人提供相应的救济措施"(黄风,1999)。由此可以看出,交叉违约制度的"交叉"是指债务人可以将本合同债务与其他债务的履约情况相互关联,进而扩张本合同债务违约的触发范围。具体来说,一方面,触发交叉违约条款的债务违约类型不仅包含债务人对该合同债务的不履行,还包含债务人对约定范围内的其他债务的不履行;另一方面,触发交叉违约条款的债务违约主体不仅可以是债务人自身,还可以是与债务人有密切关系的其他主体。可见,交叉违约条款具有宽泛的触发条件,这不仅可以让处于交易信息优势方的债务人承担"交叉"违约的风险,还可以让处于交易信息劣势方的债权人采取多种反违约措施,如要求债务人提供救济和选择债务合同加速到期,最终平衡了借贷双方利益。综合来看,推出交叉违约制度意为平衡交易双方的权利与义务。

随着债券市场"刚性兑付"预期的全面打破和企业"逃废债"倾向的出现,为更好地防范债券市场信用风险,完善投资人保护措施,交叉违约制度在我国债券市场中也逐渐获得监管层的重视①。2016年3月16日，短期融资券"16四川宏华CP001"在发行时首次引入了交叉违约制度，但该债券设置的交叉违约条款中的救济措施仅包含投资者可以要求债券发行人追加担保，尚未赋予债券投资者选择债券提前到期的权利，因此该条款并非真正意义上的交叉违约条款。仅仅5个多月后，银行间交易商协会在2016年9月8日正式发布了《投资人保护条款范例》，对交叉违约制度下交叉违约条款的触发情形和触发对象进行了详细规定。

具体地，交叉违约条款是指若债券发行人在本次债券发行合同中约定的其他债务发生违约，则本债券也会被视同违约。其中，其他债务的违约性质包含担保违约、技术性违约、债务展期、提前到期未兑付、未按时兑付本金、未按时兑付利息、未按时兑付本息、未按时兑付回售款等违约事件。此时，债券发行人必须在不超过10日的宽限期内及时偿还触发交叉违约的债务②，否则将认定附有交叉违约条款的债券发生实质性违约，债券发行人需要召开债务融资工具持有人会议，持有附有交叉违约条款债券的投资者可以对债券有条件豁免和不豁免进行表决③。

换言之，当债券发行人在合同约定范围内的任一债务发生违约时，债券发行人必须在较短的宽限期内及时偿还债务，否则，对于持有那些附有交叉违约条款的债券投资者而言，其不仅可以在更大的债务违约事件范围内全面掌握发行人的信用水平，还可以要求发行人提供多种救济措施，甚至还可以在本债券尚未到期时就与那些已经发生债务违约的投资者同时要

---

① 本章曾对多家债券发行人和债券承销商进行过访谈调研，调研结果表明，自《投资人保护条款范例》推出后，交易商协会从债券审查、窗口指导等不同层面都在推行交叉违约条款在债券契约中的应用。

② 交叉违约条款在触发后一般先给予发行人一定宽限期，若发行人在宽限期内偿还债务则不构成违约，但这一宽限期不得超过10日。相反，若发行人在宽限期内未及时偿付债务，则认定附有交叉违约条款的债券发生实质性违约，发行人需要召开债务融资工具持有人会议。

③ 有条件豁免是指债券发行人需要及时有效地启动救济措施，这些救济措施包括但不限于加担保、提高票面利率和禁止新发债券、披露可动用资金情况表等，债券投资者可以选择其中一项或多项；不豁免则意味着附有交叉违约条款的债券必须在持有人会议表决截止日的次一日立即到期应付。如果持有人大会决议对债券有条件豁免，那么只有当债券人及时有效地启动救济措施才不会构成债券实质性违约，否则债券也将立即到期应付构成债券实质性违约。如果发行人在债券加速到期形成的实质性违约后仍不能偿还债务，债务人一般会寻求司法途径以解决违约纠纷。

求债务人提前偿还借款,这显然会更好地保护投资者的自身利益(Kruft,1996;Joachim,1997)。与之相比,对于持有那些无交叉违约条款债券的投资者而言,即便公司出现债务违约,其也只能在债券到期时请求还本付息或采取司法诉讼等手段来维护自身权益。可见,交叉违约条款触发机制的核心功能是使债务加速到期,这也是保护债权人的关键救济措施。基于这些理由,监管层试图通过引导发行人在债券发行合约中加入交叉违约制度,从而更好地保护债券投资者的利益。

3.2 交叉违约制度的法理依据

从法理依据看,交叉违约条款之所以能够成为债权人的风险控制工具,其根本逻辑是交叉违约条款能够对尚未发生的债务违约予以救济。法理学上有两种理论可以援引成为交叉违约条款的法理依据,分别是英美法系中的预期违约制度和大陆法系中的不安抗辩权,但这两种理论所适用的法理依据又有所不同。具体地,英美法系强调预期违约可以作为交叉违约条款推出的法理依据,而预期违约的主要作用是保护债权人的期待权[①]不受侵害,当协议中债务人出现将来可能违约的语言或行动上的表示时,即便协议履行期限尚未到来,协议中债权人仍然可以选择继续履行协议或直接要求对方承担预期违约的责任(王利明,2011)。与之不同,大陆法系以不安抗辩权作为交叉违约条款推出的法理依据,而不安抗辩权具有保护先履行方[②]权益的作用,对应的法律规定为,在有先后履行顺序的双务合同[③]成立后,应先履行债务的一方有确切证据证明应后履行债务的一方存

---

① 期待权是指将来有取得与实现的可能性的权利。
② 先履行方是指双方当事人互负债务且两项债务有先后履行顺序,应先给付债务的当事人为先履行一方。
③ 双务合同是指双方当事人互相承担义务和享有权利的合同。双方的债权债务关系呈对应状态,即每一方当事人既是债权人又是债务人。

在无法完成给付义务①的现实危险时，有暂时中止履行合同的权利（王利明，2011）。可见，预期违约和不安抗辩权虽有所不同，但都规定缔约方在债权面临明显的灭失风险时可以提前采取相应的救济措施，从而平衡合同双方当事人的权利和义务。因此，预期违约和不安抗辩权是体现《合同法》公平精神的代表性法律理论。

源于这两种法律理论所蕴含的风险预防机制，交叉违约条款可以避免在债务人出现巨大的违约威胁时，将债权人置于极端不利的地位，以切实保护债权人利益。换言之，如果债务人在约定范围内的债务发生违约，交叉违约条款则认为债务人可能已经出现严重的财务危机，进而赋予债权人要求债务加速到期并将原定债务到期日期提前的权利，债权人此时可以主动采取求偿措施，而不是被动地等待债务原定到期日的来临。尽管我国法律并未对交叉违约作出明确规定，但交叉违约条款本质上借鉴了预期违约和不安抗辩权这两种法律理论内含的期待利益保护精神，我国《合同法》中也对这两种法律理论进行了明确规定。具体地，我国《合同法》中第六十八条和第六十九条规定了不安抗辩权②，第九十四条和第一百零八条规定了预期违约③。因此，当合同双方就交叉违约条款达成协议时，即便交叉违约条款不属于法定条款，而属于一种约定的违约条款，其效力依然可以得到我国法律的承认。

然而，交叉违约条款自推出以来仍未被深入研究。尽管债券契约条款

---

① 给付义务是指与债权人的请求相对应，债权人向权利人支付对价或款项。
② 《合同法》第六十八条 应当先履行债务的当事人，有确切证据证明对方有下列情形之一的，可以中止履行：（一）经营状况严重恶化；（二）转移财产、抽逃资金，以逃避债务；（三）丧失商业信誉；（四）有丧失或者可能丧失履行债务能力的其他情形。
《合同法》第六十九条 当事人依照本法第六十八条的规定中止履行的，应当及时通知对方。对方提供适当担保时，应当恢复履行。中止履行后，对方在合理期限内未恢复履行能力并且未提供适当担保的，中止履行的一方可以解除合同。
③ 《合同法》第九十四条 有下列情形之一的，当事人可以解除合同：（一）因不可抗力致使不能实现合同目的；（二）在履行期限届满之前，当事人一方明确表示或者以自己的行为表明不履行主要债务；（三）当事人一方迟延履行主要债务，经催告后在合理期限内仍未履行；（四）当事人一方迟延履行债务或者有其他违约行为致使不能实现合同目的；（五）法律规定的其他情形。
《合同法》第一百零八条 当事人一方明确表示或者以自己的行为表明不履行合同义务的，对方可以在履行期限届满之前要求其承担违约责任。

的主要作用都是保障债券持有人免受发行人信用恶化的影响，但不同契约条款发挥保障作用的方式却大不相同。现有研究主要关注在债券未发生违约的"事前"对发行人予以限制的债券契约条款，具体地，这类条款通过在违约未发生的"事前"限制发行人某些特定行为或设定某些关键财务指标，从而防止发行人采用过高的经营杠杆或财务杠杆，以尽可能地避免发行人出现道德风险，最终保证发行人的信用风险处于可控范围内（陈超和李镕伊，2014；冯果和阎维博，2017；史永东等，2017）。然而，交叉违约条款则是在违约发生的"事后"要求发行人启动救济处置程序的债券契约条款，该条款意在违约发生后尽可能维持发行人与投资者之间的利益平衡。因此，交叉违约条款的约束性是基于特定风险事件引发的，并且受制于风险事件是否发生这一前提条件（冯果和阎维博，2017）。然而在实践中，触发交叉违约条款可能使得债券提前进入本息清偿期，从而加剧债券发行人的流动性危机，使得债券发行人的偿债压力更大[①]。鉴于此，法学界也有研究银团贷款合同中交叉违约条款的学者，认为应对交叉违约条款的使用加以适当限制（金明，1994）。

3.3 中国债券市场交叉违约制度的触发情形和处置方案

3.3.1 交叉违约条款的触发情形

交叉违约条款中触发情形的设置将本合同的债务与其他债务的履约构

[①] 实践中我们发现，当债券发行人触发交叉违约后，债券发行人每年的还款金额激增，导致其资金链压力遭到了重大冲击。附有交叉违约条款债券的累计异常收益率平均下跌超 30%，而且债券债项信用评级平均被下调约 3 个级次。这意味着，债券投资者和债券评级机构能感知到债券发行人触发交叉违约是债券到期兑付不确定性有所增大的信号，可能导致投资者不能完全收回本息。

建了重要的关联,一旦其他债务违约将触发本合同交叉违约处置机制,因而,触发情形是交叉违约机制发挥作用的基础。触发情形主要包括违约触发主体、违约触发债务类型和债务违约触发金额(见表3-1)。具体地,《投资人保护条款范例》中认定的违约触发主体主要有发行人、发行人本部、合并范围内子公司、核心子公司、持股达到一定比例以上的子公司以及控股股东及其合并范围内子公司。除此之外,国外交叉违约条款违约触发主体甚至还包括第三方担保机构和其他关联公司等;违约触发债务类型是指债务人发生的违约债务类型,《投资人保护条款范例》中认定的违约触发债务类型包括金融机构贷款(包括银行贷款、信托贷款、财务公司贷款等)、承兑汇票、金融租赁、资产管理计划融资、银行理财直接融资工具等;债务违约触发金额用绝对值和相对值来衡量,绝对值比如违约主体违约金额超过5000万元,相对值比如违约主体违约金额占净资产的百分比。

表3-1 《投资人保护条款范例》中交叉违约条款触发情形选项

触发情形	选项
违反约定主体范围选项(单选)	□发行人及其合并范围内子公司 □发行人本部及持股比例____%及以上的子公司 □发行人本部及核心子公司(如包含核心子公司,应提供子公司名单或明确界定判定标准) □发行人本部 □发行人、控股股东及其合并范围内子公司 □其他____
违反约定债务种类选项(多选)	□金融机构贷款(包括银行贷款、信托贷款、财务公司贷款等) □承兑汇票 □金融租赁 □资产管理计划融资 □银行理财直接融资工具 □其他(如名股实债)____

续表

触发情形	选项
违反约定金额绝对值选项（单选）	□人民币 5000 万元 □人民币 1 亿元 □其他
违反约定金额相对值选项（单选）	□净资产的 3% □净资产的 5% □其他

3.3.2 交叉违约条款的处置方法

当交叉违约条款中的触发情形出现后，发行人要书面通知主承销商和债券持有人，如果主承销商先发现触发情形，应及时通知发行人以获得书面确认，随后在约定时间内召开持有人大会，发行人可作出解释或提供救济方案，债券持有人可以选择豁免债务人违约，但豁免选择需要经过持有人大会的决议，豁免决议需具有 2/3 以上表决权的持有人出席且 3/4 表决权通过才能生效，发行人应无条件接受持有人会议上作出的相关决议。豁免选择分为有条件豁免和无条件豁免两种，有条件豁免包括债务人提供或增加担保、提高票面利率和不得新增发行债务融资工具等，如果债务人未在约定期限内完成豁免条件，则期限届满后次一日立即到期应付。

基于债务集中到期将给债务人经营和财务活动带来较大的压力，交叉违约条款设置还可以给予债务人一定的宽限期，也就是当债务人发生其他债务合同违约情形时，债权人不一定马上启动交叉违约处置程序，而是在一定的宽限期内视债务人对该违约债务的履约而定，如果宽限期内债务人履行了对该违约债务的偿还，则不构成债务人违反交叉违约条款，如果宽限期内债务人未履行对该违约债务的偿还，则在宽限届满后次一日启动交叉违约处置机制。

3.3.3 交叉违约条款的处置结果

债务加速到期是交叉违约条款功能发挥的核心，是债务人救济措施中的关键。虽然债务人其他债务合同违约，含交叉违约条款债务合同也未必一定会发生违约，但一旦交叉违约条款中设置了债务加速到期条款，也就赋予了债权人在债务提前到期不能兑付后采用违约债券处置程序的权利，进而债权人可以采用财产保全、求偿追责等保障措施。根据交易商协会2016年出台的《投资人保护条款范例》，交叉违约条款的处置结果主要包括以下三种：一是如果持有人大会无效或未形成有效决议，则视同未获得豁免，债券在持有人大会召开后一日到期，投资者享有回售选择权；二是如果持有人大会决议未豁免的或有条件豁免但债务人未能在约定期限内完成豁免条件，债券应在持有人大会召开后一日或手续期届满后一日立即到期兑付；三是若给予发行人一定宽限期（不超过10个工作日），宽限期后恢复原状则不适用于后续处置措施，但可选择宽限期内是否需要支付罚息。

3.4 企业发行债券触发交叉违约条款的典型案例

综上所述，交叉违约条款的触发情形、处置方法和处置结果如图3-1所示，简而言之，当债券发行人在发行多种债务融资工具时，如果他项债券发生违约事项，《募集说明书》中的债券加速到期，在宽限期内偿还不构成违约，此为路径①；倘若没有规定豁免条款且在宽限期内未及时偿付，即认定债券同时发生实质违约，此为路径②；若《募集说明书》提出了有条件的豁免方案，那么当触发交叉违约后，在一定的宽限期内，债务人能及时有效地提供追加担保等措施，保证完全覆盖债券本息，那么就可以豁免此交叉违约，此为路径④；若不能足额提供担保，债券将在规定的宽限期结束后立即到期，此时，债务人不能及时偿付，则判定为违约，此为路径③。因此，触发交叉违约条款不一定导致债券实质性违约，如路径①和路径④，而应对债券发行人的后续补救措施进行考察，如果债券发行人不能有效豁免交叉违约条款，导致债券立即到期而不能有效偿付，此时，判定为违约，如路径②和路径③。

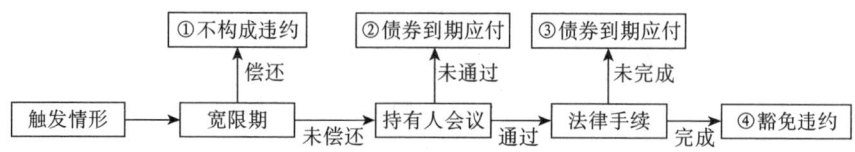

图3-1　触发交叉违约条款路径

图3-2给出了四只设置交叉违约条款的债券触发条款后的不同处置路径。

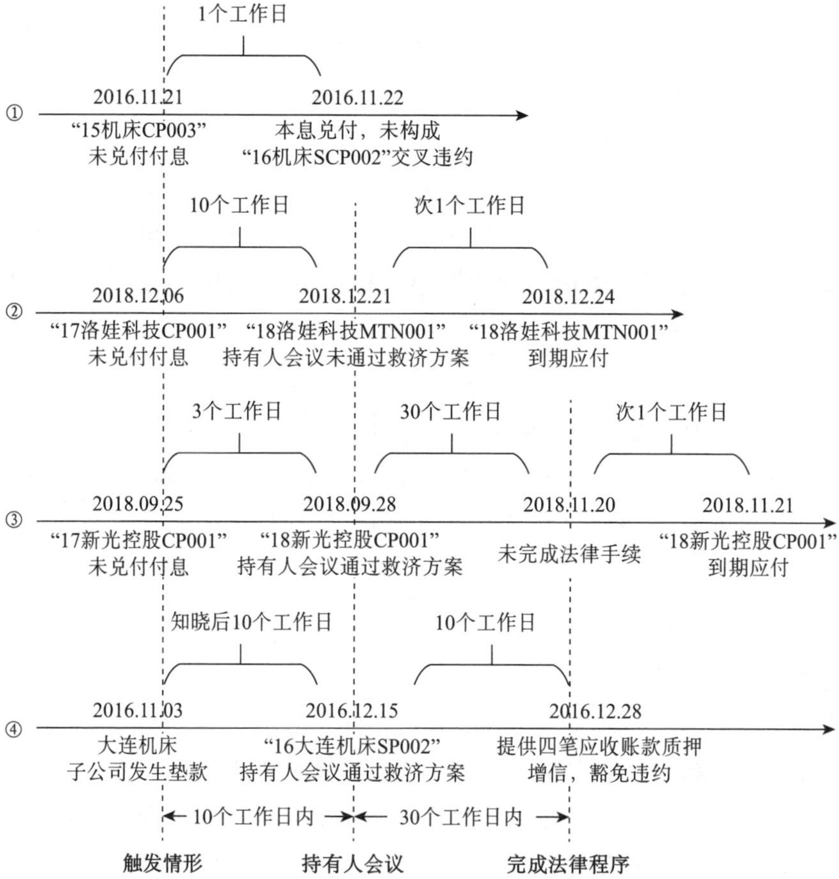

图3-2　触发交叉违约条款不同处置路径

路径①典型案例：大连机床集团有限责任公司（以下简称"大连机床"）主要从事机床产品的生产和销售。2016年11月21日，大连机床发行的"15机床CP003"由于技术性原因未能按期足额偿付。2016年11月22日，大连机床兑付该期债券全部应付本息。可见，大连机床得在10个工作日的宽限期内完成违约债券的兑付，因而其不构成"16大机床SCP002"这只附有交叉违约条款债券的违约。

路径②典型案例：洛娃科技实业集团有限公司（以下简称"洛娃集团"）成立于1994年，是一家集日化、乳业、旅游地产三大产业于一体的多元化企业集团。2018年12月6日，上海清算所发布公告称，洛娃集团2017年度第一期短期融资券"17洛娃科技CP001"未按时足额偿付债务融资工具本息，已构成实质违约。鉴于"17洛娃科技CP001"违约事件发生，该事项已触及"18洛娃科技MTN001"的交叉违约条款约定情形。2018年12月7日上海清算所公告称已收到"17洛娃科技CP001"的付息资金并完成代理付息，而且洛娃集团承诺在10个工作日内完成3亿元本金的兑付。然而，2018年12月20日，洛娃集团未能在承诺期限内将"17洛娃科技CP001"的本息的剩余部分汇入托管机构账户。2018年12月21日，主承销商宁波银行召开"18洛娃科技MTN001"持有人会议，商讨后续救济措施，结果是未通过救济方案，"18洛娃科技MTN001"应于2018年12月24日到期应付。2018年12月24日营业终了，洛娃集团仍未兑付"18洛娃科技MTN001"本息，构成实质违约。

路径③典型案例：新光控股集团有限公司（以下简称"新光集团"）是一家以流行饰品为主业，集投资、商贸、地产于一体的民营企业集团。2018年9月25日，新光集团公告称，受宏观降杠杆、银行信贷收缩、民营企业融资困难等多重因素影响，新光集团流动性出现问题，未能足额偿付"17新光控股CP001"到期应付的本金及利息。此次违约触发了"18新光控股CP001"的交叉违约条款。2018年9月28日，主承销商招商证券召开"18新光控股CP001"持有人会议，会议通过有条件的救济方案，即如果新光控股未能在30个工作日内提供增信且办理完成相关法律手续，则该期债券将于办理相关法律期限届满后次一日立即到期应付。2018年

11月20日，30个工作日满但新光集团未完成增信和法律手续，"18新光控股CP001"在2018年11月21日到期应付。2018年11月21日营业终了，新光集团仍未兑付"18新光控股CP001"本息，构成实质违约。

路径④典型案例：大连机床集团有限责任公司（以下简称"大连机床"）主要从事机床产品的生产和销售。2016年11月3日，大连机床子公司发生银行承兑汇票垫款1.39亿元。2016年11月18日，10个工作日的宽限期满，垫款事件未纠正，触发"16大机床SCP002"的交叉违约条款。2016年12月15日，"16大机床SCP002"持有人会议通过有条件豁免救济方案，要求大连机床对"16大机床SCP002"提供增信并在30日内完成相关法律手续。2016年12月28日，公司提供4笔应收账款质押担保并完成法律手续，因而豁免"16大机床SCP002"交叉违约。

大连机床为获得流动资金在债券市场发行了多只债券，其中2只债券附有交叉违约条款，如表3-2所示。本应于2016年11月21日到期的"15机床CP003"出现"技术性违约"，不过次日大连机床就偿还了本息。真正意义上的违约出现在2016年11月29日，大连机床公告其下属子公司存在14笔银行承兑汇票垫款，且未在10个工作日的宽限期内解决，此时开始触发"16大机床SCP002"的交叉违约条款，持有人会议对该项债务进行了有条件豁免，如若大连机床未采取救济行动，"16大机床SCP002"将于2017年1月20日到期。然而，在2017年1月20日来临之前，由于资金链紧张，大连机床还未及时采取救济行动，就再一次未能在2016年12月12日足额兑付"16大机床SCP001"的本息，构成实质性违约。"16大机床SCP001"这一债券违约的直接后果是触发债券"16大机床SCP002"和"16大机床SCP003"的交叉违约条款，债券持有人会议再一次对这两只债券进行了有条件豁免，"16大机床SCP002"被延长至2017年2月10日到期，而"16大机床SCP003"被延长到2017年2月11日到期，尽管持有人会议一再放缓豁免期限，大连机床始终未能筹集到足够资金来缓解财务困境，也未能完成救济方案的法律手续，引起两只债券提前到期。在之后较短的时间内，相继又有"15机床CP004""16大机床MTN001""15机床PPN001"等多只债券出现违约，且又新增23笔大连机床下属子公司银行承兑汇票垫款，再次触发"16 大机床 SCP002"和"16 大机床 SCP003"交叉违约，这一系列债券违约彻底打碎了大连机床偿还违约债券的可能性，大连机床从始至终都没有拿出行之有效的解决方案，也没有采取良好的措施来保护债权人利益。

表 3 - 2　　大连机床触发交叉违约条款时的存续期债券情况

债券简称	发行日	到期日	特殊条款	债券类型	违约情况
15 机床 CP003	2015 年 11 月 18 日	2016 年 11 月 21 日		短期融资券	违约后次日完成兑付
16 大机床 SCP001	2016 年 3 月 15 日	2016 年 12 月 11 日		超短期融资券	已违约，尚未兑付
15 机床 CP004	2015 年 12 月 28 日	2016 年 12 月 29 日		短期融资券	已违约，尚未兑付
16 大机床 SCP002	2016 年 8 月 4 日	2017 年 5 月 2 日	交叉违约	短期融资券	先后因 14 笔银行承兑汇票垫款、"16 大机床 SCP001"违约、"15 机床 CP004"违约、23 笔银行承兑汇票垫款、"16 大机床 MTN001"利息违约、"15 机床 PPN001"利息违约共 6 次触发交叉违约，其中前两次已获持有人条件豁免，尚未兑付
14 机床 PPN001	2014 年 5 月 19 日	2017 年 5 月 20 日		PPN	已违约，尚未兑付
16 大机床 SCP003	2016 年 10 月 26 日	2017 年 7 月 24 日	交叉违约	超短期融资券	先后因"16 大机床 SCP001"违约、"15 机床 CP004"违约、"16 大机床 MTN001"利息违约、"15 机床 PPN001"利息违约共 4 次触发交叉违约，尚未兑付
15 机床 PPN001	2015 年 2 月 4 日	2018 年 2 月 5 日		PPN	2017 年 2 月 6 日付息日违约，尚未兑付

续表

债券简称	发行日	到期日	特殊条款	债券类型	违约情况
15机床MTN001	2015年7月30日	2018年7月30日		中期票据	2017年7月31日付息日违约,尚未兑付
16大机床MTN001	2016年1月3日	2019年1月14日		中期票据	2017年1月16日付息日违约,尚未兑付

第4章 交叉违约制度与债券融资成本

4.1 引言

防范系统性金融风险一直是我国中央经济工作会议关注的重点,防控债务违约风险又是重中之重。长期以来,我国政府处理债务违约的手段是以政府兜底的方式来确保债券"刚性兑付"。然而,随着我国债券发行规模进入十万亿时代,打破债券市场"刚性兑付"已成必然①,此后建立市场化和法治化的债券违约处置机制成为国家防范化解重大金融风险的改革方向②。自2015年以来,历年来的中央经济工作会议主要从监管上强调防范化解金融风险③,2020年中央经济工作会议明确指出要完善债券市场法制,2021年中央经济工作会议更是进一步强调要完善金融风险处置机制。

---

① 2014年3月4日,上海超日太阳能科技股份有限公司发布公告称无法按期全额兑付"11超日债"的利息,"11超日债"成为国内首只违约的企业债券;2015年4月21日,中国保定天威集团有限公司发布公告称无法按期兑付"11天威MTN2"的利息,"11天威MTN2"成为首只违约的国企债券。

② 2020年11月26日,中国央行发布2020年第三季度中国货币政策执行报告,报告指出要坚持市场化、法治化原则,完善债券违约风险防范和处置机制。来源:http://www.gov.cn/xinwen/2021-11/20/content_5652141.htm。

③ 如2016年中央经济工作会议提出要"提高和改进监管能力,确保不发生系统性金融风险";2017年中央经济工作会议提出要"做好重点领域风险防范和处置,坚决打击违法违规金融活动,加强薄弱环节监管制度";2018年中央经济工作会议提出"防范金融市场异常波动和共振,稳妥处理地方政府债务风险,做到坚定、可控、有序、适度";2019年中央经济工作会议指出"必须强化风险意识、牢牢守住不发生系统性风险的底线"。

因此，如何用市场化和法治化的手段防范债务违约风险，不仅是保护债权人利益的需要，更是防范化解系统性金融风险所必须重视的研究命题。

交叉违约制度正是一项应对债券违约而建立起的市场化和法治化的制度安排。2016年9月8日，中国银行间市场交易商协会发布《投资人保护条款范例》①，首次提出在债券契约中引入交叉违约这一创新的金融制度安排，这一金融制度的本意就是用市场化和法治化的手段处置债务违约，同时有效保护债权人利益。交叉违约制度详细规定了交叉违约条款的触发情形和触发对象（见图4-1）。具体地，一旦债券发行人在债务合同中设置了交叉违约条款，那么债券发行人便扩张了该债务合同的债务违约范围，当约定范围内的任一债务发生违约时，附有交叉违约条款的债券也会被视同违约，债券持有人就有权要求债券发行人采取相应的合同救济措施或提前偿还借款，而持有无交叉违约条款债券的投资者则并不拥有这些权利。当然，若债券发行人未在债券发行合同中嵌入交叉违约条款，即便其他债务发生违约，也不会触发附有交叉违约条款和未附有交叉违约条款债务合同的违约。换言之，交叉违约制度通过法律合同明确借贷双方在债务违约后的权利和义务，监管层也试图通过引导发行人在债券发行合约中加入交叉违约制度②，从而以市场化和法治化的手段处置债务违约和保护债权人利益。

令人遗憾的是，因触发交叉违约条款而导致企业发生连锁债务违约的现象也接踵而至。本章以首次因触发交叉违约条款而导致债务产生连锁违约的大连机床为例进行说明。2016年11月29日，大连机床共有12只尚在存续期内的债券，其中2只债券附有交叉违约条款。当天，大连机床下属子公司的银行承兑汇票无法兑付，发生由银行垫款的行为，从而触发"16大机床SCP002"的交叉违约条款。由于资金链紧张，大连机床还未及时采取救济措施，就再一次因未足额兑付"16大机床SCP001"的本息构

---

① 2019年4月10日，中国银行间交易商协会对《投资人保护条款范例》予以更新，发布《投资人保护条款示范文本》。

② 2018年7月3日，中国人民银行副行长潘功胜在"债券通"一周年论坛上针对中国债券市场上出现较大规模违约的情况，提出央行将引导发行人积极引入交叉违约等对投资者的保护条款。来源：https://yicai.smgbb.cn/live/m/5435979.html。

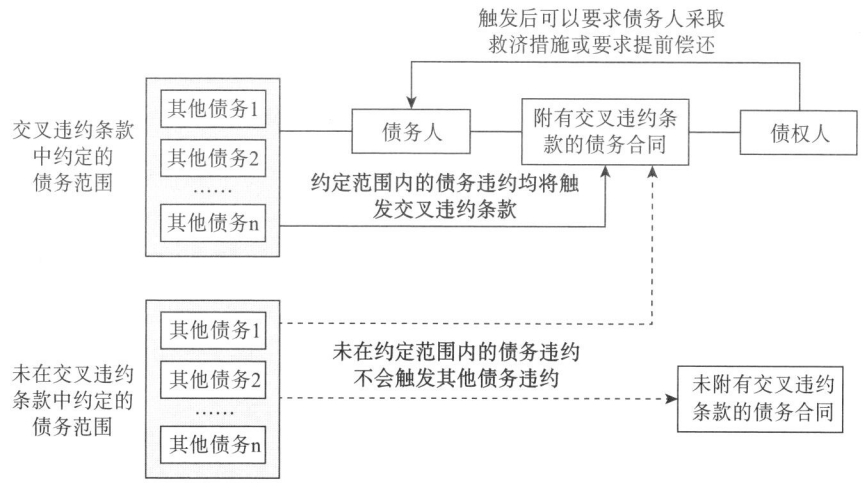

图4-1 交叉违约条款释义及触发处置流程

成实质性违约,该违约事件进一步触发"16大机床SCP002"和"16大机床SCP003"的交叉违约条款,引起两只债券提前到期。连续爆发的债务违约使大连机床难以在短期内筹措到足够资金以缓解财务困境,在之后不到一年的时间内,大连机床相继又有8只债券发生实质性违约,合计违约金额高达40亿元。2017年11月10日,大连机床申请破产重整,距发生首次债券违约仅不足一年。上述事实表明,在债券契约中嵌入交叉违约条款还可能使得其他债务的违约"引火烧身",产生一系列连锁违约的"多米诺"效应,这最终成为压垮企业的"最后一根稻草"。

事实上,在债券违约常态化的背景下,交叉违约的"多米诺"效应还可能会加剧系统性金融风险。自2014年3月4日"超日债"发生违约后,债券违约开始进入常态化阶段,违约主体从民营企业扩散至国有企业,违约数量和金额也明显上升。以2020年为例,债券市场违约率攀升至0.48%,违约金额达到创纪录的1305亿元[1]。不断增加的债券违约事件产生了巨大的经济运行成本,一方面,企业发生债务违约不仅会给投资者带

---

[1] 本章采用全口径计算当年违约金额和违约数量,全口径下的债券违约包含实质性违约、本息展期和因交叉违约条款而导致的违约。违约率=当年违约的债券金额/当年到期的债券金额。数据来源:Wind。

来巨额损失[①]（Beneish 和 Press，1995；Davydenko 等，2012），还会显著增加企业融资成本，严重损害企业价值（Beneish 和 Press，1993；Defond 和 Jiambalvo，1994；Beneish 和 Press，1995；Glover，2016）；另一方面，单个企业的债务违约还会传染给供应链上的其他企业（Acharya 等，2007），甚至同行业、同地区的企业也会被传染（Lang 和 Stulz，1992；Jorion 和 Zhang，2009；Boone 和 Ivanov，2012），这会使得大量企业的债务在同一时间段内集中爆发违约，显著加剧了系统性金融风险（Das 等，2007；Azizpour 等，2018）。可见，交叉违约的"多米诺"效应可能会在违约常态化下进一步加剧系统性金融风险。

综上可知，交叉违约制度既能赋予债券投资者同等求偿权从而保护债券投资者利益，又可能导致企业债务违约风险更高使得债券投资者的利益并未被真正保护。因此，在债券违约常态化及大力防范系统性金融风险的双重背景下，研究交叉违约制度的推出是否真正实现了防范债务违约风险，保护债券投资者利益的初衷尤为重要。为此，本章试图通过大样本实证研究对该问题进行检验。具体地，本章以2016年9月8日至2020年底发行的全部短期融资券、中期票据、企业债和公司债为研究对象，发现交叉违约制度显著提高了债券违约风险，表现为债券信用利差显著更高。本章还运用PSM和熵平衡法为附有交叉违约条款的债券寻找特征相似的债券，同时本章还通过识别相邻两年间同一企业从发行无交叉违约条款的债券转向发行有交叉违约条款的债券，以构建双重差分模型检验交叉违约制度的影响，这些不同的研究设计均得到了同样的实证发现，从而说明本章的研究结论是稳健的。进一步地，本章还利用新冠疫情这一外生冲击事件，检验其对有交叉违约条款和无交叉违约条款这两类债券的影响，结果发现，当企业面临突发的负面冲击时，有交叉违约条款的债券受到的负面影响显著更大，具体表现为这些债券的价格下跌更多，这进一步证明了交

---

① 对债务违约成本进行直接评估存在巨大阻碍，因而 Beneish 和 Press（1995）分析了企业首次发生技术性违约后的债务合同谈判结果，并检验其对股票交易价格的影响以间接评估债务违约成本。具体地，企业发生债务违约后的谈判结果主要包含要求企业提高借款利息、降低企业再融资规模、签订限制企业投资机会的债务契约等。研究发现，企业债务违约后产生的债务合同谈判结果均会导致股票价格显著下跌。

叉违约制度可能更易产生违约风险。此外,我们还从债券实际发生违约的角度进一步度量债券发行后的真实违约风险,具体地,本章通过构建债券发行人层面的双重差分(DID)模型,发现债券发行人在设置交叉违约条款后,债券发行人发生债券违约的次数显著增加。

进一步地,本章还识别了交叉违约制度激化债务违约风险的直接作用机制和间接作用机制。具体地,一方面,本章从债券发行人、债券投资者和债券评级机构这三个主体的视角分别分析交叉违约制度激化债务违约风险的直接作用机制,结果发现,当债券发行人触发了交叉违约条款后,债券发行人会面临突增的资金链压力,因而债券发行人的违约风险也会更大,最终导致债券价格下跌、债券信用评级被调低。另一方面,本章基于债务违约主体范围和债务违约种类划分交叉违约条款被触发的难易程度,结果发现当交叉违约条款中约定的债务违约主体范围更大、违约种类更多时,交叉违约条款更易被触发而进一步加剧债券发行人的资金链压力,使得债券发行人按期偿付的可能性大大降低,此时附有交叉违约条款的债券其信用利差更高。与此同时,本章还计算企业发行在外的债券中附有交叉违约条款的债务规模,并运用门槛模型发现,当企业发行在外的债券中附有交叉违约条款的债券比重越大时,债券发行人更可能会面临还款金额激增的还款压力,使得公司新发债券被按期兑付的可能性也大大降低,导致新发债券的信用利差也更高。

异质性检验结果还发现,交叉违约条款导致债券信用利差抬升的现象在国有企业,以及非市场化的国有企业和中央国有企业等债务违约预期低的企业中显著更弱,而在流动比率低、现金保证比率低等偿债压力大的企业中显著更强,在未设置"事前"类限制性契约条款的债券中也显著更强。最后,本章还探究了同地区和同行业的违约环境是否会沿着那些附有交叉违约条款的债券进一步传染违约风险,结果发现交叉违约制度的确会加剧违约风险在同地区和同行业间的传染。

本章的理论贡献为:首先,本章通过实证研究证实了在债券契约中引入交叉违约这一金融制度安排加大了债务违约风险,这与其保护投资者利益的初衷相背。现有法学和金融学的文献都从交叉违约制度的概念出发,认为交叉违约制度本质上是对尚未发生的违约行为予以救济，进而实现借贷双方的利益平衡。具体地，交叉违约条款不仅扩大了债务违约事件的范围，还赋予债权人债务提前终止权，这有利于保障资金提供方的债权安全（Childsa 等，1996；Joachim，1997；Li 和 Lou，2015；Kogin 等，2018；阎维博，2019）。可见，现有研究仍然停留在对交叉违约条款相关概念的表述层面，尚无系统的实证研究对此展开分析，本章则通过大样本实证分析检验交叉违约条款是否真正发挥了保护投资者的作用，研究发现交叉违约制度反而会抬高债券违约风险，这证明了原本试图保护债券投资者利益的交叉违约制度偏离了保护投资者利益的既定政策目标。

其次，现有研究主要关注债券在违约未发生的"事前"对发行人予以限制的契约条款，本章则关注在违约发生的"事后"要求发行人启动违约处置程序的交叉违约条款，这对现有关于债券契约条款的文献作出了重要补充。现有研究主要关注可赎回条款（Banko 和 Lei，2010）、可转换条款（赖其男等，2005；周铭山等，2013）等期权类条款、限制资产转移类条款、限制投融资类条款等"事前"的限制性契约条款所产生的影响（Leland，1994；Bradley 和 Roberts，2004；Miller 和 Reisel，2012；陈超和李镕伊，2014；史永东和田渊博，2016；Beyhaghi 等，2017；Simpson 和 Grossmann，2017；史永东等，2017；Zhang 和 Zhou，2018；史永东等，2018）。这些"事前"的债券契约条款力求在违约未发生的"事前"限制发行人的行为，以促进企业持续稳定发展。与现有研究不同，本章关注在违约发生的"事后"启动处置流程的交叉违约条款，及其对借贷双方的影响，并以此分析其是否发挥了防范债务违约风险的作用。本章研究发现，启动交叉违约条款的触发机制可能会进一步提高债券违约风险，即交叉违约条款对债券发行人产生了负面影响，提高了债券信用利差，因而并未有效发挥防范债务违约风险的作用。

最后，本章研究还蕴含着重要的政策意义。在债券契约中引入交叉违约制度意在防范企业债务违约风险、保护债券投资者利益，但本章研究结论却发现，附有交叉违约条款的债券其债券违约风险反而更高，这是因为，在债券发行前，在债券契约条款中加入交叉违约条款不仅可能释放了企业风险较高的信号，而且在债券发行后，附有交叉违约条款的债券也会极大地增加发行人发生连锁债务违约的风险。该结论表明，引入交叉违约制度风险防范的目的非但没有实现，反而进一步激化了债务违约风险。鉴于此，本章认为，监管层对债券投资者"父爱主义"式的保护实际上可能会对债券发行人产生不合理的束缚，加剧发行人债务违约风险。政策制定者应引导企业合理设置交叉违约条款，防止发行人因加入交叉违约条款而超出自身风险控制能力；推动交叉违约条款需要与现有的"事前"类限制性契约条款有效结合，以降低企业产生连锁债务违约的风险；加强债券持有人与发行企业的信息沟通，以更好地保护已经持有交叉违约条款债券的投资者；完善交叉违约条款的相应配套制度，更好地保障债券投资者的优先求偿权。

本章内容安排如下：第二部分是制度背景与理论分析，第三部分是研究设计，第四部分是主要实证结果检验和稳健性分析，最后是本章研究结论。

4.2　理论分析与研究假设

通过在不同债务之间建立连锁关系，交叉违约制度可以使债权人在债务人发生任一约定的债务违约时提前寻求救济。换言之，当债券发行人约定的其他债务发生违约时，附有交叉违约条款的债券也会被视同违约，此时债券投资者就有权要求债券发行人采取救济措施或选择债券提前到期，那么债券投资者就会要求更低的风险溢价，从而导致发行人的债券信用利差更低。然而，在债券契约中加入交叉违约条款还可能在债券发行前释放了债券发行人风险较高的信号，而且在事后还可能极大提高债券发行人发生连锁债务违约的风险，这均会导致债券投资者要求更高的风险溢价，最终表现为发行人的债券信用利差更高。具体地，本章从债券投资者和债券发行人这两个角度分别论述交叉违约条款是如何影响债券违约风险进而对债券信用利差产生影响的。

对债券投资者而言，交叉违约制度可以通过扩大债券违约事件范围、赋予债券投资者优先求偿权以保护投资者利益，从而使得债券投资者要求更低的风险溢价，最终表现为发行人的债券信用利差更低。第一，在债券发行前，在债券契约条款中加入交叉违约条款可以扩大触发债券违约的债务主体范围和债务种类以保障债券投资者的债权安全。常规的债券契约条款所约定的违约事件范围仅限于债券发行人发行的单只债券的违约，因而当法院对那些未到期的债券是否构成违约进行裁决时，其对债券发行人默示拒绝履行①的认定标准极高，即债券发行人每一只债券的发行和兑付均被认为是独立履约行为，即便债券发行人出现未能兑付任意一只债券的情形，这也不会必然影响其他债券的兑付结果②（王新红，2013）。但是，交叉违约条款却突破了常规的债券契约条款对债务违约事件范围的限制，这种突破主要体现在该条款扩大了债务违约主体和债务违约种类的范围，即发行人或与发行人密切相关的其他人在约定的任一债务合同范围内发生违约，本债券也会被视同违约。可见，债券发行人在债券发行前通过将本债券与其他债务的履约情况建立联系，从而扩大债券违约事件的触发范围，这使得债券投资者可以根据债券发行人或与债券发行人密切相关的其他人在其他债务上的履约情况，判断债券发行人在附有交叉违约条款的债券中的履约能力，从而使得债券投资者可以更及时和更全面地掌握发行人的信用水平，以便更好地保障其债权安全。

第二，在债券发行后，在债券契约条款中加入交叉违约条款还可以在债券发行人触发交叉违约条款后赋予债券投资者以优先求偿权。在债务合同中，债权人通常不能违反合同双方均享有的期限条件，即不能提前要求债务人履行债务以提前实现自己的债权，因而法谚有云"未到期限之债务等于无债务"（崔建远，2016）。然而，在债务合同签订的履行期限内，由

---

① 默示拒绝履行是指从债务人的行为中可合理地推断出其不再意欲履行合同。
② 保定天威"11 天威 MTN1"债券的预期违约纠纷系首起债券持有人在债券尚未到期时起诉发行人，并要求其承担违约责任的证券纠纷。参见常州市中级人民法院（2017）苏 04 民初 135 号民事判决书。

于债券发行人的未来偿债能力和宏观经济环境的变化都难以预测，最终可能导致债务合同无法履行或难以履行。因此，当债券投资者面对极有可能出现的巨大违约威胁时，债券投资者为了避免自身利益受到侵害，不愿意"坐以待毙"到债券到期后才行使求偿权，而是希望与其他债权人处于同等的求偿地位。在债务合同中引入交叉违约这一制度安排正好可以保证债券投资者在风险事件发生后享有优先求偿权。具体地，若债券发行人出现触发交叉违约条款的不利情形，即使债券仍未到期，债券投资者也能迅速进入违约处置程序，如亲自参加发行人因其他债务违约而开展的谈判或债务重组安排、要求发行人采取救济措施或选择债券提前到期。换言之，一旦债券发行人触发交叉违约条款，则表明债券发行人可能已处于严重的财务困境，偿还本期债券存在重大不确定性，这甚至可被视为债券发生"先兆性违约"。此时，持有附有交叉违约条款债券的投资者就可以在债券实际到期前，提前主动寻求救济以保全债权，最终尽可能及时收回本息。实践中，因债券募集说明书中缺乏交叉违约条款而导致发行人在其他债务发生违约后投资者无法提前求偿的例子不在少数，如"11超日债"的债券发行人在部分银行贷款已经违约、一些账户被冻结的情况下，债券持有人仍无法申请资产保全，只能通过在债券到期时请求还本付息、采取司法程序提起违约求偿诉讼等方式来维护自身权益。可见，交叉违约制度切实保障了债券投资者的受偿地位不受债务违约顺序的影响，使债券投资者在求偿时处于和其他债权人同等求偿地位，提前及时收回本息成为可能，最终发挥了保护投资者利益的作用，是债券投资者进行自我保护的有力手段。

然而，对债券发行人而言，在债券发行前，在债券契约条款中加入交叉违约条款还可能释放了企业风险较高的信号，而且在债券发行后，交叉违约条款还可能会极大地增加发行人发生连锁债务违约的风险，因而债券投资者会要求更高的风险溢价，表现为发行人的债券信用利差更高。一方面，债券发行前在债券契约条款中加入交叉违约条款可能是企业风险较高的表征。具体地，在债券注册发行实践中，债券发行人是否设置交叉违约条款会受到"窗口指导意见"、债券注册发行审查员偏好等各方面因素的影响①，而这些决策主体主要是基于对宏观环境、行业环境和企业本身风险高低等各种环境因素综合考虑并在债券契约中加入交叉违约条款。对于债券投资者而言，考虑到设置交叉违约条款可能是监管层对企业风险水平的预估，这也会影响债券投资者所感知的风险水平。换言之，当违约实际发生，投资者顺利收回本息的概率较低，从而使得债券投资者要求更高的风险溢价。

另一方面，债券发行后，在债券契约条款中加入交叉违约条款还可能会增加债券发行人发生连锁债务违约的风险。当债券发行人在其多个债务合同中都设置交叉违约条款时，一旦发行人在交叉违约条款中约定的债务发生违约，那么其全部附有交叉违约条款的债券都将被视为违约。换言之，在债券契约中嵌入交叉违约条款可能使得其他债务的违约"引火烧身"，甚至导致债券发行人因资金链断裂而发生违约。具体地，若债券投资者要求发行人提供救济，如要求发行人增加担保、提高债券票面利率和禁止新增发行债务融资工具等，这些救济措施就会限制企业的投资机会，进而降低企业政策的灵活性（Stulz，1988；Shleifer 和 Vishny，1989），进一步增加了债券发行人的财务压力；若债券投资者选择债务提前到期，将会导致企业到期的债务规模突然增加。为了有效遏制违约势头的蔓延，债券发行人必须寻求其他筹资途径以偿还债务，这势必会打乱企业的整体偿债计划，影响企业的长期发展战略，最终不利于企业长远稳定的发展。正如 Smith 和 Warner（1979）指出，企业在债务契约中设置限制性条款很可能会影响管理者的有效决策，进而影响企业的盈利能力。因此，无论债券投资者要求发行人提供救济，还是要求发行人提前求偿，都可能会使得原来单只债券违约引发的企业局部债务违约风险，进一步扩大为企业整体的债务违约风险，企业最终可能难以在短期内快速偿付因"多米诺"效应所产生的大量债务。可见，交叉违约条款所表征的求偿权利增加，实际上是投

---

① 本章曾对多家债券发行人和债券承销商进行过访谈调研，调研结果表明债券发行人是否设置交叉违约条款会受交易商协会"窗口指导意见"、债券注册发行审查员偏好、债券募集说明书模板等方面的影响。其中，"窗口指导意见"一般为交易商协会考虑债券市场整体风险水平在不同时间段内，给出"建议发行人添加交叉违约条款"的指导，债券注册发行审查员在不同年度、不同省份、不同行业、不同企业，甚至同一企业的不同债券间都有所不同，不同审查员对交叉违约条款的偏好不同。

资者成功求偿概率的下降,即交叉违约条款的风险溢价来源于求偿权利和实际求偿成功概率间的差异,而产生这种差异的核心原因就是交叉违约条款会带来债券连锁违约风险。因此,当债券投资者预期可能因单只债券违约而发生"火烧连营"的风险时,就会要求更高的风险溢价。

综上所述,一方面,在债券契约条款中加入交叉违约条款不仅可以扩大债券违约事件的范围,还可以赋予债券投资者以优先求偿权,从而保障债券投资者的受偿地位不受债务违约顺序的影响,实现提前及时收回本息的可能,这使得债券投资者可能会要求更低的违约风险溢价,即交叉违约条款保护了债券投资者。另一方面,在债券契约条款中加入交叉违约条款既可能在事前发出了企业风险较高的信号,也可能在事后极大地提高企业发生连锁债务违约的风险,这均使得投资者能及时收回本息的可能性大大降低,债券投资者就会要求更高的违约风险溢价,即交叉违约条款还可能加剧债务违约风险。鉴于债券交叉违约条款可能会产生上述正反两方面的影响,本章提出一组竞争性假设 H4-1a 和 H4-1b:

H4-1a:附有交叉违约条款的债券保障了投资者利益,表现为债券信用利差更低,即交叉违约条款发挥了保护债权人利益的"保护盾"效应。

H4-1b:附有交叉违约条款的债券加剧了债务违约风险,表现为债券信用利差更高,即交叉违约条款使企业债务违约产生"多米诺"效应。

4.3 研究设计

4.3.1 样本选择

本章选择 2016 年 9 月 8 日至 2020 年底发行的全部企业债、公司债、中期票据和短期融资券为研究对象。样本选择依据如下:2016 年 9 月 8 日,中国银行间市场交易商协会发布了《投资人保护条款范例》,此后交叉违约条款在我国债券市场中的运用频率迅猛攀升，为此本章选择样本起始时点为 2016 年 9 月 8 日[①]。样本期间债券总数为 25493 只，在此基础上，本章剔除数据缺失样本 1255 只，最终得到债券样本观测 24238 只。债券发行数据和财务数据来自 Wind 数据库，债券市场总指数来自中国债券信息网[②]，各省宏观经济数据来自 CSMAR 数据库。

表 4-1 是样本的描述性统计。可以看出，从 2017 年至 2020 年，我国债券发行数量大幅上升，短期融资券、中期票据、企业债和公司债发行总数量从 2017 年的 3899 只增加到 2020 年的 7645 只；自 2016 年《投资人保护条款范例》推出后，2017 年增设交叉违约条款的中期票据和短期融资券占比就达到 10%，2018 年至 2020 年，20% 以上的新发行中期票据和短期融资券都会增设交叉违约条款，但总体上，在企业债和公司债样本中，设置交叉违约条款的债券比例相对较低。

表 4-1　　　　　　　　样本描述性统计　　　　　　　　（单位：只）

债券类型	短期融资券		中期票据		企业债		公司债	
发行年份	总数	附有交叉违约条款的债券	总数	附有交叉违约条款的债券	总数	附有交叉违约条款的债券	总数	附有交叉违约条款的债券
2016	699	24	242	1	104	0	200	0
2017	2129	396	884	195	361	0	525	11
2018	2910	791	1385	420	261	5	773	27
2019	3417	953	1588	416	290	17	825	35
2020	4438	1205	1873	639	294	26	1040	43
合计	13593	3369	5972	1671	1310	48	3363	116

---

① 在《投资人保护条款范例》推出之前存在极少量（17 只）的债券附有交叉违约条款，对于这些设置交叉违约条款的债券，其募集说明书中对交叉违约条款触发情形和触发对象等的规定均为企业自行设定，导致存在附有交叉违约条款的债券仅提供救济措施，不赋予债务加速到期权的情况，即这些附有交叉违约条款的债券与在《投资人保护条款范例》推出之后附有交叉违约条款的债券并不完全相同，因而我们并未将该部分样本纳入初始样本。此外，样本期内附有交叉违约条款的债券共 5204 只，即使纳入《投资人保护条款范例》推出之前的 17 只债券样本也对本章现有的实证结果影响并不大。

② www.chinabond.com.cn。

4.3.2 变量定义与模型设计

（1）变量定义。表4-2是本章主要研究变量的变量定义。首先，本章定义当债券发行的《募集说明书》中含有交叉违约条款这一特殊条款时，Cross取值为1，否则为0；其次，参考方红星等（2013）、韩鹏飞和胡奕明（2015）、钟辉勇等（2016）、王雄元和高开娟（2017）、林晚发等（2019；2022）的研究，本章使用债券信用利差度量债券违约风险。具体地，本章将债券信用利差定义为债券发行时实际利率减当期同期限国债利率，即将无风险利率从债券实际发行利率中扣除后的风险溢价，该风险溢价主要来源于投资者对债券违约风险的估计。作出该判断的理由主要有二：其一，我国债券市场以机构投资者为主，其更可能对公司的债券违约风险作出合理估计；其二，风险溢价的来源一般包括违约风险和流动性风险，而我国债券市场的流动性风险几乎可以忽略不计[①]。换言之，我国债券市场的风险溢价更多来源于债券的违约风险。因此债券信用利差越高，该债券的违约风险也越大。

表4-2　　　　　　　　　　　　　变量定义表

变量名	变量定义
Cross	交叉违约条款：债券是否附有交叉违约条款，是取1，否则取0
Spread	债券信用利差：债券发行时实际利率减当期同期限国债利率
Rating	债券债项信用评级：AAA评级取4，AA+评级取3，AA评级取2，AA-评级取1，其中，因短期融资券评级全部为A-1，故调整其评级至AAA
Maturity	债券发行期限（年）的自然对数
Proceeds	债券发行规模（元）的自然对数
Guarantee	债券是否存在质押、抵押、保证或连带责任担保，是取1，否则取0

---

① 根据王永钦等（2016）的研究，他们将城投债到期收益率价差拆分为流动性价差及违约价差，并发现用来度量城投债流动性的Amihud测度的季度均值仅为0.012%，即流动性价差极小。该发现与债券实际成交量稀少的实际情况也吻合。此外，税率也会影响债券信用利差，但我国投资者面临的税率是一样的，所以这部分的影响也可以忽略不考虑。

续表

变量名	变量定义
Guar Nature	债券担保人公司属性：债券担保人公司属性为中央国有企业、地方国有企业、民营企业和其他，分别取4、3、2和1，不存在担保则取0
Call	债券发行人是否有权提前从投资者中赎回债券，是取1，否则取0
Put	债券投资者是否有权将债券回售给发行人，是取1，否则取0
Municipal	债券是否为城投债，是取1，否则取0
Bond Index	债券发行日的中国债券总指数，指数越高，即债券交易价格越高
Volatility	债券发行前60日中国债券总指数的标准差，值越大则市场风险越大
SOE	是否国有企业：是则取1，否则取0
AUD	财务报告是否被国际四大会计师事务所审计，是取1，否则取0
Listed Firm	是否上市公司：是则取1，否则取0
Top1	第一大股东持股比例
CASH	现金持有水平：现金和交易性金融资产占总资产之比
PPE	固定资产占比：固定资产占总资产之比
LEV	资产负债率：长短期银行借款和长短期应付债券占总资产之比
AT	资产周转率：销售收入除以平均总资产
SG	销售收入增长率：当期销售收入减上期销售收入，再除以上期销售收入
ROA	盈利能力：净利润除以平均总资产
ASSETS	规模：公司资产总额（元）的自然对数
Age	公司年龄：公司成立年限加1的自然对数
PerCapGDP	各省人均GDP，GDP总量（亿元）除以各省总人口数（万人）
GDP Growth	GDP增长率
Marketization	各省份市场化水平总指数，取自王小鲁等（2017）
Bond Type	债券类型虚拟变量
CRA	信用评级机构虚拟变量
Underwriter	主债券承销商虚拟变量
Year	债券发行年份虚拟变量
Industry	发债企业所处行业虚拟变量，其中制造业取两位行业代码
Province	发债企业所处省份虚拟变量

（2）模型设计。为检验交叉违约条款对债券违约风险的影响，本章参考 Ziebart 和 Reiter（1992）、Bonsall 和 Miller（2017）、王雄元和高开

娟（2017）和林晚发等（2019）的研究，建立模型（4-1）对此进行检验。

$$\begin{aligned}
\text{Spread} = &\beta_0 + \beta_1 \text{Cross} + \beta_2 \text{Rating} + \beta_3 \text{Maturity} + \beta_4 \text{Proceeds} + \beta_5 \text{Guarantee} \\
&+ \beta_6 \text{Guar Nature} + \beta_7 \text{Call} + \beta_8 \text{Put} + \beta_9 \text{Municipal} + \beta_{10} \text{Bond Index} \\
&+ \beta_{11} \text{Volatility} + \beta_{12} \text{SOE} + \beta_{13} \text{AUD} + \beta_{14} \text{Listed Firm} + \beta_{15} \text{Top1} \\
&+ \beta_{16} \text{CASH} + \beta_{17} \text{PPE} + \beta_{18} \text{LEV} + \beta_{19} \text{AT} + \beta_{20} \text{SG} + \beta_{21} \text{ROA} \\
&+ \beta_{22} \text{ASSETS} + \beta_{23} \text{Age} + \beta_{24} \text{PerCapGDP} + \beta_{25} \text{GDP Growth} \\
&+ \beta_{26} \text{Marketization} + \sum \text{Bond Type} + \sum \text{CRA} + \sum \text{Underwriter} \\
&+ \sum \text{Year} + \sum \text{Industry} + \sum \text{Province} + \varepsilon
\end{aligned} \quad (4-1)$$

模型（4-1）中因变量为债券信用利差，定义为将当期同期限国债利率从债券实际发行利率中扣除后的风险溢价部分，该模型采用OLS估计，并采用发行人和行业层面的二维聚类标准误计算参数显著性，后文若无说明均采用同样的参数估计及其显著性计算方法。本章关心的变量为债券是否附有交叉违约条款Cross。本章认为，如果交叉违约制度能通过扩大违约事件范围和赋予投资者优先求偿权以保障债券投资者的利益，那么投资者将可能会要求更低的风险溢价，即交叉违约制度是债券投资者的"保护盾"，此时β_1应显著为负；如果交叉违约制度会产生更高的债务违约风险，从而产生债务违约"多米诺"效应，那么投资者可能会要求更高的风险溢价，债券信用利差将会提高，此时β_1应显著为正。

模型（4-1）还控制了一系列影响债券信用利差的债券发行信息、债券市场信息、企业基本面信息以及宏观经济状况等变量，同时还控制了债券类型、信用评级机构、主承销商、年度、行业和省份虚拟变量。详细变量定义见表4-2。具体地，在模型（4-1）中，以下特征均会使债券信用利差更低：债券债项信用评级（Rating）越高，债券发行规模（Proceeds）越大，债券发行期限（Maturity）越短，债券有国有企业担保（Guar Nature），发行人无赎回权的债券（Call），投资者有回售权的债券（Put），债券为城投债（Municipal），发行日中国债券总指数（Bond Index）越高，债券发行前60日中国债券总指数的标准差（Volatility）越小，国有企业（SOE）发行的债券，被国际"四大"会计师事务所审计的公司（AUD），发行人是上市公司（Listed Firm），第一大股东持股比例（Top1）越低的公司，现金持有水平（CASH）越高的公司，固定资产占比（PPE）更高的公司，资产负债率（LEV）越低的公司，资产周转率（AT）越高的公司，总资产回报率（ROA）越高的公司，资产规模（ASSETS）越大的公司，成立年限（Age）越长的公司，人均GDP（PerCapGDP）越高的地区，GDP增长率（GDP Growth）越高的地区，市场化水平总指数（Marketization）越高的地区。对债券进行担保（Guarantee）会降低债券违约风险，但违约风险更大的债券也更可能被要求担保，因而其对债券信用利差会产生正反两方面的影响；销售收入增长率（SG）越高的公司，企业成长性越好，但风险也可能越高，因而其对债券信用利差的影响并不确定。

4.3.3 变量描述性统计

表4-3列示了相关变量的描述性统计。根据表4-3可知，样本中21.5%的债券附有交叉违约条款；债券信用利差（Spread）均值为2.8849，最小值为-0.0421[①]，最大值为6.3000；债券债项信用评级（Rating）最小值为2级，最大值为4级；债券信用评级样本中0.0547的债券存在担保（Guarantee），0.0690的债券发行人拥有赎回权（Call），0.1288的债券投资者拥有回售权（Put）；85.8%的债券发行人是国有企业（SOE），11.2%的债券发行人由国际"四大"审计（AUD），0.8578的债券发行人是上市公司（Listed Firm）；债券发行人现金持有水平（CASH）均值为0.1043，固定资产占比（PPE）均值为0.1821，资产负债率（LEV）均值为0.3714，资产周转率（AT）均值为0.3938，销售收入增长率（SG）均值为0.1351，总资产回报率（ROA）均值为0.0210；公司规模对数（ASSETS）均值为25.0587。

---

① 样本中共计280只在2020年4月以后发行的短期融资券，其实际利率低于同期限国债利率。《上海证券报》2020年5月15日发布报道"进入'1%时代'，券商短融资金成本走低"。报道来源：https：//paper.cnstock.com/html/2020-05/15/content_1318880.htm。

表4-3 变量描述性统计

变量	样本量	均值	中位数	标准差	最小值	最大值
Cross	24238	0.2147	0.0000	0.4107	0.0000	1.0000
Spread	24238	2.8849	2.7800	1.4981	-0.0421	6.3000
Rating	24238	3.7305	4.0000	0.5924	2.0000	4.0000
Maturity	24238	0.2635	0.0000	1.1428	-2.4986	2.3026
Proceeds	24238	20.5497	20.7233	0.7190	18.8261	22.3327
Guarantee	24238	0.0547	0.0000	0.2275	0.0000	1.0000
GuarNature	24238	0.1345	0.0000	0.6354	0.0000	4.0000
Call	24238	0.0690	0.0000	0.2535	0.0000	1.0000
Put	24238	0.1288	0.0000	0.3349	0.0000	1.0000
Municipal	24238	0.3805	0.0000	0.4855	0.0000	1.0000
BondIndex	24238	184.1449	185.3290	10.9852	167.3813	201.8325
Volatility	24238	1.1117	0.9550	0.6003	0.2331	2.2712
SOE	24238	0.8578	1.0000	0.3493	0.0000	1.0000
AUD	24238	0.1123	0.0000	0.3157	0.0000	1.0000
Listed Firm	24238	0.1961	0.0000	0.3971	0.0000	1.0000
Top1	24238	79.4218	100.0000	27.0638	15.1300	100.0000
CASH	24238	0.1043	0.0945	0.0639	0.0096	0.3365
PPE	24238	0.1821	0.1006	0.1986	0.0000	0.7509
LEV	24238	0.3714	0.3719	0.1452	0.0000	0.8658
AT	24238	0.3938	0.2441	0.4341	0.0132	2.3254
SG	24238	0.1351	0.1032	0.2326	-0.5427	1.0218
ROA	24238	0.0210	0.0140	0.0258	-0.5420	0.4835
ASSETS	24238	25.0587	24.9669	1.2921	22.4006	28.5200
Age	24238	2.9954	3.0445	0.4112	1.6094	4.2905
PerCapGDP	24238	8.7901	8.6412	3.5133	3.1874	16.4220
GDP Growth	24238	7.1227	7.1000	1.1134	3.6000	10.5341
Marketization	24238	8.2931	9.3500	1.7531	2.9500	9.9500

注：为避免异常值影响，本章对所有连续变量进行了上下各1%的Winsorize处理。

4.4 实证结果与分析

4.4.1 交叉违约条款对债券违约风险的影响

为检验交叉违约条款对债券违约风险的影响,本章采用模型(4-1)对此进行检验,回归结果见表4-4。第(1)列为交叉违约条款与债券信用利差的回归结果,第(2)列加入了债券发行信息和债券市场信息的控制变量,第(3)列又加入了企业基本面信息以及宏观经济状况等控制变量,第(4)列还控制了债券类型、信用评级机构、主承销商、年度、行业和省份虚拟变量。可以看出,Cross的系数均在1%的显著性水平上显著为正,即交叉违约条款提高了债券信用利差。控制变量的回归结果与预期基本一致。根据表4-4结果可知,交叉违约条款可能会使得企业具有更高的违约风险,最终表现为债券信用利差显著提高,从而证实了本章假设H4-1a。

表4-4   交叉违约条款对债券违约风险的影响

变量	(1) Spread 全样本	(2) Spread 全样本	(3) Spread 全样本	(4) Spread 全样本
Cross	0.5256*** (3.23)	0.6428*** (7.43)	0.4735*** (8.03)	0.3518*** (8.97)
Rating		-0.4443*** (-11.72)	-0.3882*** (-9.96)	-0.3699*** (-10.54)
Maturity		0.4390*** (22.13)	0.4127*** (26.76)	0.3434*** (15.07)
Proceeds		-0.3948*** (-7.28)	-0.2254*** (-4.80)	-0.1628*** (-5.28)

续表

变量	(1) Spread 全样本	(2) Spread 全样本	(3) Spread 全样本	(4) Spread 全样本
Guarantee		0.9098*** (9.00)	0.7209*** (7.62)	0.4118*** (4.20)
GuarNature		-0.1379*** (-4.18)	-0.1020*** (-3.96)	-0.0787*** (-2.86)
Call		0.4591*** (6.27)	0.5005*** (8.11)	0.5913*** (12.13)
Put		-0.0131 (-0.14)	-0.1412*** (-2.79)	-0.1584*** (-3.50)
Municipal		-0.0955 (-1.35)	-0.0321 (-0.59)	-0.1340** (-2.22)
BondIndex		-0.0655*** (-22.60)	-0.0622*** (-25.15)	-0.0775*** (-15.83)
Volatility		-0.0259* (-1.90)	-0.0220* (-1.81)	-0.1092*** (-10.50)
SOE			-0.9266*** (-8.33)	-0.9645*** (-8.07)
AUD			-0.2252*** (-3.37)	-0.1584*** (-2.84)
Listed Firm			-0.1345 (-1.53)	-0.1650** (-2.37)
Top1			-0.0019 (-1.55)	-0.0016* (-1.66)
CASH			-0.8175* (-1.77)	-0.3636 (-1.03)
PPE			-0.9143*** (-8.02)	-0.4386*** (-4.36)
LEV			0.3363* (1.67)	0.3759** (2.11)
AT			0.0679* (1.78)	0.0301 (0.70)

续表

变量	(1) Spread 全样本	(2) Spread 全样本	(3) Spread 全样本	(4) Spread 全样本
SG			0.0781 (0.87)	0.0054 (0.11)
ROA			-4.1823*** (-4.69)	-4.0909*** (-4.54)
ASSETS			-0.0418** (-2.24)	-0.0930*** (-6.33)
Age			-0.0441 (-0.92)	0.0093 (0.18)
PerCapGDP			-0.0171** (-2.02)	-0.0332 (-1.62)
GDP Growth			-0.0882*** (-4.68)	-0.0559*** (-3.09)
Marketization			-0.0608*** (-4.45)	-0.0445* (-1.74)
截距	2.7721*** (14.92)	24.4736*** (19.92)	23.8324*** (29.80)	24.4621*** (22.32)
债券类型、评级机构、主承销商、年度、行业	不控制	不控制	不控制	控制
N	24238	24238	24238	24238
Adj. R^2	0.021	0.589	0.653	0.753

注：括号内为经稳健标准误调整的 t 值，***、**、* 分别表示显著性水平小于1%、5%、10%，下同。

4.4.2 考虑内生性问题的稳健性检验

（1）采用 PSM 方法为附有交叉违约条款的债券匹配特征相似的债券。前文证实了附有交叉违约条款债券违约风险更高，然而考虑到附有交叉违约条款的债券与其他债券的基本面信息可能有所不同，为克服潜在的内生性问题，本章为附有交叉违约条款的债券寻找特征相似的样本进行比较以捕捉的确是因交叉违约条款导致企业具有更高的违约风险。具体地，本章采用 PSM 方法为附有交叉违约条款的债券在相同发行年度匹配特征相似的未附有交叉违约条款的债券，根据 PSM 检验的结果①，本章发现，在采用 PSM 方法前，附有交叉违约条款的债券与未附有交叉违约条款的债券的密度函数存在显著差异（见图 4-2 中左图），且在多个债券和债券发行人层面特征上也均存在显著差异（见表 4-5 Full Sample 结果），如附有交叉违约条款的债券其债券信用评级更低、债券发行规模更小、债券发行人现金持有水平更少及盈利能力更差等，这表明附有交叉违约条款的债券可能风险较高，而通过倾向得分匹配后的对照组债券与附有交叉违约条款的债券的密度函数极为相似（见图 4-2 中右图），且在全部债券和债券发行人层面特征上基本不再有显著差异（见表 4-5 PSM Sample 结果）。可见，采用 PSM 方法获得的对照组债券很好地达到了匹配目标，样本间的可比性大大提高。表 4-7 第（1）列报告了基于 PSM 方法选择样本的回归结果。可以看出，Cross 的系数显著为正。结果表明，当本章采用 PSM 方法解决选择性偏误时，交叉违约条款显著提高了债券违约风险，抬升了债券信用利差，证明本章研究结论是稳健的。

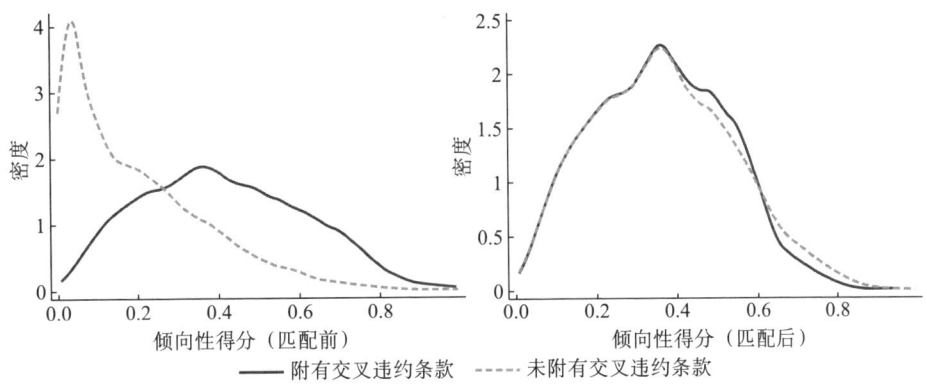

图 4-2 倾向性得分匹配效果图

---

① 本章选取 1∶1 匹配、半径匹配和核匹配方法进行匹配，匹配后附有交叉违约条款和未附有交叉违约条款的两组样本核密度函数图较为相似，且匹配后两组样本在债券特征、企业财务、企业基本特征等较多匹配变量上均不存在显著差异。

表 4-5　　　　　　　　　　　PSM 匹配效果检验

变量	Full Sample			PSM Sample		
	Treated	Control	t 值	Treated	Control	t 值
Rating	3.6855	3.7433	6.1489***	3.6823	3.6743	-0.5951
Maturity	0.1465	0.2797	7.3448***	0.1603	0.1912	1.3694
Proceeds	20.3385	20.6219	25.0836***	20.3419	20.3385	-0.2548
Guarantee	0.0373	0.0601	6.3541***	0.0415	0.0427	0.2732
Guar Nature	0.0947	0.1461	5.1339***	0.1063	0.1070	0.0531
Call	0.0427	0.0760	8.3703***	0.0472	0.0472	0.0028
Put	0.1024	0.1297	5.2519***	0.1082	0.1097	0.2328
Municipal	0.4131	0.3665	-6.0895***	0.4624	0.4621	-0.0265
BondIndex	185.9074	183.6492	-13.1015***	185.7514	185.7679	0.0734
Volatility	1.1485	1.1000	-5.1356***	1.1378	1.1469	0.6979
SOE	0.8378	0.8684	5.5893***	0.8542	0.8406	-1.7732*
AUD	0.0574	0.1338	15.1586***	0.0651	0.0695	0.8342
Listed Firm	0.1426	0.2156	11.6110***	0.1392	0.1377	-0.2084
Top1	79.2914	79.6665	0.8801	81.1017	80.7324	-0.6574
CASH	0.1112	0.1051	-5.7402***	0.1111	0.1117	0.4410
PPE	0.1531	0.2041	15.7206***	0.1496	0.1485	-0.3228
LEV	0.3952	0.3612	-14.4437***	0.3858	0.3822	-1.3114
AT	0.4183	0.3898	-4.1705***	0.3864	0.3929	0.6812
SG	0.1205	0.1396	4.6643***	0.1276	0.1310	0.5774
ROA	0.0145	0.0235	25.5224***	0.0155	0.0159	0.8574
ASSETS	24.7552	24.9737	10.4014***	24.6990	24.6760	-1.0075
Age	3.0288	2.9789	-7.7232***	2.9870	2.9946	0.8737
PerCapGDP	7.3358	8.3951	21.3690***	7.6402	7.5348	-1.6552*
GDP Growth	7.3638	7.4949	7.0187***	7.4878	7.4668	-0.8476
Marketization	7.8767	8.4780	22.2740***	8.0822	8.0552	-0.6935

(2）采用熵平衡法寻找特征相似的债券并对比是否附有交叉违约条款的影响。前文采用 PSM 方法以消除债券基本面信息对债券信用利差的影响，从而证实交叉违约条款会导致企业具有更高的违约风险。然而，PSM 方法可能会删掉无法匹配的控制组样本，从而损失部分样本信息，且 PSM 方法高度依赖第一阶段 Logit 模型的设定。为此，本章进一步采用熵平衡法为实验组样本寻找对照组样本（Hainmueller，2012），以消除债券基本面差异对债券违约风险的影响。具体地，熵平衡法的基本思想如下：首先，本章选择那些更可能导致企业在发行的债券中设置交叉违约条款的特征变量，具体包括债券层面特征变量、企业上期财务指标和企业基本特征变量等，其选择思路与 PSM 第一阶段变量的选择思路类似；其次，熵平衡法并不采用 Logit 模型预测倾向性得分，而是计算出使实验组样本和控制组样本在所有特征变量上实现多维平衡性的权重，如同时考虑特征变量的一阶矩条件（均值）、二阶矩条件（方差）、三阶矩条件（偏度）；然后，基于获取的权重最大程度上使实验组样本和控制组样本实现精确匹配，并采用加权最小二乘法估计回归模型（4-1）。本章采用熵平衡法使实验组和控制组在样本特征上实现平衡。

表 4-6 报告了熵平衡法的平衡效果检验，可以看出，在未采用熵平衡法之前，附有交叉违约条款的债券和未附有交叉违约条款的债券在全部特征变量的一阶矩条件（均值）、二阶矩条件（方差）和三阶矩条件（偏度）上并不完全相同，而经熵平衡法加权后，相关特征变量的各个矩条件均接近一致。表 4-7 第（2）列报告了采用熵平衡法的回归结果[①]。可以看出，Cross 的系数仍显著为正。结果表明，当本章采用熵平衡法解决选择性偏误时，附有交叉违约条款债券违约风险更高的研究结论依然是稳健的。

---

① 为节约篇幅，控制变量结果未列出，若有需要，请与作者联系，下同。

表4-6 熵平衡法平衡效果检验

变量	附有交叉违约条款的债券			未附有交叉违约条款的债券			经熵法加权后的未附有交叉违约条款的债券		
	mean	variance	skewness	mean	variance	skewness	mean	variance	skewness
Rating	3.6850	0.3955	-1.8090	3.7430	0.3381	-2.1390	3.6850	0.3956	-1.8080
Maturity	0.1465	0.9606	-0.1049	0.2955	1.3960	-0.2775	0.1467	0.9608	-0.1050
Proceeds	20.3400	0.3712	-0.0735	20.6100	0.5414	0.0453	20.3400	0.3712	-0.0718
Guarantee	0.0373	0.0359	4.8860	0.0595	0.0560	3.7230	0.0373	0.0359	4.8820
Guar Nature	0.0947	0.3010	5.7770	0.1453	0.4313	4.4600	0.0948	0.3011	5.7750
Call	0.0427	0.0408	4.5270	0.0762	0.0704	3.1940	0.0427	0.0408	4.5270
Put	0.1024	0.0919	2.6230	0.1360	0.1175	2.1240	0.1025	0.0920	2.6210
Municipal	0.4131	0.2425	0.3531	0.3716	0.2335	0.5313	0.4131	0.2425	0.3530
BondIndex	185.9000	110.7000	-0.3811	183.6000	122.1000	-0.0547	185.9000	110.7000	-0.3802
Volatility	1.1490	0.3664	0.3875	1.1030	0.3568	0.5208	1.1480	0.3663	0.3876
SOE	0.8378	0.1359	-1.8330	0.8632	0.1181	-2.1140	0.8378	0.1359	-1.8330
AUD	0.0574	0.0542	3.8040	0.1273	0.1111	2.2370	0.0575	0.0542	3.8040
Listed Firm	0.1426	0.1223	2.0450	0.2108	0.1664	1.4180	0.1426	0.1223	2.0440
Top1	79.2900	705.6000	-0.8853	79.4600	739.8000	-0.8992	79.2900	705.6000	-0.8852

续表

变量	附有交叉违约条款的债券			未附有交叉违约条款的债券			经熵平衡法加权后的未附有交叉违约条款的债券		
	mean	variance	skewness	mean	variance	skewness	mean	variance	skewness
CASH	0.1112	0.0032	1.1960	0.1056	0.0047	1.0700	0.1112	0.0032	1.1960
PPE	0.1531	0.0260	1.3380	0.1997	0.0455	1.1030	0.1531	0.0260	1.3380
LEV	0.3952	0.0150	-0.1206	0.3638	0.0236	0.0388	0.3952	0.0150	-0.1205
AT	0.4183	0.2111	1.9590	0.3925	0.1861	1.9950	0.4183	0.2110	1.9590
SG	0.1205	0.0739	0.6343	0.1391	0.0642	1.0330	0.6343	0.1205	0.0739
ROA	0.0145	0.0004	1.9930	0.0230	0.0005	1.7900	1.9930	0.0145	0.0004
ASSETS	24.7600	1.0940	0.0301	24.9700	1.8920	0.2542	24.7500	1.0940	0.0312
Age	3.0290	0.1824	-0.2510	2.9860	0.1651	-0.6232	3.0290	0.1824	-0.2507
PerCapGDP	7.3360	9.0870	0.3492	8.3360	9.9230	0.0555	7.3360	9.0870	0.3494
GDP Growth	7.3640	1.6330	-1.2480	7.5010	1.3360	-0.5852	7.3640	1.6330	-1.2470
Marketization	7.8460	3.5590	-0.4714	8.4150	2.8710	-1.0750	7.8460	3.5580	-0.4712

表4-7 采用PSM方法和熵平衡法后交叉违约条款对债券违约风险的影响

变量	(1) Spread PSM方法	(2) Spread 熵平衡法
Cross	0.3061***	0.3079***
	(10.39)	(10.04)
Controls	控制	控制
截距	27.1184***	27.1845***
	(18.66)	(14.56)
债券类型、评级机构、主承销商、年度、行业	控制	控制
N	8840	24238
Adj. R^2	0.709	0.699

（3）构建交叉违约条款"从无到有"的双重差分（DID）模型。前文证实了附有交叉违约条款债券违约风险更高，且在采取不同方法以消除债券基本面信息对违约风险的影响后该结论依然成立，考虑到附有交叉违约条款和未附有交叉违约条款的企业之间可能存在差异，为进一步解决潜在的内生性问题，本章还采用双重差分模型（DID）检验交叉违约条款对债券信用利差的影响，以捕捉是否因交叉违约条款导致企业具有更高的违约风险。首先，本章识别相邻两年间①同一企业从只发行无交叉违约条款的债券转向只发行附有交叉违约条款的债券，并定义其为实验组样本。其次，本章将相邻两年都未附有交叉违约条款的样本定义为对照组样本②。基于此，本章构建双重差分模型以对比债券是否附有交叉违约条款对债券信用利差的影响。

进一步地，为了使实验组和对照组样本特征更加相似，本章还参考

---

① 由于本章选择样本的起始期间为2016年9月8日至2020年底，因而不足6年的样本期间使得本章无法构建前后三年窗口期的研究设计。

② 具体地，若同一企业连续多年发行的都是未附有交叉违约条款的债券，则其可能被识别成多个相邻两年的对照组样本，如2017年、2018年和2019年这连续三年的样本可被识别为2017年和2018年、2018年和2019年这两组对照组样本，此时，需要对中间年份的样本进行复制扩容，而这就导致了总样本容量扩大。

Hainmueller（2012）、褚剑和方军雄（2016）、龙玉等（2017）和 Francis 等（2017）的方法，分别采用 PSM 方法和熵平衡方法为未附有交叉违约条款的实验组样本在同年度内寻找特征相似的对照组样本，其中，采用 PSM 方法后样本的匹配效果检验如表 4-5 所示，交叉违约条款"从无到有"的企业和相邻两年未附有交叉违约条款的企业在所有企业特征变量上均不再有显著差异；采用熵平衡法的平衡效果检验见表 4-6，经熵平衡法加权后，实验组样本和控制组样本在企业特征等变量的各个矩条件均接近一致，因而本章可以采用双重差分模型（DID）检验附有交叉违约条款的债券其信用利差是否更高，具体如模型（4-2）所示。

$$\begin{aligned}
Spread =\ & \beta_0 + \beta_1 Treat \times Post + \beta_2 Rating + \beta_3 Maturity + \beta_4 Proceeds \\
& + \beta_5 Guarantee + \beta_6 Guar\ Nature + \beta_7 Call + \beta_8 Put + \beta_9 Municipal \\
& + \beta_{10} Bond\ Index + \beta_{11} Volatility + \beta_{12} SOE + \beta_{13} AUD \\
& + \beta_{14} Listed\ Firm + \beta_{15} Top1 + \beta_{16} CASH + \beta_{17} PPE + \beta_{18} LEV \\
& + \beta_{19} AT + \beta_{20} SG + \beta_{21} ROA + \beta_{22} ASSETS + \beta_{23} Age \\
& + \beta_{24} PerCapGDP + \beta_{25} GDP\ Growth + \beta_{26} Marketization \\
& + \sum Bond\ Type + \sum CRA + \sum underwriter + \sum Firm + \sum Year \\
& + \sum Industry + \sum Province + \varepsilon
\end{aligned} \quad (4-2)$$

参考标准 DID 模型的变量设定，本章将模型（4-2）中 Treat 定义为同一企业在相邻两年间从只发行无交叉违约条款的债券转向只发行附有交叉违约条款的债券，Treat 取值为 1，否则为 0；Post 为实验组企业转向发行附有交叉违约条款债券的发行年度，是为 1，否则为 0。模型（4-2）中其他变量定义同模型（4-1）。

表 4-8 第（1）列报告了模型（4-2）的回归结果，第（2）列和第（3）列分别报告了采用 PSM 方法和熵平衡方法后模型（4-2）的回归结果，可以看出，Treat×Post 的系数分别为 0.4183、0.6579 和 0.3226，均在 1% 的显著性水平上显著为正。可见，考虑附有交叉违约条款和未附有交叉违约条款企业之间的差异后，附有交叉违约条款的债券其信用利差仍然更高，再次证明本章附有交叉违约条款债券违约风险更高的研究结论是稳健的。

表 4-8　构建交叉违约条款"从无到有"的样本并分析其对债券违约风险的影响

变量	(1) Spread DID	(2) Spread PSM+DID	(3) Spread 熵平衡+DID
Treat × Post	0.4183***	0.6579***	0.3226***
	(7.20)	(7.41)	(7.41)
Controls	控制	控制	控制
债券类型、评级机构、主承销商、年度、行业	控制	控制	控制
N	23591	1562	19579
Adj. R^2	0.908	0.802	0.678

（4）利用新冠疫情冲击进一步解决潜在的内生性问题。前文证实了附有交叉违约条款债券违约风险更高，然而，附有交叉违约条款债券的违约风险更高可能是其本身较高风险的体现，也可能在债券发行后会产生连锁债务违约的风险。尽管前文采取了一系列方法以排除债券本身具有较高风险这一解释，但仍然没有从根本上完全解决这一问题。鉴于此，本章尝试利用新冠疫情（COVID-19）这一外生冲击事件，检验其对附有交叉违约条款和未附有交叉违约条款这两类债券的影响。具体地，突发的新冠疫情对我国经济发展造成巨大冲击。在疫情持续的几个月内，各地人员流动受限、物流运输受阻，许多企业长期无法复工、亏损严重，部分企业甚至出现资金流断裂等情况。可见，新冠疫情是一个足够干净的负面外生冲击事件。而且，在新冠疫情发生之前，债券是否附有交叉违约条款为既定的事实，其风险溢价已经确定，在很短的时间内债券价格几乎不受到除外生冲击之外的其他因素的影响。本章预期，虽然本章不能完全排除企业是否本身就为高风险企业，但当债券只存在有无交叉违约条款的差异时，一旦企业面临突发的负面冲击时，附有交叉违约条款的债券可能更易发生债务违约风险。因此，附有交叉违约条款的债券受到的负面影响更大，具体表现为这类债券的价格下跌更多。

为验证上述预期，本章采用事件研究法检验债券在受到新冠疫情冲击时的市场反应,这是债券对突然发生的外生冲击在短期内的直接反应。进一步地,考虑到新冠疫情对不同特征企业可能影响不同,本章在样本选取上还利用 PSM 方法选取了在企业特征层面相似的两类债券,并再次重复事件研究的结果。具体地,本章将 2020 年 1 月 10 日作为事件日期,因为当天有报道称武汉当地医院床位暴满,"疑似患者"激增,而且还首次出现医护感染,因而这是引发公众开始怀疑病毒"人传人"的时间点。同时,国家疾控中心还在当天首次确认病毒为新型冠状病毒,并初步诊断有新型冠状病毒感染的肺炎病例 41 例,而在此前只有医院零星出现几例不明原因肺炎病例的相关报道,且尚未引起公众严重恐慌[1]。基于数据可得性的考虑[2],本章选取事件期内仍在交易的中期票据为研究样本。其中,附有交叉违约条款的样本有 1792 个,未附有交叉违约条款的样本有 2625 个。由于债券市场流动性差,交易数据不频繁,本章直接采用个债日回报率与市场回报率的差值计算事件的异常回报率。具体地,本章采用如下方法计算事件每天的异常回报率 AR 及累计异常回报率 CAR:

$$AR_{i,t} = R_{i,t} - MR_{i,t}$$

$$CAR_{i,\tau,T} = \sum_{t=\tau}^{T} AR_{i,t}$$

其中,R 为个债的日回报率,MR 为上证 5 年期信用债指数(全价)[3]的日涨跌幅,代表债券市场的日回报率。下标 i 代表每只债券,t 代表天数。$CAR_{i,\tau,T}$ 代表第 i 只债券从第 τ 日至第 T 日的累计异常回报率。

表 4-9 第(1)列和第(2)列列示了是否附有交叉违约条款的债券在新冠疫情冲击期间内累计异常回报率 CAR 的均值,表 4-9 第(3)列和第(4)列为采用 PSM 方法选取在企业特征层面相似的是否附有交叉违

---

[1] 2020 年 1 月 10 日,国家疾控中心完成病源核酸检测,国家、省市专家组对收入医院观察、治疗的患者临床表现、流行病学史、实验室检测结果等进行综合研判,初步诊断有新型冠状病毒感染的肺炎病例 41 例。

[2] 由于短期融资券期限最长不超过一年,且在样本期间内仍在交易的短期融资券几乎没有交易数据,因而此部分样本中剔除了短期融资券。此外,由于附有交叉违约条款的公司债和企业债占比很低,因而此部分也剔除了公司债和企业债这部分样本。

[3] 债券市场没有全市场的涨跌幅数据,本章选取上证 5 年期信用债指数(全价)的涨跌幅代表债券市场的整体涨跌幅。

约条款的债券在新冠疫情冲击期间内累计异常回报率 CAR 的均值。可以看出，两类样本中附有交叉违约条款的债券在（-1,1）、（-1,3）、（-3,3）、（-5,5）、（-10,10）和（-5,30）这些短事件窗口期内的 CAR 均显著低于未附有交叉违约条款债券的 CAR，附有交叉违约条款的债券在（-5,60）和（-5,90）这些长事件窗口期内的 CAR 也显著低于未附有交叉违约条款债券的 CAR。这进一步证明了附有交叉违约条款的债券更可能产生更高的违约风险。

表4-9 是否附有交叉违约条款的债券在新冠疫情冲击期间的累计异常回报率

累计异常回报率	全部样本			采用 PSM 方法选择后的样本		
	(1)	(2)		(3)	(4)	
	未附有交叉违约条款的债券	附有交叉违约条款的债券	(1)-(2)列之差	未附有交叉违约条款的债券	附有交叉违约条款的债券	(3)-(4)列之差
	均值	均值		均值	均值	
CAR（-1,1）	-0.051%	-0.088%	0.038%***	-0.035%	-0.089%	0.054%***
CAR（-1,3）	-0.050%	-0.086%	0.036%**	-0.023%	-0.086%	0.063%***
CAR（-3,3）	-0.036%	-0.095%	0.059%***	0.006%	-0.094%	0.100%***
CAR（-5,5）	-0.019%	-0.083%	0.063%***	0.038%	-0.077%	0.115%***
CAR（-10,10）	-0.258%	-0.332%	0.074%***	-0.223%	-0.325%	0.102%***
CAR（-5,30）	-0.455%	-0.552%	0.097%**	-0.445%	-0.536%	0.091%*
CAR（-5,60）	-1.044%	-1.250%	0.206%***	-1.052%	-1.240%	0.188%**
CAR（-5,90）	-1.762%	-1.998%	0.236%***	-1.761%	-2.018%	0.257%***

（5）构建债券发行人层面的双重差分（DID）模型检验债券发行人设置交叉违约条款后对其债券违约次数的影响。前文使用债券风险溢价表征债券违约风险，这是因为债券风险溢价是债券投资者在债券发行前，对债券潜在违约风险的估计。为进一步分析在债券发行后，债券发行人是否也确实存在较高的真实违约风险，本章以附有交叉违约条款的债券发行后，债券发行人发生违约的次数来进一步度量债券发行人的真实违约风险。具体地，本章构建债券发行人层面的双重差分模型（DID）以检验债券发行

人发行附有交叉违约条款的债券后，其发生违约的次数是否有显著变化，从而捕捉债券发行人是否因设置交叉违约条款而产生了更高的违约风险，具体如模型（4-3）所示。考虑到模型（4-3）为债券发行人层面的双重差分模型（DID），为确保事件前后均有足够的样本量，我们将样本起始年份延长至2013年。

$$\begin{aligned}\text{DefaultTimes/DefaultTimes2} = {} & \beta_0 + \beta_1 \text{Treat} \times \text{Post} + \beta_2 \text{SOE} + \beta_3 \text{AUD} \\ & + \beta_4 \text{ListedFirm} + \beta_5 \text{Top1} + \beta_6 \text{CASH} \\ & + \beta_7 \text{PPE} + \beta_8 \text{LEV} + \beta_9 \text{AT} + \beta_{10} \text{SG} \\ & + \beta_{11} \text{ROA} + \beta_{12} \text{ASSETS} + \beta_{13} \text{Age} \\ & + \beta_{14} \text{PerCapGDP} + \beta_{15} \text{GDP Growth} \\ & + \beta_{16} \text{Marketization} + \sum \text{Year} + \sum \text{Firm} \\ & + \sum \text{Industry} + \sum \text{Province} + \varepsilon \quad (4-3)\end{aligned}$$

其中，DefaultTimes 和 DefaultTimes2 分别为债券发行人在样本期内每年发生债券违约的次数和仅因交叉违约条款引致的违约次数，用以测度债券发行人在债券发行后真实的违约风险；Treat 定义为债券发行人是否设置过交叉违约条款的虚拟变量，只要债券发行人设置过交叉违约条款，Treat 取值为1，否则为0；Post 为债券发行人首次设置交叉违约条款的当年及之后的年份，是为1，否则为0。此外，我们还控制了一系列债券发行人层面特征的变量（具体变量定义见表4-2）、债券发行人、年度、行业和省份固定效应，ε 为随机扰动项。β_1 系数反映了债券发行人设置交叉违约条款对其发生违约次数的影响。进一步地，为了使实验组和对照组样本企业特征更加相似，我们也分别采用 PSM 方法和熵平衡方法为实验组企业在同年度内寻找特征相似的对照组企业，具体地，在采用 PSM 方法时，本章为首次设置交叉违约条款的实验组企业匹配特征相似的对照组企业，同时，将实验组企业在其他年度的对照组企业也固定为这一对照组企业。

表4-10第（1）列和第（4）列报告了模型（4-3）的回归结果，第（2）列和第（3）列、第（5）列和第（6）列分别报告了采用 PSM 方法和熵平衡方法后模型（4-3）的回归结果，可以看出，Treat×Post 的系数均在1%的显著性水平上显著为正。可见，债券发行人设置交叉违约条

款后,其实际发生债券违约的次数及因交叉违约条款引致的违约次数均显著增加,这证明本章附有交叉违约条款债券会加剧企业资金链压力,导致企业发生债券连锁违约风险更高的研究结论是稳健的。

表4-10　　　　交叉违约条款对债券实际违约次数的影响

变量	(1) DefaultTimes DID	(2) DefaultTimes PSM+DID	(3) DefaultTimes 熵平衡+DID	(4) DefaultTimes2 DID	(5) DefaultTimes2 PSM+DID	(6) DefaultTimes2 熵平衡+DID
Treat×Post	0.0709*** (4.01)	0.0736*** (3.82)	0.0702*** (3.75)	0.0899*** (5.21)	0.0917*** (4.92)	0.0928*** (5.18)
Controls	控制	控制	控制	控制	控制	控制
债券发行人、年度、行业、省份	控制	控制	控制	控制	控制	控制
N	11642	7610	11642	11642	7610	11642
Adj. R^2	0.394	0.403	0.452	0.378	0.400	0.380

(6) 区分不同债券类型样本检验交叉违约条款对债券违约风险的影响。前文采用多种方法证实了附有交叉违约条款的债券违约风险更高。考虑到交叉违约条款导致债券信用利差抬高的结论可能在不同债券类型的样本中有所不同,因此,本章进一步区分不同债券类型的样本检验交叉违约条款对债券信用利差的影响。具体地,本章将全部债券样本根据期限长短区分为短期债券和长期债券[①]。表4-11第(1)列和第(2)列分别报告了短期债券和长期债券附有交叉违约条款与债券信用利差关系的回归结果。可以看出,Cross的系数也均在1%的显著性水平上显著为正。可见,无论企业发行短期债券还是长期债券,交叉违约条款均会提高债券信用利差。进一步地,本章考虑发布《投资人保护条款范例》这一文件的主体是中国银行间市场交易商协会,而只有中期票据和短期融资券的管理部门为中国银行间市场交易商协会,因此本章选择剔除企业债和公司债后的样本

---

① 本章将短期融资券划分为短期债券,将中期票据、企业债和公司债划分为长期债券。由于短期融资券不设赎回和回售条款,且评级全部为 A-1,因此表4-10第(1)列中相关控制变量没有参与回归。

(表4-11第（3）列），可以看出，Cross 的系数也均在1%的显著性水平上显著为正。可见，剔除企业债和公司债样本后，交叉违约条款仍会提高债券信用利差。

表4-11 区分不同债券类型样本检验交叉违约条款对债券违约风险的影响

变量	(1) Spread 短期债券	(2) Spread 长期债券	(3) Spread 剔除企业债和公司债样本
Cross	0.4546*** (12.63)	0.1750*** (2.97)	0.3963*** (9.51)
Controls	控制	控制	控制
截距	25.4526*** (30.14)	18.5185*** (10.03)	27.6021*** (36.11)
债券类型、评级机构、主承销商、年度、行业	控制	控制	控制
N	13594	10644	19566
Adj. R^2	0.747	0.725	0.753

4.5 进一步分析

4.5.1 交叉违约条款对债券违约风险影响的作用机制检验

前文的系列稳健性检验证实了交叉违约条款使得债券产生了更高的违约风险，本章进一步分析交叉违约条款影响债券违约风险的直接作用机制和间接作用机制。

（1）交叉违约条款对债券违约风险影响的直接作用机制检验。具体地，本章从债券发行人、债券投资者和债券评级机构这三个主体的角度，分析交叉违约条款抬高债券信用利差的直接作用机制。

基于债券发行人还款金额的直接作用机制检验。当债券发行人触发了交叉违约条款后，债券发行人会寻求多种途径以尽可能在宽限期内偿还借款，若债券发行人实在无力偿还，其还需要提供更多保护债券投资者的救济措施。然而在实践中，当债券发行人触发了交叉违约条款后，债券投资者在与债券发行人实际博弈的过程中并不会选择有条件豁免债券发行人，而是要求债券加速到期。因此，债券发行人一旦触发交叉违约条款，将会直接抬升债券发行人的实际还款金额。

具体地，本章对所有设置交叉违约条款的债券发行人进行分析。首先，假定债券发行人没有触发交叉违约条款，对其每一年到期债券的还款总额进行估算；其次，筛选出债券发行人触发交叉违约条款，且附有交叉违约条款债券的投资者均要求债券加速到期的样本，并对这些债券发行人每一年到期债券的还款总额进行估算；最后，我们计算每一年全部债券发行人如果不触发交叉违约条款时的平均还款总额和实际触发交叉违约条款时的平均还款总额。

图4-3展示了所有设置交叉违约条款的债券发行人每年还款总额均值的变化情况。可以看出，触发交叉违约条款的债券发行人要比其没有触发交叉违约条款时每年多偿还平均高达30亿元的本金和利息总额，这必然会使得债券发行人面临巨大的资金链压力，因而债券发行人的违约风险也会更大。

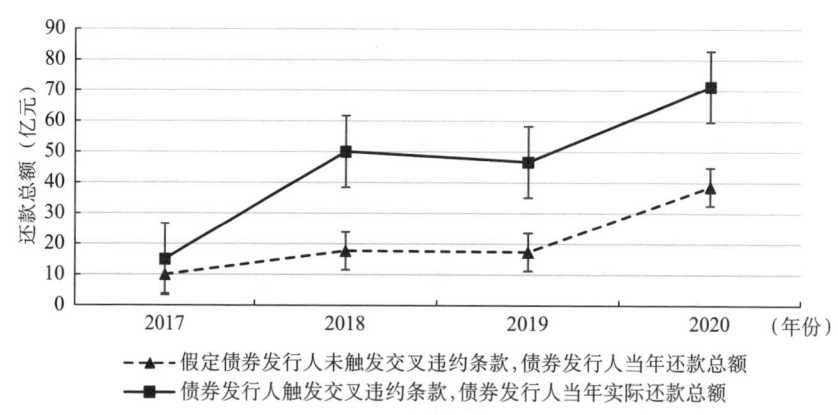

图4-3 债券发行人每年还款总额均值变化图

基于债券二级市场交易价格的直接作用机制检验。当债券发行人触发了交叉违约条款后,债券投资者能感知到债券发行人所面临的资金链压力,继续持有附有交叉违约条款的债券可能会产生更大的损失。具体地,我们将发生违约的债券分为两类:第一类是指那些自身出现实质性违约的样本,但其没有引致其他债券发生违约;第二类是指那些自身出现实质性违约,且其会直接引致附有交叉违约条款的债券发生违约的样本。我们应该能观察到,这两类债券发生违约后,其累积异常收益率均应显著下降,但两者间应有所不同。

具体地,第一类债券违约不会进一步加大债券发行人的资金链压力,然而,第二类债券违约会引致附有交叉违约条款的债券发生连锁违约,因而这将直接加剧债券发行人的资金链压力,进而导致债券发行人发生连锁违约的风险更大。因此,第一类债券违约后的累积异常收益率下降幅度应小于第二类债券违约后的累积异常收益率下降幅度。基于此,我们筛选出这两类发生违约的全部中期票据,并将发生违约的日期作为事件日期,采用个债日回报率与市场回报率的差值计算异常回报率[①]。

图4-4中虚线和实线分别为第一类和第二类债券在发生违约的 (-3, 3) 这一窗口期内累积异常回报率(CAR)的均值趋势。可以看出,发生违约的全部债券的 CAR 均在 (-3, 3) 这一窗口期内均急剧下降,而且第二类会直接引致附有交叉违约条款的债券发生违约的债券下跌更多,这证实了交叉违约条款会加剧债券发行人的资金链压力,进而导致债券发行人发生连锁违约的风险更大。

基于债券评级机构调整债券评级的直接作用机制检验。当债券发行人触发了交叉违约条款后,债券评级机构作为第三方信息挖掘主体,其更能感知到债券发行人触发交叉违约可能意味着债券发行人短期债务规模大,偿债资金筹集情况不及预期,债券到期兑付不确定性增大。因此,我们应该能观察到在债券发行人触发交叉违约条款的一周之内,债券评级机构会调低这些附有交叉违约条款债券的债项评级。基于此,我们选择触发交叉

---

① 此处计算方法同本章 4.4.2 考虑内生性问题的稳健性检验(4)利用新冠疫情冲击进一步解决潜在的内生性问题。

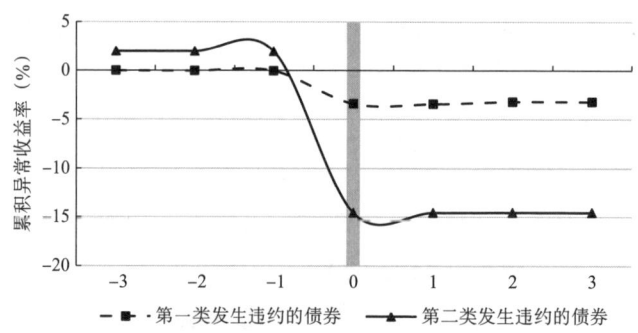

图4-4 债券累积异常收益率趋势

违约条款的全部债券，以触发交叉违约条款的日期作为事件日期，分析债券在事件日期前的最近一次债项评级和事件日期后一周内的最新债项评级，图4-5为触发交叉违约条款债券在触发时间点前后债券债项评级的变化[①]。可以看出，债券发行人触发交叉违约条款后，评级机构立即调低了附有交叉违约条款债券的债项评级，平均调低2—3个级次，这一结果也证实了交叉违约条款会加剧债券发行人的资金链压力，进而导致债券发行人的违约风险更大。

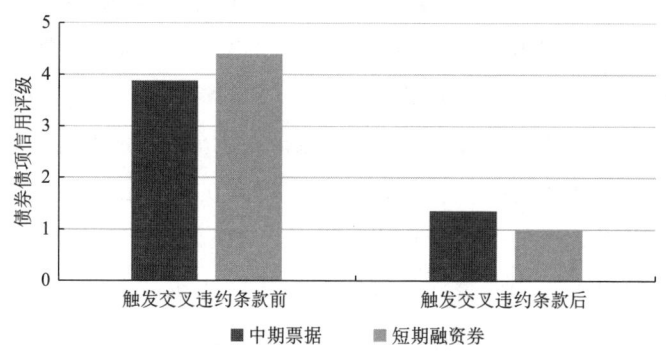

图4-5 债券触发交叉违约条款前后评级变动

注：图中中期票据和短期融资券评级下调均在5%水平上显著。其中，中期票据评级下调的置信区间为（-3.3049，-1.4151）、短期融资券评级下调的置信区间为（-4.4978，-1.3022）。

---

① 由于中期票据和短期融资券的评级分类不同，因而本章对中期票据AAA评级取9，AA评级取8，A评级取7，BBB评级取6，BB评级取5，B评级取4，CCC评级取3，CC评级取2，C评级取1；对短期融资券A—1级评级取6，A—2级评级取5，A—3级评级取4，B级评级取3，C级评级取2，D级评级取1。

(2) 交叉违约条款对债券违约风险影响的间接作用机制检验。具体地，本章从交叉违约条款触发情形和发行在外的附有交叉违约条款债券的累积发行规模这两个方面，分析交叉违约条款抬升债券信用利差的间接作用机制。

基于交叉违约条款触发情形的间接作用机制检验。为进一步证明企业债务违约风险的提高的确是因为交叉违约条款所致，本章继续检验当交叉违约条款更易被触发时，债券发行人发生连锁债务违约的风险是否更高。具体地，当交叉违约条款设定的债务违约主体范围更大或债务违约种类更多时，交叉违约条款更易被触发，因而也更易加剧发行人的资金链压力，并直接抬升发行人的还款金额①，导致企业无法按期偿付，产生连锁债务违约效应，最终提高债券信用利差。

为判断触发交叉违约条款的不同情形，本章根据《投资人保护条款范例》提供的交叉违约条款触发情形选项（见表 4-12），对触发交叉违约条款的情形进行难易程度的划分。首先，若债券发行人将债务违约主体范围设置为"发行人及其合并范围内子公司"，本章定义 WideMainRange 取值为 1，否则为 0，而债券发行人若将债务违约主体范围仅仅设置为发行人本部及部分子公司、发行人本部等，显然交叉违约条款更难被触发，本章定义 NarrowMainRange 取值为 1，否则为 0。其次，若债券发行人将债务违约种类设置为包含《投资人保护条款范例》中的全部债务种类，本章定义 WideDebtRange 取值为 1，否则为 0，而债券发行人若将债务违约种类仅仅设置为全部债务种类中的某几类，显然交叉违约条款更难被触发，本章定义 NarrowDebtRange 取值为 1，否则为 0。对于未附有交叉违约条款的债券，上述关于债务违约触发范围的变量取值均为 0。

因此，本章可检验交叉违约条款在不同触发情形下对债券信用利差的影响，具体如模型（4-4）所示，模型（4-4）中其他变量定义同模型（4-1）。

---

① 如果债券发行人触发交叉违约条款，我们估算出债券发行人每一年要比其没有触发交叉违约条款时平均多偿还 30 亿元的本金和利息总额，这进一步证实了触发交叉违约条款后发行人会受到巨大资金链压力的冲击。

表4-12 《投资人保护条款范例》中交叉违约条款触发情形选项

触发情形	选项
违反约定主体范围选项（单选）	□发行人及其合并范围内子公司 □发行人本部及持股比例____%及以上的子公司 □发行人本部及核心子公司（如包含核心子公司，应提供子公司名单或明确界定判定标准） □发行人本部 □发行人、控股股东及其合并范围内子公司 □其他____
违反约定债务种类选项（多选）	□金融机构贷款（包括银行贷款、信托贷款、财务公司贷款等） □承兑汇票 □金融租赁 □资产管理计划融资 □银行理财直接融资工具 □其他（如名股实债）____

$$\begin{aligned} Spread = &\beta_0 + \beta_1 NarrowMainRange/NarrowDebtRange \\ &+ \beta_2 WideMainRange/WideDebtRange + \beta_3 Rating + \beta_4 Maturity \\ &+ \beta_5 Proceeds + \beta_6 Guarantee + \beta_7 Guar\ Nature + \beta_8 Call + \beta_9 Put \\ &+ \beta_{10} Municipal + \beta_{11} Bond\ Index + \beta_{12} Volatility + \beta_{13} SOE \\ &+ \beta_{14} AUD + \beta_{15} Listed\ Firm + \beta_{16} Top1 + \beta_{17} CASH + \beta_{18} PPE \\ &+ \beta_{19} LEV + \beta_{20} AT + \beta_{21} SG + \beta_{22} ROA + \beta_{23} ASSETS + \beta_{24} Age \\ &+ \beta_{25} PerCapGDP + \beta_{26} GDP\ Growth + \beta_{27} Marketization \\ &+ \sum Bond\ Type + \sum CRA + \sum UnderWriter + \sum Year + \sum Industry \\ &+ \sum Province + \varepsilon \end{aligned} \quad (4-4)$$

表4-13报告了模型（4-4）的回归结果，即交叉违约条款所设置的债务违约主体范围大小和债务违约种类多少对债券信用利差的影响。可以看出，WideMainRange的系数显著大于NarrowMainRange的系数；WideDebtRange的系数显著大于NarrowDebtRange的系数。结果说明，当交叉违约条款设定的债务违约主体范围更大、违约种类更多时，交叉违约条款更易被触发，债券发行人将会面临更高的债务违约风险，进而表现为债券

信用利差更高。

表 4-13　不同交叉违约条款触发情形下交叉违约条款
对债券违约风险的影响

变量	(1) Spread	(2) Spread
(β_1) NarrowMainRange	0.2503 ***	
	(5.01)	
(β_2) WideMainRange	0.3641 ***	
	(8.50)	
(β_1) NarrowDebtRange		0.3152 ***
		(6.50)
(β_2) WideDebtRange		0.4316 ***
		(7.43)
Diff.（$\beta_2 - \beta_1$）	**0.1138 *****	**0.1164 *****
	[12.57]	**[26.68]**
Controls	控制	控制
截距	24.4664 ***	24.3821 ***
	(22.35)	(23.81)
债券类型、评级机构、主承销商、年度、行业	控制	控制
N	24238	24238
Adj. R^2	0.753	0.754

注：方括号中为系数差异检验 F 值，下同。

基于发行在外的附有交叉违约条款债券的累积发行规模的间接作用机制检验。前文证实交叉违约条款可能会提高企业的债务违约风险，如果该结论成立，本章应该观察到，企业新发债券时，企业发行在外的债券中附有交叉违约条款的债券比重越大，债券发行人违约所触发的交叉违约也就越多，此时债券发行人就会面临激增的还款压力，导致企业新发债券被按期兑付的概率大大降低，最终使得债券投资人会要求更高的债券信用利差。具体地，本章以债券发行时间为基准，计算企业新发债券时，附有交叉违约条款的债券其存量债券规模占该企业全部存量债券规模的金额之比，比值定义为 Ratio，Ratio 越大，则企业产生连锁债务违约的风险更大，债券信用利差也更高。具体回归模型如模型（4-5）所示，模型（4-5）中其他变量定义同模型（4-1）。

$$\begin{aligned}
Spread = &\beta_0 + \beta_1 Ratio + \beta_2 Rating + \beta_3 Maturity + \beta_4 Proceeds + \beta_5 Guarantee \\
&+ \beta_6 Guar\ Nature + \beta_7 Call + \beta_8 Put + \beta_9 Municipal + \beta_{10} Bond\ Index \\
&+ \beta_{11} Volatility + \beta_{12} SOE + \beta_{13} AUD + \beta_{14} Listed\ Firm + \beta_{15} Top1 \\
&+ \beta_{16} CASH + \beta_{17} PPE + \beta_{18} LEV + \beta_{19} AT + \beta_{20} SG + \beta_{21} ROA \\
&+ \beta_{22} ASSETS + \beta_{23} Age + \beta_{24} PerCapGDP + \beta_{25} GDP\ Growth \\
&+ \beta_{26} Marketization + \sum Bond\ Type + \sum CRA + \sum UnderWriter \\
&+ \sum Year + \sum Industry + \sum Province + \varepsilon
\end{aligned} \quad (4-5)$$

另外，本章采用 Hansen（1999）和 Yeh 等（2010）的门槛回归模型（Threshold Model）估计企业产生连锁债务违约的风险最大时，附有交叉违约条款的债券其规模占比。门槛回归模型有两个基本假设需要检验：一是门槛效应是否显著；二是门槛估计值是否等于其真实值。对于第一个假设，依次按不存在门槛、存在一个门槛、存在两个门槛、存在三个门槛展开；对于第二个假设，其原假设为 $\hat{\gamma} = \gamma_0$，计算相应的似然比统计量 $LR(\gamma)$，若 $LR(\gamma) \leq -2\ln(1-\sqrt{1-\alpha})$，则不能拒绝原假设，其中 α 代表显著性水平，本章取 5%，相应的 LR 的临界值为 7.35。具体地，假设存在一个门槛的门槛回归模型设定如模型（4-6）所示，模型（4-6）中其他变量定义同模型（4-1），该模型参数采用截面门槛模型估计得出。

$$\begin{aligned}
Spread = &\alpha + \beta_1 Ratio(Ratio < T) + \beta_2 Ratio(Ratio > T) + \beta_3 Rating \\
&+ \beta_4 Maturity + \beta_5 Proceeds + \beta_6 Guarantee + \beta_7 Guar\ Nature \\
&+ \beta_8 Call + \beta_9 Put + \beta_9 Municipal + \beta_{10} Bond\ Index + \beta_{11} Volatility \\
&+ \beta_{12} SOE + \beta_{13} AUD + \beta_{14} Listed\ Firm + \beta_{15} Top1 + \beta_{16} CASH \\
&+ \beta_{17} PPE + \beta_{18} LEV + \beta_{19} AT + \beta_{20} SG + \beta_{21} ROA + \beta_{22} ASSETS \\
&+ \beta_{23} Age + \beta_{24} PerCapGDP + \beta_{25} GDP\ Growth + \beta_{26} Marketization \\
&+ \sum Bond\ Type + \sum CRA + \sum UnderWriter + \sum Year + \sum Industry \\
&+ \sum Province + \varepsilon
\end{aligned} \quad (4-6)$$

上述两个基本假设检验的结果分别见图 4-6 和表 4-14。从图 4-6

门槛估计值与置信区间图可以看出,三个门槛的似然比统计量均高于临界值。从表4-14门槛效应的检验结果可以看出,单一门槛、双重门槛和三重门槛均在5%的显著性水平上显著。综合两个检验的结果,本章认为单一门槛、双重门槛和三重门槛模型均适合本章分析。根据门槛回归模型的估计结果,本章以单一门槛值、双重门槛值和三重门槛值为界,将Ratio依次划分为两个、三个和四个区间,并估计每个区间内Ratio的回归系数。

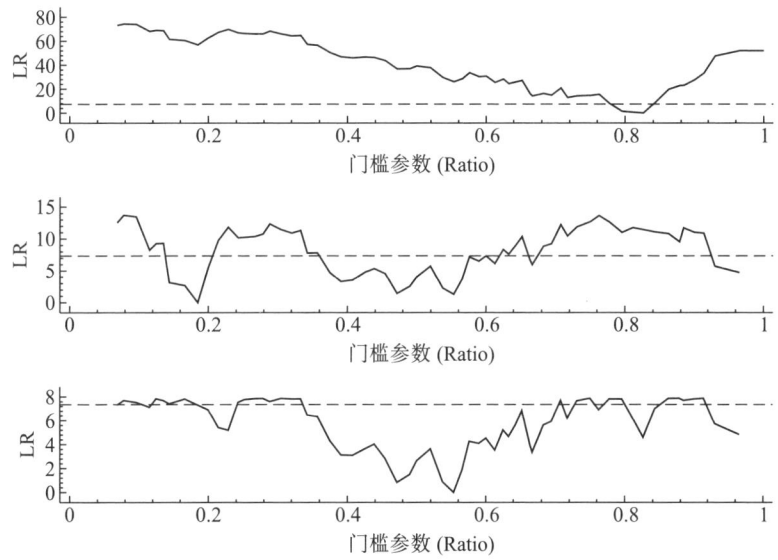

图4-6 门槛估计值与置信区间图

表4-14 门槛效应检验

模型	F值	P值	门槛值			临界值		
			Ⅰ	Ⅱ	Ⅲ	1%	5%	10%
单一门槛	79.639***	0	0.826			8.396	4.81	3.278
双重门槛	14.147***	0	0.185	0.796		6.69	2.073	-0.53
三重门槛	8.215***	0	0.185	0.553	0.796	6.221	3.599	2.68

注:(1)***、**、*表示显著性水平分别小于1%、5%、10%,P值为采用Bootstrap方法反复抽样300次得到的结果。(2)每一次门槛检验过程中,当识别出一个新的门槛值后,都会对前一个门槛值进行重新修正。

表4-15第(1)列列示了模型(4-4)的回归结果,可以看出,Ratio的系数为0.3952,在1%的显著性水平上显著为正;针对门槛回归模型

(4-5)，表4-15第（2）列、第（3）列和第（4）列为企业发行在外的债券中附有交叉违约条款的债券比重对债券信用利差的影响，可以看出，RatioI的系数绝对值均随着Ratio的增大而逐渐增大。结果表明，企业新发债券时，企业发行在外的债券中附有交叉违约条款的债券比重越大，企业产生连锁债务违约的风险越高，表现为债券信用利差也更高。

表4-15 企业在外发行的债券中附有交叉违约条款的债券比重对债券违约风险的影响

变量	（1）Spread	（2）Spread	（3）Spread	（4）Spread
Ratio	0.3952*** (8.02)			
RatioI（Ratio > 0.826）		0.2734*** (5.80)		
(β_1) RatioI（0.185 < Ratio ≤ 0.796）			0.2624*** (6.33)	
(β_2) RatioI（Ratio > 0.796）			0.3389*** (6.80)	
(β_1) RatioI（0.185 < Ratio ≤ 0.553）				0.2147*** (5.96)
RatioI（0.553 < Ratio ≤ 0.796）				0.3260*** (4.84)
(β_2) RatioI（Ratio > 0.796）				0.3399*** (6.75)
Diff.（$\beta_2 - \beta_1$）			**0.0765*** [12.74]	**0.1252*** [25.37]
Controls	控制	控制	控制	控制
截距	24.5327*** (22.27)	24.4837*** (22.42)	24.5987*** (22.64)	24.5957*** (22.54)
债券类型、评级机构、主承销商、年度、行业	控制	控制	控制	控制
N	24238	24238	24238	24238
Adj. R^2	0.751	0.748	0.751	0.751

4.5.2 交叉违约条款对债券信用利差影响的异质性分析

前文所有的实证分析结果均证实了的确是由于交叉违约条款使得债券产生了更高的违约风险，那么本章预期违约风险较高的债券，更可能会因为附有交叉违约条款在事后产生更高的债务违约风险。具体地，本章通过识别两个与企业债券违约风险相关的指标，分别是债券发行人的违约预期和短期偿债压力，从而可以进一步检验交叉违约条款在违约风险不同的分组中对债券信用利差的影响。

（1）区分债券发行人违约预期高低的分组检验。为检验不同违约预期的债券发行人发行附有交叉违约条款的债券对债券违约风险的影响，本章区分国有企业和非国有企业这两类违约预期不同的样本。由于国有企业发行的债券存在政府的"隐性担保"预期（方红星等，2013；王博森等，2016；马文涛和马草原，2018），其违约预期低于非国有企业发行的债券，因此本章预期国有企业发行附有交叉违约条款的债券对债券信用利差的提高作用更小。进一步地，非市场化国有企业往往是与地方政府有着紧密联系的地方政府投融资平台，而中央企业又背靠中央政府，因而政府对非市场化国有企业和中央企业"隐性担保"的意愿和能力更强，非市场化国有企业和中央企业发行的债券违约预期也因此更低（汪莉和陈诗一，2015；王永钦等，2015；钟辉勇等，2016），其发行附有交叉违约条款的债券对债券信用利差的提高作用将更小。

表4-16报告了区分不同违约预期的债券发行人发行附有交叉违约条款的债券对债券违约风险影响的回归结果。其中，第（1）列和第（2）列分别为国有企业和非国有企业的样本，Cross的系数分别显著为正，但组间差异检验结果显示，Cross的回归系数在第（1）列和第（2）列间存在显著差异；第（3）列和第（4）列分别为非市场化国有企业和市场化国有企业的样本，Cross的回归系数在第（4）列显著大于第（3）列；第（5）列和第（6）列分别为中央企业和非中央企业的样本，Cross的回归系数在第（6）列显著大于第（5）列。可以看出，当企业为非国有企业、市

场化国有企业和非中央企业时,交叉违约条款对债券信用利差的提高作用更大。该结论初步表明,当债券发行人的违约预期更高时,交叉违约条款对债券信用利差的提高作用更大。

表4-16 不同违约预期的债券发行人附有交叉违约条款对债券违约风险的影响

变量	(1) Spread 国有企业	(2) Spread 非国有企业	(3) Spread 非市场化国有企业	(4) Spread 市场化国有企业	(5) Spread 中央企业	(6) Spread 非中央企业
Cross	0.3183*** (7.74)	0.4325*** (4.13)	0.2157*** (5.07)	0.3909*** (7.27)	0.1533 (0.77)	0.3200*** (7.72)
Diff.(Cross)	0.1142** [6.34]		0.1752*** [31.42]		0.1667** [6.12]	
Controls	控制	控制	控制	控制	控制	控制
截距	24.4514*** (30.23)	18.7172*** (8.38)	25.8966*** (17.99)	23.3787*** (31.43)	28.4376*** (18.98)	24.3528*** (28.78)
债券类型、评级机构、主承销商、年度、行业	控制	控制	控制	控制	控制	控制
N	20791	3447	9222	11569	1419	19372
Adj. R²	0.764	0.717	0.745	0.786	0.908	0.755

注:方括号中为组间系数差异检验卡方值,下同。

(2) 区分债券发行人短期偿债压力的分组检验。为检验短期偿债压力不同的债券发行人发行附有交叉违约条款的债券对债券违约风险的影响,本章分别采用流动比率①和现金保证比率②衡量债券发行人短期偿债压力的高低。本章预期流动比率低、现金保证比率低的债券其违约预期更高,债

---

① 流动比率 = 流动资产/流动负债。
② 现金保证比率 = 现金及现金等价物净增加额/(长期和短期债务偿还额 + 对外投资及购买固定资产、无形资产的数额 + 支付利息和股利等的数额)。

券发行人的短期偿债压力更大,因而交叉违约条款对债券信用利差的提高作用将更大。同时,本章以流动比率和现金保证比率是否高于同行业同发行年度债券的均值来区分债券发行人短期偿债压力的高低。

表4-17分别报告了短期偿债压力不同的债券发行人发行附有交叉违约条款的债券对债券违约风险影响的回归结果。其中,第(1)列和第(2)列分别为流动比率高和流动比率低的样本,Cross 的回归系数在第(2)列显著大于第(1)列;第(3)列和第(4)列分别为现金保证比率高和现金保证比率低的样本,Cross 的回归系数在第(4)列显著大于第(3)列。可以看出,当债券流动比率更低、现金保证比率更低时,交叉违约条款对债券信用利差的提高作用更大。该结论表明,当债券发行人的短期偿债压力更大时,交叉违约条款对债券信用利差的提高作用更大。

表4-17 不同偿债压力的债券发行人附有交叉违约条款对债券违约风险的影响

变量	(1) Spread 流动比率高	(2) Spread 流动比率低	(3) Spread 现金保证比率高	(4) Spread 现金保证比率低
Cross	0.1849 *** (2.77)	0.4454 *** (10.17)	0.2712 *** (7.27)	0.3908 *** (9.30)
Diff.(Cross)	0.2605 *** [70.60]		0.1196 *** [15.71]	
Controls	控制	控制	控制	控制
截距	25.8269 *** (22.63)	23.9538 *** (20.21)	26.8213 *** (19.25)	22.9307 *** (17.91)
债券类型、评级机构、主承销商、年度、行业	控制	控制	控制	控制
N	8478	15760	10950	13288
Adj. R^2	0.767	0.757	0.775	0.747

(3)区分债券是否设置"事前"类限制性契约条款的分组检验。前文证明一旦企业发生债务违约,则"事后"就会触发交叉违约条款,其会

导致企业产生更高的债务违约风险,若违约未发生的"事前"就对发行人予以限制("事前"类限制性契约条款的分类和描述见表4-18),则能更好地避免发行人出现道德风险,进而降低企业的债务违约风险。因此本章预期,相比于那些设置了"事前"类限制性契约条款的债券,未设置"事前"类限制性契约条款的债券更可能会因为附有交叉违约条款而产生更高的违约风险,因而交叉违约条款对债券信用利差的提高作用将更大。

表4-18 "事前"类限制性契约条款的分类和描述

条款分类	条款描述
财务指标承诺类	□财务报表资产负债率不超过____% □年度/年化净资产收益率(经审计)不得低于____%(不含),且最低净利润不得低于人民币____万元(不含) □最低流动比率不得低于____(不含) □有息债务(或短期有息债务)每年增长率不得超过____% □未偿还债务融资工具余额占有息债务(包括金融机构贷款、债务融资工具、公司债、企业债等)的比例不得超过____% □以发行人的母公司财务报表为计算口径,母公司的"经营活动净现金流/总负债(或债务总额)"比例
事先约束类	□(出售/转移重大资产)发行人拟出售或转移重大资产或重要子公司或通过委托管理协议等其他形式不再将重大资产、重要子公司纳入合并报表(该类资产单独或累计金额超过发行人最近一年或季度经审计合并财务报表的净资产10%及以上,该类子公司单独或累计营业收入或净利润贡献超过发行人最近一年经审计财务报表营业收入或净利润的30%及以上) □(股权委托管理协议变更)发行人拟解除重要子公司(该类子公司单独或合计营业收入或净利润贡献超过发行人最近一年经审计财务报表营业收入或净利润的30%及以上)股权委托管理行为,解除后发行人不再控制该子公司的 □(质押或减持上市子公司股权)在本期债务融资工具存续期间,公司承诺控股的上市公司:(公司全名+上市公司代码),(股票数额及市值,或持有市值大于等于本期债务融资工具到期本息),拟对该股权质押或减持的 □(名股实债)"名股实债"存续规模较大(较大指该类资产占发行人最近一年经审计的净资产的10%及以上,下同)的发行人,发行人拟在存续期间新增金额较大的"名股实债"的

续表

条款分类	条款描述
事先约束类	□（资产池承诺）在本期债务融资工具存续期间，发行人承诺如下资产不作其他用途出售、转让、抵押、质押或留置，仅作为本期债务融资工具偿债资金来源（请详细列出资产明细，包括但不限于资产名称、类别、账面价值等，上述资产的价值一般情况下能覆盖本期债务融资工具的本息，并可以列出如果上述资产变现，具体挂牌的平台、受托交易机构等要素），并接受主承销商每季度的核查和监测，如果发行人拟对上述资产进行抵质押或转让的 □（对外提供重大担保）发行人（及其合并范围内子公司）拟对合并口径以外的公司或自然人或其他机构提供超过发行人最近一年或季度（以较低者为准）合并财务报表的净资产____%以上的担保的 □（债务重组）发行人拟对本期债务融资工具进行债务重组；或者虽拟对除本期债务融资工具以外的其他债务进行重组，但对本期债务融资工具的偿还产生重大不利影响的。债务重组包括但不限于债权转股权、展期、削减利率等方式

表4-19分别报告了设置"事前"类限制性契约条款的债券附有交叉违约条款对债券违约风险影响的回归结果。其中，第（1）列和第（2）列分别为设置和未设置"事前"类限制性契约条款的债券，Cross的回归系数在第（2）列显著大于第（1）列。可以看出，当债券未设置"事前"类限制性契约条款时，交叉违约条款对债券信用利差的影响更大。该结论表明，当债券未设置"事前"类限制性契约条款时，企业产生债务违约的风险更高，附有交叉违约条款债券对债券信用利差的影响也就更大。

表4-19　设置"事前"类限制性契约条款的债券附有交叉
违约条款对债券违约风险的影响

变量	(1)	(2)
	Spread	Spread
	设置"事前"类契约条款	未设置"事前"类契约条款
Cross	0.2312***	0.3358***
	(3.00)	(6.74)
Diff.（Cross）	0.1046**	
	[5.26]	

续表

变量	(1) Spread 设置"事前"类契约条款	(2) Spread 未设置"事前"类契约条款
Controls	控制	控制
截距	27.2468 *** (12.12)	24.7734 *** (24.39)
债券类型、评级机构、主承销商、年度、行业	控制	控制
N	2650	21588
Adj. R^2	0.690	0.764

第5章

交叉违约制度与债券市场系统性金融风险

5.1 引言

长期以来,我国债券市场存在严重的"刚性兑付"问题。政府隐性担保引致的"刚性兑付"预期导致债券市场风险不断累积,这不仅表现为债券非市场化发行所带来的价格信号扭曲(Dong 等,2021),还体现为债券信用评级的有效性长期受到质疑(寇宗来等,2015;马榕和石晓军,2016;杨国超和刘琪,2022;林晚发等,2022;Livingston 等,2018)。因此,打破"刚性兑付"预期是推动债券市场市场化运作的根本出路。然而债券"刚性兑付"打破后①,债券市场"无序违约"问题也日益严重②。以 2022 年为例,债券市场违约率攀升至 1.06%,违约金额达到创纪录的 2239.72 亿元③。不断增加的债券违约事件产生了巨大的经济运行成本,特别是个别债券违约事件导致同行业、同地区的其他债券也接连发生债券违

---

① 2014 年 3 月 4 日,上海超日太阳能科技股份有限公司发布公告称无法按期全额兑付"11 超日债"的利息,"11 超日债"成为国内首只违约的企业债券;2015 年 4 月 21 日,中国保定天威集团有限公司发布公告称无法按期兑付"11 天威 MTN2"的利息,"11 天威 MTN2"成为首只违约的国企债券。

② "无序违约"的债券指债券在违约日期前 1 年,无任何债项或发行人的评级下调并且无任何风险提示性公告。

③ 本章采用全口径计算当年违约金额和违约数量,全口径下的债券违约包含实质性违约、本息展期和因交叉违约条款而导致的违约。违约率 = 当年违约的债券金额/当年到期的债券金额。数据来源:Wind。

约的现象极为普遍，从而使债券市场成为防范化解系统性金融风险的主战场。

现有文献主要基于企业间的某种特定经济关系研究债券市场系统性金融风险的成因，包括政企关系（王辉等，2021；祝小全等，2022）、集团内部关系（纳鹏杰等，2017；Elango等，2016）、担保关系（张一林等，2022；王雷等，2022）、国家间债券市场关联性（Sensoy等，2019）及行业或地区同属关系（杨子晖等，2023；张春强等，2019；焦健和张雪莹，2021；吴德胜等，2021；张伟平和曹廷求，2022；王伟同等，2022）等。其中，同行业和同地区间的违约风险传染是债券市场系统性金融风险高企的最常见形式，比如，2020年11月10日，作为河南省的大型国有煤炭企业，永煤控股因未能按期兑付"20永煤SCP003"到期应付本息10.32亿元，构成实质性违约。该事件发生后，市场对河南省内企业的避险情绪抬高，河南省债券发行人被信用债市场持续拒之门外。2021年，河南省信用债市场净融资规模相比2020年下降428.69亿元，降幅达18%。2017年6月至7月，中国城市建设控股集团有限公司因未筹集足额资金按期兑付到期债券本息，导致"14中城建PPN002""15中城建MTN001"等多只债券发生实质性违约。与中国城市建设控股集团有限公司同属建筑与工程行业的五洋建设集团股份有限公司也于2017年8月因未能按照约定筹措足额偿付资金造成"15五洋02"与"15五洋债"发生实质性违约。此后，多家知名建筑企业也接连发生债券违约事件[①]。

鉴于此，本章立足于债券违约风险会在同行业和同地区间传染这一特征事实，从制度角度出发探索债券市场系统性金融风险的一个诱因。具体来说，2016年9月8日，中国银行间市场交易商协会首次提出在债券契约

---

① 自2017年来，中城投集团第六工程局有限公司、中科建设开发总公司、南京建工产业集团有限公司、呼和浩特经济技术开发区投资开发集团有限责任公司、安徽省华安外经建设（集团）有限公司等建筑与工程行业企业接连发生债券违约事件。截至2021年9月，建筑与工程行业债券违约数量超60只，违约规模超800亿元，建筑与工程行业债券违约数量和金额占全市场违约债券数量和金额约8%。

中引入交叉违约这一特别的金融制度安排[①]。引入交叉违约制度的初衷在于，债券投资者对于同一债券发行人发行的多只债券的购买时间并不相同，因而当公司发行的某只债券发生违约时，公司发行的其他债券实际上也面临极大的违约风险，但其他债券的投资者只能在债券到期时才可以请求还本付息或采取司法程序提起违约求偿诉讼，这使得不同投资者处于不平等的境地。因此，其他债券的投资者极不愿意"坐以待毙"等到债券到期后才行使求偿权，而是希望与其他债权人处于同等求偿地位。为此，银行间交易商协会提出在债务合同中引入交叉违约这一制度安排。

一旦债券发行人在债务合同中设置了交叉违约条款，那么当约定范围内的任一债务发生违约时，附有交叉违约条款的债券也会被视同违约，债券持有人就有权要求债券发行人采取相应的合同救济措施或提前偿还借款[②]，而持有无交叉违约条款债券的投资者则并不拥有这些权利。当然，若债券发行人未在债券发行合同中嵌入交叉违约条款，即使其他债务发生违约，也不会触发附有交叉违约条款和未附有交叉违约条款债务合同的违约。换言之，交叉违约条款可以保证债券投资者在风险事件发生后享有同等求偿权。可见，推出交叉违约制度的意图在于用市场化和法治化的手段解决债权人利益不平等的问题。

然而，当债券发行人在债务合同中设置了交叉违约条款，那么债券发行人便扩张了该债务合同的债务违约范围，若约定范围内的任一债务发生违约时，附有交叉违约条款的债券也会被视同违约。这意味着交叉违约制

[①] 2016年9月8日，中国银行间市场交易商协会发布《投资人保护条款范例》。2019年4月10日，中国银行间交易商协会对《投资人保护条款范例》予以更新，发布《投资人保护条款示范文本》。

[②] 交叉违约条款在触发后一般先给予发行人一定宽限期，若发行人在宽限期内偿还债务则不构成违约，但这一宽限期不得超过10日。相反，若发行人在宽限期未及时偿付债务，则认定附有交叉违约条款的债券发生实质性违约，发行人需要召开债务融资工具持有人会议，持有附有交叉违约条款债券的投资者可以对债券有条件豁免和不豁免进行表决。具体地，有条件豁免是指债券发行人需要及时有效地启动救济措施，这些救济措施包括但不限于加担保、提高票面利率和禁止新发债券、披露可动用资金情况表等，债券投资者可以选择其中一项或多项；不豁免则意味着附有交叉违约条款的债券必须在持有人会议表决截止日的次一日立即到期应付。如果持有人大会决议对债券有条件豁免，那么只有当债务人及时有效地启动救济措施才不会构成债券实质性违约，否则债券也将立即到期应付构成债券实质性违约。如果发行人在债券加速到期形成的实质性违约后仍不能偿还债务，债务人一般会寻求司法途径以解决违约纠纷。

度会将单只债券违约所诱发的企业局部违约风险进一步扩大为企业整体的债务违约风险，最终导致企业难以在短期内快速偿付大量债务而发生更严重的违约风险（杨国超和蒋安璇，2022）。但是，交叉违约制度是否必然会诱发系统性金融风险仍不确定，这是因为，倘若债券发行人和债券投资者知悉在债券契约中嵌入交叉违约条款可能会产生连锁违约风险，那么债券发行人和债券投资者都可能会采取一系列避险措施以避免企业自身受到同行业、同地区个别违约事件所伴随的违约风险的波及，比如债券投资者可以要求企业在债务契约合同中添加更多的保护措施，债券发行人可能会采取更加保守和谨慎的投融资策略。

鉴于此，本章研究交叉违约制度这一特别的金融制度安排对债券市场系统性金融风险的影响。具体地，本章以2016年9月8日至2022年底发行的全部短期融资券、中期票据、企业债和公司债为研究对象发现，交叉违约制度会将同行业、同地区个别违约事件所伴随的违约风险进一步传递到新发债券上，表现为新发债券信用利差显著更高。本章还更换企业发债前同地区和同行业发生违约次数的时间段、限定企业发债前的债券违约为既在同行业又在同地区的违约事件、运用PSM和熵平衡法为附有交叉违约条款的债券寻找特征相似的债券、随机赋予债券发行前同地区和同行业发生债券违约次数的安慰剂检验、使用债券发行前相邻地区发生债券违约次数的安慰剂检验及删除2016年的样本，这些不同的研究设计均得到了同样的实证发现，从而证明交叉违约制度是导致债券市场系统性金融风险的一个重要诱因。

进一步地，本章还识别了交叉违约制度会将行业内和地区内个别违约事件所伴随的违约风险传递到新发债券的作用机制。具体地，首先，本章运用夏普利值分解法证明债券定价里存在与同地区或同行业相关的影响因素，发现同行业和同地区共同的风险因子是导致同行业和同地区个别违约事件所诱发的违约风险会进一步沿着交叉违约条款进行传递的根本原因。其次，本章基于债务违约主体范围和债务违约种类划分交叉违约条款被触发的难易程度，结果发现当交叉违约条款中约定的债务违约主体范围更大、违约种类更多时，交叉违约条款更易被触发而进一步加剧债券发行人的资金链压力,从而使得债券发行人按期偿付的可能性大大降低,此时交叉违约条款引起的违约风险放大效应更强。特别地,本章还发现供应链上的违约事件及行业内、地区内头部企业的违约事件也会沿着交叉违约条款将债券违约风险进一步传递到新发债券。

异质性检验还发现,交叉违约条款引起的违约风险放大效应更多发生在风险较高的地区或行业、债券发行时未设置"事前类"限制性契约条款或附有交叉违约条款债券的存量债券规模更大的新发债券中。进一步分析还发现,同行业和同地区的债券违约事件会使得债权人减少对发行附有交叉违约条款的发债企业的长期信贷融资,具体表现为新发债券企业的短期借款占比增加和债券发行期限变短。同时,同行业和同地区的债券违约事件也会使得供应链上的债权人减少这类企业的商业信用。

本章的边际贡献为:首先,本章从制度视角探究了债券市场系统性金融风险形成的一个诱因。现有文献从市场视角出发,强调企业间的某种特定经济关系会导致债券违约风险外溢,进而导致债券市场发生系统性金融风险(张一林等,2022;杨子晖等,2023;纳鹏杰等,2017;王辉等,2021)。然而,现有文献几乎没有从制度视角探讨债券市场系统性金融风险的诱因。实际上,人为设计的制度在指导和规范债券市场发展过程中发挥着举足轻重的作用。本章通过大样本实证研究发现交叉违约制度是债券市场系统性金融风险的一种制度诱因,即交叉违约制度会将同地区、同行业个别违约事件所伴随的违约风险进一步传递到新发债券,极大地提高了债券市场系统性金融风险发生的可能。

其次,本章还丰富了交叉违约制度在债券市场中应用的相关研究。已有关于交叉违约制度的研究主要从发债企业内部视角出发,证实交叉违约条款会导致企业发行的其他债券的违约风险增加(杨国超和蒋安璇,2022)。然而,本章从整个债券市场的角度出发,发现同行业、同地区其他发债企业发生的债券违约事件,也会沿着交叉违约条款将违约风险进一步传递给该发债企业。换言之,在债券契约中引入交叉违约制度的初衷是给予债券投资者同等求偿权从而保护债券投资者利益,但本章发现交叉违约制度不仅是发债企业内部违约风险传染的作用渠道,还会放大发债企业之外跨行业、跨地区企业的违约风险，最终演化成债券市场系统性金融风险的一个制度诱因。因此，本章基于交叉违约制度的视角发现了经济金融制度在设计过程中产生的"制度悖论"问题。

然后，本章进一步拓展了法与经济学领域的相关研究。交叉违约制度起源于国际银团贷款合同，其法理依据主要为预期违约制度和不安抗辩权，因而现有法与经济学的文献都从法理上认为交叉违约制度能够实现借贷双方的利益平衡（Childsa 等，1996；Joachim，1997；Kogin 等，2018）。然而，本章主要聚焦于金融市场本身，特别是金融市场风险外溢的情况下，研究交叉违约制度在金融市场中是否发挥了积极的作用，从而拓展了法与经济学领域的相关研究。

最后，本章研究还蕴含着重要的政策意义。第一，本章提醒政策制定者应重视与交叉违约制度相关的制度安排可能诱发的系统性金融风险，重新审视交叉违约制度设计的合理性；第二，相关决策部门应该建立交叉违约制度的防火墙，降低因制度设计不合理所导致的系统性金融风险；第三，政策制定者应完善交叉违约条款的相应配套制度，更好地保障债券投资者的优先求偿权；第四，政策制定者还应引导企业合理设置交叉违约条款，防止发行人因加入交叉违约条款而超出自身风险控制能力。

本章内容安排如下：第二部分是制度背景与理论分析，第三部分是研究设计，第四部分是主要实证结果检验和稳健性分析，第五部分是进一步分析，最后是本章研究结论。

5.2 制度背景与理论分析

5.2.1 系统性金融风险的制度背景

"系统性金融风险"一词在 1996 年 3 月 17 日全国人民代表大会印发

的《中华人民共和国国民经济和社会发展"九五"计划和2010年远景目标纲要》中被首次提出。此后,"系统性金融风险"在历次五年规划、历年政府工作报告和中央经济工作会议中都有所涉及,并且这些文件和会议对当时所面临的系统性金融风险都作出了明确界定。从表5-1可以看出,"系统性金融风险"自1996年提出后的近26年间,大致经历了四个阶段,早期更多关注金融体系内部的系统性金融风险,2008年全球金融危机后开始关注金融危机引起的系统性金融风险,2014年后又开始重点关注地方政府债务高企所诱发的系统性金融风险,近年来的政策文本着重关注全球贸易摩擦可能带来的系统性金融风险。

表5-1 "系统性金融风险"在各类文件和会议中的提及情况

时期	名称	所涉系统性金融风险的关键词
1996—2011年	1996年3月17日《国民经济和社会发展"九五"计划和2010年远景目标纲要》	对金融机构进行全面监管,防止发生重大的系统性金融风险,保护存款人利益
	2001年3月15日《国民经济和社会发展第十个五年计划纲要》	强化金融监管,防范和化解金融风险
	2006年3月14日《国民经济和社会发展第十一个五年规划纲要》	建立金融风险识别、预警和控制体系,防范和化解系统性金融风险
	1999—2003年历年政府工作报告	金融系统要正确处理支持经济增长与防范金融风险的关系;深化金融改革,整顿金融秩序,强化金融监管和法治,防范和化解金融风险
	2004—2005年历年政府工作报告	防止通货膨胀和防范金融风险
	2006—2011年历年政府工作报告	防范系统性金融风险,维护金融稳定和安全
	1997—2011年历年中央经济工作会议	防范和化解金融风险,保证金融安全高效稳健运行,引导金融业健康发展
2012—2013年	2011年3月16日《国民经济和社会发展第十二个五年规划纲要》	构建逆周期的金融宏观审慎管理制度框架,建立健全系统性金融风险防范预警体系、评估体系和处置机制

续表

时期	名称	所涉系统性金融风险的关键词
2012—2013 年	2012—2013 年历年中央经济工作会议	要高度重视财政金融领域存在的风险隐患，坚决守住不发生系统性和区域性金融风险的底线
	2012—2013 年历年政府工作报告	建立健全系统性金融风险防范预警体系和处置机制，增强抵御风险能力
2014—2019 年	2016 年 3 月 17 日《国民经济和社会发展第十三个五年规划纲要》	健全现代金融体系，提高金融服务实体经济效率和支持经济转型的能力，有效防范和化解金融风险；有效运用和发展金融风险管理工具，健全监测预警、压力测试、评估处置和市场稳定机制，防止发生系统性、区域性金融风险
	2014—2019 年历年政府工作报告	守住不发生系统性和区域性金融风险底线
	2014—2019 年历年中央经济工作会议	建立健全化解各类风险的体制机制，坚决守住不发生系统性和区域性风险的底线
2020—2023 年	2021 年 3 月 12 日《国民经济和社会发展第十四个五年规划和 2035 年远景目标纲要》	健全金融风险预防、预警、处置、问责制度体系，落实监管责任和属地责任，对违法违规行为零容忍，守住不发生系统性风险的底线
	2020—2023 年历年政府工作报告	加强金融等领域重大风险防控，坚决守住不发生系统性风险底线
	2020—2023 年历年中央经济工作会议	完善金融风险处置机制，强化风险意识、牢牢守住不发生系统性风险的底线

1996—2011 年，中国政府主要关注金融体系内部的系统性金融风险。在这一时期内，中国政府主要围绕金融体系改革展开防范化解系统性金融风险的相关工作。具体来说，由于受计划经济体制下传统思想的影响，金融机构的设置和发展未得到合理引导，越权审批、乱设机构等现象屡见不鲜，金融业务的政策发展受到严重影响，因而 20 世纪 90 年代初期金融市场出现了紊乱的状况。换言之，改革开放以来的一系列金融体制改革与实

践发展之间存在不匹配的矛盾,因而中国政府在 1996 年首次提出要加强金融监管,防范和化解系统性金融风险。此外,1997 年亚洲金融危机的爆发也提醒中国政府时刻加强监管和风险控制的必要性,因而中国政府对当时的金融体系产生了高度警惕。此后一段时期,中国政府出台了许多指导性文件①以深化金融改革、整顿金融秩序以及防范化解系统性金融风险。

2012—2013 年,中国政府主要关注金融危机引起的系统性金融风险。2008 年底全球金融危机爆发后,中国政府开始探索如何处理金融创新、金融开放和金融监管之间的关系,并提出要深化国际合作和创建监管体制,旨在与全球其他国家共同抵御系统性金融风险。具体来说,在"十二五"期间,我国银行业和保险业借鉴《新资本协议》和《巴塞尔协议Ⅲ》对监管体制进行了改革,此次改革初步奠定了宏观审慎政策的基础框架,同时完善了系统性金融风险的治理体系。与此同时,为应对此次国际金融危机,中国政府在 2008 年 11 月推出了为期两年的"四万亿"经济刺激计划。

2014—2019 年,中国政府开始重点关注地方政府债务高企所诱发的系统性金融风险,这主要是源于 2008 年推出的"四万亿"经济刺激计划导致了政府债务的飞速提升。大量研究指出,"四万亿"经济刺激计划将有限的信贷资源分配给了效率较低的企业,这直接导致杠杆资金的效用未能有效发挥,而且还导致了债务水平的不断累积。具体地,钟宁桦等(2016)发现,相比于其他企业整体的去杠杆趋势,大型、国有和上市企业却选择大规模使用杠杆资金的,而且无法按时偿还贷款本息的"僵尸"企业在经济刺激政策后更容易获得贷款。Cong 等(2019)的研究也发现,"四万亿"经济刺激计划将大量信贷资源配置给国有企业。然而,这些杠杆资金被国有企业用于非主营业务,尤其是房地产投资,最终导致国有企业绩效明显下降(杨国超等,2020)。由于国有企业有可能就是地方政府

---

① 1997 年 11 月,第一次全国金融工作会议审议通过《中共中央、国务院关于深化金融改革、整顿金融秩序、防范金融风险的通知》;2003 年 10 月,中共中央印发《中共中央关于完善社会主义市场经济体制若干问题的决定》;2005 年 1 月,中国人民银行提出《全面推进依法行政实施纲要》;2006 年 3 月,全国人民代表大会通过《中华人民共和国国民经济和社会发展第十一个五年规划纲要》。

融资平台，而房地产又与地方政府财政紧密相关，因而经济刺激政策也导致了政府债务的飞速提升。事实上，在"四万亿"经济刺激计划中，地方企业债券的发行占比极大，因而债券市场的系统性金融风险已经成为国家系统性金融风险的重要组成部分。因此，大量文件、会议报告表达了对于地方政府债务风险问题的关切，并提出了对于防控金融风险的具体举措，政策文本中更是反复多次提及要防控债务违约，坚决守住不发生系统性和区域性金融风险的底线。可见，政策制度会对系统性金融风险的演变产生深刻的影响，探究债券市场系统性金融风险的制度诱因就变得十分重要。

2019 年至今，受到逆全球化思潮和贸易战的影响，中国政府着重关注全球贸易摩擦可能带来的系统性金融风险。具体来说，自 2018 年 3 月起，美国政府先后宣布对从中国进口的钢铁、铝和其他商品征收关税，涵盖数百亿美元的商品。中国政府作出强烈反应，对从美国进口的部分商品进行报复性关税措施。随后，两国相互征收关税的范围逐渐扩大，导致全球贸易动荡。与此同时，2019 年 5 月，美国政府对华为实施了一系列的制裁和限制措施，禁止美国企业向华为出售相关技术和产品。正是在这样的背景下，中国在守住不发生系统性风险的底线的主要任务中，将完善跨境资金流动的预警响应机制纳入其中，从而防止企业资金链断裂引发连锁反应。

综上可见，在地方政府债务不断提升与"无序违约"不断增多的现实背景下，国家对系统性金融风险问题的担忧在明显提高，而围绕系统性金融风险的核心问题就是"加杠杆"的问题。因此，中国政府提出了大量具体举措以提升系统性金融风险防范化解能力，从而构建防范化解金融风险的长效机制。例如，积极维护债券市场稳定，加快健全市场化、法治化的债券违约处置机制，建立早识别、早预警、早发现、早处置风险防控体系；落实银行不良贷款核销政策，鼓励市场主体参与不良贷款处置；完善金融机构恢复与处置机制，支持银行多渠道补充资本；稳妥化解地方政府存量隐性债务；稳步建立健全因城施策的促进房地产市场平稳健康发展的长效机制等。然而，人为设计的制度在指导和规范债券市场发展过程中虽然发挥着举足轻重的积极作用，但也可能存在难以预料的缺陷从而使得制度目标难以实现。交叉违约制度正是在目前经济政策背景下设计的一种市场化、法治化的债券违约处置机制。因而本章以交叉违约制度为切入点，探究制度设计如何影响债券市场系统性金融风险的形成。

5.2.2 理论分析与研究假设

由于同行业、同地区企业间的风险特征相似，因而单个企业发生债务违约就可能会传染给同行业、同地区的其他债券，从而使得大量企业的债务在同一时间段内集中违约，显著加剧债券市场的系统性金融风险（Das等，2007；Azizpour等，2018）。因此，本章立足债券违约风险会在同行业和同地区间传染这一特征事实，从如下两个角度分析交叉违约制度影响系统性金融风险的理论逻辑。

一方面，在以同地区和同行业内债券违约广泛传染所产生的债券市场系统性金融风险中，交叉违约条款更容易被触发而产生违约连锁反应，因而交叉违约制度可能会不断放大并激化同地区和同行业内的债券违约风险，成为债券市场系统性金融风险的一种制度诱因。具体地，根据交叉违约制度的规定，当债券发行人在其多个债务合同中都设置交叉违约条款时，一旦发行人在交叉违约条款中约定的债务发生违约，那么其全部附有交叉违约条款的债券都将被视为违约。换言之，在债券契约中嵌入交叉违约条款可能使得其他债务的违约"引火烧身"，原来单只债券违约引发的企业局部债务违约风险，将进一步扩大为企业整体的债务违约风险。此时，债券发行人必须添加担保、提高债券票面利率，甚至兑付大规模提前到期的债务，这些严苛的违约惩罚会直接加剧企业资金链压力、打乱企业偿债计划。企业最终可能难以在短期内快速偿付因"多米诺"效应所产生的大量债务。可见，交叉违约条款所表征的求偿权利增加，实际上是投资者成功求偿概率的下降（杨国超和蒋安璇，2022）。因此，对债券投资者而言，同行业内和同地区内发生债券违约事件意味着交叉违约条款可能更易被触发，而触发交叉违约条款又意味着债券投资者在债务求偿时面临更高的不确定性。换言之，当同行业内和同地区内发生债券违约事件时，交叉违约制度会进一步提高投资者感知的风险水平并加深投资者情绪的紧张程度，进而促使投资者在风险定价的博弈中索取更高的溢价以补偿可能的风险损失。可见，交叉违约制度会将同行业、同地区个别违约事件所伴随的违约风险进一步传递到新发债券，引起违约风险放大的定价效应，从而加剧债券市场系统性金融风险的发生。基于此，本章提出研究假设 H5-1a：

H5-1a：交叉违约制度会将同行业、同地区的个别违约事件所伴随的违约风险进一步传递到新发债券，导致新发债券的债券信用利差显著更高。

另一方面，倘若交叉违约制度可以放大同行业、同地区个别违约事件所伴随的违约风险，那么发行附有交叉违约条款债券的发行人和相关债券投资者也可能会采取一系列规避措施，来避免受到违约风险的波及，因而交叉违约制度并不会对系统性金融风险产生影响。具体地，其一，对债券投资者而言，一旦债券违约触发交叉违约条款，企业会面临"火烧连营"的集中兑付风险，因此，债券投资者为了避免企业的违约风险达到不可控制的状态，债券投资者可以要求企业在债务契约合同中添加更多的保护措施，如在债务契约中提前要求企业禁止出售或转移重大资产、禁止对外提供重大担保、禁止减持上市子公司股权以及限制企业股东分红等。这些事先约束类契约条款设计旨在建立一个内在约束机制，通过对企业行为加以约束，从而有助于在早期发现企业信用风险方面的问题。同时，一旦企业发生违约，事先约束类条款还可以作为处置依据，以最大限度地保护债权人利益。因此，即使企业发债前同行业和同地区内企业发生债券违约事件，交叉违约条款被触发后的不确定性会使得债券投资者主动采取措施来控制企业信用风险，从而尽可能避免企业受到同行业和同地区违约风险的波及。其二，对债券发行人而言，交叉违约制度明确指出一旦发行人在交叉违约条款中约定的债务发生违约，那么其全部附有交叉违约条款的债券都将被视为违约。换言之，债券发行人知悉在债券契约中嵌入交叉违约条款可能使得其他债务的违约"引火烧身"，其必须因此接受非常严苛的违约惩罚。因此，一旦企业在发债前同行业内和同地区内企业发生债券违约事件，附有交叉违约条款债券的发行人为了避免企业自身受到同行业和同地区违约风险的波及，债券发行人不仅会在主观上提高对自身信用风险的预期和估值，还可能会采取更加保守和谨慎的投融资策略，如建立企业信用担保体系、合理确定资金需求量并控制资金投放时间及采用宽松的流动资产投资策略等，从而建立更加牢靠的风险防范机制。可见，对持有附有交叉违约条款债券的投资者和发行人而言，其均会采取措施来避免行业内和地区内债券违约事件的传染。因此，交叉违约制度并不会将同行业、同地区个别违约事件所伴随的违约风险进一步传递到新发债券，从而也不会诱发债券市场系统性金融风险的发生。基于此，本章提出假设 H5-1b：

H5-1b：交叉违约制度不会将同行业、同地区的个别违约事件所伴随的违约风险进一步传递到新发债券，新发债券的债券信用利差显著更低或无明显变化。

5.3 研究设计

5.3.1 样本选择

本章选择 2016 年 9 月 8 日至 2022 年底发行的全部企业债、公司债、中期票据和短期融资券为研究对象。样本选择依据如下：2016 年 9 月 8 日，中国银行间市场交易商协会发布了《投资人保护条款范例》，此后交叉违约条款在我国债券市场中的运用频率迅猛攀升，为此本章选择样本起始时点为 2016 年 9 月 8 日。样本期间债券总数为 41172 只，在此基础上，本章剔除数据缺失样本 2072 只，最终得到债券样本观测 39100 只。债券发行数据和财务数据来自 Wind 数据库，债券市场总指数来自中国债券信息网[1]，各省宏观经济数据来自 CSMAR 数据库。为避免异常值影响，本章对所有连续变量进行了上下各 1% 的缩尾处理。

---

[1] www.chinabond.com.cn。

表5-2是样本的描述性统计。可以看出，2017—2022年，我国债券发行数量大幅上升，短期融资券、中期票据、企业债和公司债发行总数量从2017年的3899只增加到2022年的7218只；自2016年《投资人保护条款范例》推出后，2017年增设交叉违约条款的债券占比就达到15%，2018—2021年，20%以上的新发行债券都会增设交叉违约条款[①]。

表5-2 样本描述性统计

发行年份	总数（只）	附有交叉违约条款的债券（只）	附有交叉违约条款的债券占比（%）
2016	1245	25	2.01
2017	3899	602	15.44
2018	5329	1243	23.33
2019	6119	1421	23.22
2020	7643	1912	25.02
2021	7647	1746	22.83
2022	7218	899	12.45
合计	39100	7848	20.07

5.3.2 变量定义与模型设计

（1）变量定义。表5-3是本章主要研究变量的变量定义。首先，本章定义当债券发行的《募集说明书》中含有交叉违约条款这一特殊条款时，Cross取值为1，否则为0；其次，参考方红星等（2013）、韩鹏飞和胡奕明（2015）、钟辉勇等（2016）、王雄元和高开娟（2017）和林晚发等（2022）的研究，本章使用债券信用利差度量债券违约风险。具体地，本

[①] 2022年新发债券中交叉违约条款的使用比例显著降低主要是由于银行间市场交易商协会自2021年3月起对设置交叉违约条款的发行人其信息披露管理要求更为严格和规范。如2021年3月26日颁布的《非金融企业债务融资工具募集说明书投资人保护机制示范文本（2021版）》对信息披露时间要求更严格，《银行间债券市场非金融企业债务融资工具存续期信息披露表格体系》对信息披露规则要求更严格，2022年7月28日颁布的《银行间债券市场非金融企业债务融资工具存续期信息披露文件示范文本》对信息披露内容要求更严格。

章将债券信用利差定义为债券发行时实际利率减当期同期限国债利率，即将无风险利率从债券实际发行利率中扣除后的风险溢价，该风险溢价主要来源于投资者对债券违约风险的估计。作出该判断的理由主要有二：其一，我国债券市场以机构投资者为主，其更可能对公司的债券违约风险作出合理估计；其二，风险溢价的来源一般包括违约风险和流动性风险，而我国债券市场的流动性风险几乎可以忽略不计①。换言之，我国债券市场的风险溢价更多来自债券的违约风险。因此债券信用利差越高，该债券的违约风险也越大。最后，参考 Jankowitsch 等（2014）的思路，本章以每一只债券的发行日期为起点向前推 90 天②，观测这个时间段内同地区发生债券违约事件的次数，并记为 DefaultProvince；同时，观测这个时间段内同行业发生债券违约事件的次数，并记为 DefaultIndustry。

表 5-3　　　　　　　　　　变量定义表

变量	变量定义
Cross	交叉违约条款：债券是否附有交叉违约条款，是取 1，否则取 0
Spread	债券信用利差：债券发行时实际利率减当期同期限国债利率
DefaultProvince	债券发行前 90 天内同地区发生债券违约事件次数
DefaultIndustry	债券发行前 90 天内同行业发生债券违约事件次数
Rating	债券债项信用评级：AAA、AA+、AA、AA- 评级依次取值为 4、3、2、1；其中，因短期融资券评级全部为 A-1，故调整其评级至 AAA
Maturity	债券发行期限（年）的自然对数
Proceeds	债券发行规模（元）的自然对数
Guarantee	债券是否存在质押、抵押、保证或连带责任担保的虚拟变量

---

① 根据王永钦等（2016）的研究，他们将城投债到期收益率价差拆分为流动性价差及违约价差，并发现用来度量城投债流动性的 Amihud 测度的季度均值仅为 0.012%，即流动性价差极小。该发现与债券实际成交量稀少的实际情况也吻合。此外，税率也会影响债券信用利差，但我国投资者面临的税率是一样的，所以这部分的影响也可以忽略不考虑。

② 一方面，选择违约事件发生后较长一段时间作为观测窗口，捕捉违约事件产生的影响可能包含其他噪声。而选择违约事件发生后较短一段时间作为观测窗口，违约事件产生的影响可能还未充分扩散。本章对债券发生违约后的后续处置时间进行整理和分析，发现大量债券违约后的后续处置时间在 90 天左右。另一方面，在现有的相关研究中，Jankowitsch 等（2014）就在违约事件之后确定了 90 天的"宽限期"，并观测该窗口债券交易价格的变化。

续表

变量	变量定义
Guar Nature	债券担保人所属公司的企业性质：中央国有企业取4、地方国有企业取3、民营企业取2、其他担保人取1、不存在担保则取0
Call	债券发行人是否有提前赎回权虚拟变量
Put	债券投资者是否有回售权虚拟变量
Municipal	债券是否为城投债虚拟变量
Bond Index	债券发行日的中国债券总指数
Volatility	债券发行前60日 Bond Index 的标准差，衡量债券市场的整体风险
SOE	是否国有企业虚拟变量
AUD	是否国际"四大"审计虚拟变量
Listed Firm	是否上市公司虚拟变量
Top1	第一大股东持股数量/总股数
CASH	现金和交易性金融资产/总资产
PPE	固定资产/总资产
LEV	（长短期银行借款+长短期应付债券）/总资产
AT	销售收入/平均总资产
SG	（当期销售收入－上期销售收入）/上期销售收入
ROA	净利润/平均总资产
ASSETS	公司资产总额的自然对数
Age	公司成立年限加1的自然对数
PerCapGDP	各省份 GDP 总量/各省总人口数
GDP Growth	各省份 GDP 增长率
Marketization	各省市场化水平指数

（2）模型设计。同地区和同行业的债券违约传染效应是我国债券市场系统性金融风险的常见表现形式。立足于债券违约风险会在同行业和同地区间传染这一特征事实，本章探究交叉违约制度是否会将同行业、同地区个别违约事件[①]所伴随的违约风险进一步传递到新发债券。本章建立模型（5－1）对此进行检验。

---

① 根据表5－4可知，新发债券时，同地区和同行业发生债券违约的次数整体较少，主要集中在1次至3次间。因而可以用"个别债券违约"表示债券发行前同地区或同行业发生债券违约的数量。

$$\begin{aligned}
\text{Spread} = &\ \beta_0 + \beta_1 \text{Cross} + \beta_2 \text{DefaultProvince/DefaultIndustry} \\
&+ \beta_3 \text{Cross} \times \text{DefaultProvince/DefaultIndustry} + \beta_4 \text{Rating} \\
&+ \beta_5 \text{Maturity} + \beta_5 \text{Proceeds} + \beta_6 \text{Guarantee} + \beta_7 \text{Guar Nature} \\
&+ \beta_8 \text{Call} + \beta_9 \text{Put} + \beta_{10} \text{Bond Index} + \beta_{11} \text{Volatility} + \beta_{12} \text{SOE} \\
&+ \beta_{13} \text{AUD} + \beta_{14} \text{Listed Firm} + \beta_{15} \text{Top1} + \beta_{16} \text{CASH} + \beta_{17} \text{PPE} \\
&+ \beta_{18} \text{LEV} + \beta_{19} \text{AT} + \beta_{20} \text{SG} + \beta_{21} \text{ROA} + \beta_{22} \text{ASSETS} \\
&+ \beta_{23} \text{PerCapGDP} + \beta_{24} \text{GDP Growth} + \beta_{25} \text{Marketization} \\
&+ \sum \text{Bond Type} + \sum \text{CRA} + \sum \text{Underwriter} + \sum \text{Year} + \sum \text{Industry} \\
&+ \sum \text{Province} + \varepsilon \quad\quad\quad\quad\quad\quad\quad\quad\quad\quad\quad\quad (5-1)
\end{aligned}$$

模型（5-1）中因变量为债券信用利差，该模型采用OLS估计，并采用稳健地标准误计算参数显著性。本章关心Cross × DefaultProvince/DefaultIndustry的系数β_3。本章认为，若交叉违约制度会不断放大并激化同地区、同行业个别违约事件所伴随的违约风险，从而使得投资者在风险定价的博弈中索取更高的溢价以补偿可能的风险损失，此时β_3应显著为正；若债券发行人和债券投资者会采取一系列的规避措施以避免企业自身受到同行业、同地区个别违约事件所伴随的违约风险的波及，此时β_3应不显著或显著为负。

参考林晚发等（2022）和杨国超和刘琪（2022）的研究，模型（5-1）还控制了其他可能影响债券信用利差的变量，具体包括：债券发行层面的变量（债项信用评级、发行规模、发行期限、是否存在担保、担保人所属公司的企业性质、赎回权虚拟变量、回售权虚拟变量、城投债虚拟变量）、债券市场层面的变量（中国债券总指数、发行前60日中国债券总指数的标准差）、企业基本面信息（国有企业虚拟变量、国际"四大"审计虚拟变量、上市公司虚拟变量、第一大股东持股比例、现金持有水平、固定资产占比、资产负债率、资产周转率、销售收入增长率、总资产回报率、资产规模、成立年限）、宏观经济状况变量（各省人均GDP、GDP增长率、市场化水平指数），同时本章还控制了债券类型、信用评级机构、主承销商、Year、Industry和Province虚拟变量。详细变量定义见表5-3。

5.3.3 变量描述性统计

表 5-4 为债券发行前同地区和同行业发展债券违约的次数分布。根据表 5-4 中 Panel A 可知,样本中约 20% 的债券在发行时,债券发行前 90 天、120 天、180 天和 360 天内同地区发生过 1 次债券违约;样本中约 8% 的债券在发行时,债券发行前 90 天、120 天、180 天和 360 天内同地区发生过 2 次债券违约。根据表 5-4 中 Panel B 可知,样本中 12% 以上的债券在发行时,债券发行前 90 天、120 天、180 天和 360 天内同行业发生过 1 次债券违约;样本中约 5% 的债券在发行时,债券发行前 90 天、120 天、180 天和 360 天内同行业发生过 2 次债券违约。因此,新发债券时,同地区和同行业发生债券违约的次数整体较少,主要集中在 1 次至 3 次间。换言之,新发债券时仅有个别债券发生债券违约。此外,本章在基准回归中以债券发行前 90 天内计算同地区和同行业发生债券违约的次数,在稳健性检验中也分别以债券发行前 120 天、180 天和 360 天内计算同地区和同行业发生债券违约的次数。事实上,该描述性统计衍生出两个值得探究的问题:个别债券发生债券违约所伴随的违约风险在什么情况下可能演变成系统性金融风险?又该如何管控个别债券违约所诱发的风险外溢?而本章期望通过实证研究从制度视角回答上述问题。

表 5-4 债券发行前债券违约次数分布

Panel A:债券发行前同地区发生债券违约次数的分布(DefaultProvince)						
同地区发生债券违约次数	0 次	1 次	2 次	3 次	4 次	5 次及以上
债券发行前 90 天内(DefaultProvince_90)	26743	7584	2783	1990	0	0
债券发行前 120 天内(DefaultProvince_120)	24191	8325	3221	2054	1309	0
债券发行前 180 天内(DefaultProvince_180)	20001	9425	3854	2269	1903	1648
债券发行前 360 天内(DefaultProvince_360)	11486	9998	6000	2995	2048	6573

续表

Panel B：债券发行前同行业发生债券违约次数的分布（DefaultIndustry）

同行业发生债券违约次数	0 次	1 次	2 次	3 次	4 次	5 次及以上
债券发行前 90 天内（DefaultIndustry_90）	30268	4945	1724	1220	451	492
债券发行前 120 天内（DefaultIndustry_120）	28750	5265	1862	1379	840	1004
债券发行前 180 天内（DefaultIndustry_180）	25982	6563	2154	788	1119	2494
债券发行前 360 天内（DefaultIndustry_360）	20838	8108	2517	1793	1004	4840

表 5－5 列示了相关变量的描述性统计。根据表 5－4 可知，样本中 20.1% 的债券附有交叉违约条款；债券发行前 90 天内同地区发生债券违约次数的（DefaultProvince）均值为 0.489，最大值为 3，债券发行前 90 天内同行业发生债券违约次数的（DefaultProvince）均值为 0.417，最大值为 5，债券信用利差（Spread）均值为 2.518，最小值为 0，最大值为 6.1；债券债项信用评级（Rating）最小值为 AA 级，最大值为 AAA 级；债券信用评级样本中 6.4% 的债券存在担保（Guarantee），7.1% 的债券发行人拥有赎回权（Call），13% 的债券投资者拥有回售权（Put）；25.2% 的债券发行人是非市场化国有企业（Municipal），88.9% 的债券发行人是国有企业（SOE），11.5% 的债券发行人由国际"四大"审计（AUD），18.1% 的债券发行人是上市公司（Listed Firm）；债券发行人现金持有水平（CASH）均值为 0.099，固定资产占比（PPE）均值为 0.172，资产负债率（LEV）均值为 0.371，资产周转率（AT）均值为 0.362，销售收入增长率（SG）均值为 0.136，总资产回报率（ROA）均值为 0.020；公司规模对数（ASSETS）均值为 25.13。

表 5–5　　　　　　　　　　　　变量描述性统计

变量	样本量	均值	中位数	标准差	最小值	最大值
Cross	39100	0.201	0.000	0.401	0.000	1.000
Spread	39100	2.518	2.300	1.476	0.009	6.100
DefaultProvince	39100	0.489	0.000	0.835	0.000	3.000
DefaultIndustry	39100	0.417	0.000	0.953	0.000	5.000
Rating	39100	3.781	4.000	0.532	2.000	4.000
Maturity	39100	0.182	-0.301	1.157	-2.499	2.303
Proceeds	39100	20.520	20.620	0.712	18.830	22.330
Guarantee	39100	0.064	0.000	0.245	0.000	1.000
GuarNature	39100	0.174	0.000	0.721	0.000	4.000
Call	39100	0.071	0.000	0.256	0.000	1.000
Put	39100	0.130	0.000	0.336	0.000	1.000
Municipal	39100	0.252	0.000	0.434	0.000	1.000
BondIndex	39100	193.200	195.700	14.900	167.700	216.900
Volatility	39100	1.033	0.907	0.529	0.239	2.262
SOE	39100	0.889	1.000	0.315	0.000	1.000
AUD	39100	0.115	0.000	0.318	0.000	1.000
Listed Firm	39100	0.181	0.000	0.385	0.000	1.000
Top1	39100	80.570	100.000	26.160	16.660	100.000
CASH	39100	0.099	0.088	0.062	0.008	0.325
PPE	39100	0.172	0.086	0.198	0.000	0.753
LEV	39100	0.371	0.374	0.145	0.000	0.866
AT	39100	0.362	0.207	0.426	0.011	2.326
SG	39100	0.136	0.106	0.247	-0.591	1.047
ROA	39100	0.020	0.013	0.025	-0.542	0.483
ASSETS	39100	25.130	25.020	1.289	22.490	28.680
Age	39100	2.933	2.996	0.474	0.000	4.290
PerCapGDP	39100	9.470	9.206	3.777	3.422	18.400
GDPGrowth	39100	6.285	6.794	2.105	1.200	10.100
Marketization	39100	8.197	8.510	1.694	2.950	9.950

注：为避免异常值影响，本章对所有连续变量进行了上下各1% 的 Winsorize 处理。

5.4 实证结果与分析

5.4.1 交叉违约制度是否会将违约风险进一步传递到新发债券？

为探究交叉违约制度是否会将同行业、同地区个别违约事件所伴随的违约风险进一步传递到新发债券上，本章采用模型（5-1）对此进行检验，回归结果见表5-6①。具体地，表5-6中第（1）列和第（2）列仅加入了债券层面控制变量，第（3）列和第（4）列进一步加入了公司层面控制变量。由第（1）列和第（3）列可以看出，Cross × DefaultProvince 的系数显著为正，由第（2）列和第（4）列可以看出，Cross × DefaultIndustry 的系数也显著为正，这表明交叉违约制度会将同行业、同地区个别违约事件所伴随的违约风险进一步传递到新发债券上，提高新发债券的信用利差。换言之，交叉违约制度不仅没有发挥保护债权人利益的作用，反而放大和激化了同地区和同行业个别违约事件所伴随的违约风险，这无疑会增加系统性金融风险的发生，从而证实了本章假设 H5-1a。

5.4.2 机制分析

（1）对行业和地区影响因素的夏普利值分解。前文证实交叉违约制度会将同行业、同地区个别违约事件所伴随的违约风险进一步传递到新发债

---

① DefaultProvince 和 DefaultIndustry 的回归系数显著为负，这主要是因为本章的样本中包含较多房地产相关行业的债券发行人（约占总样本量的12%）。房地产行业"爆雷"的同时，政府对房地产行业的救济导致房地产行业债券发行利率非正常的低。换言之，当债券发行利率受到特殊时期一些管制因素的影响时，债券发行利率并不能反映出债券真正的违约风险。因此，本章采用在全样本里去掉房地产相关行业和在全样本中考虑各个行业的权重这两种解决方法检验违约风险具有传染效应，此时 DefaultProvince 和 DefaultIndustry 的系数均显著为正。

表5-6　交叉违约制度将违约风险进一步传递到新发债券的检验

变量	(1) Spread 地区风险放大效应	(2) Spread 行业风险放大效应	(3) Spread 地区风险放大效应	(4) Spread 行业风险放大效应
Cross	0.3821*** (25.08)	0.3906*** (25.97)	0.3159*** (22.17)	0.3138*** (22.32)
DefaultProvince	-0.0115** (-2.15)		-0.0114** (-2.26)	
DefaultIndustry		-0.0424*** (-6.74)		-0.0433*** (-7.31)
Cross × DefaultProvince	**0.0782*** (4.28)**		**0.0653*** (3.91)**	
Cross × DefaultIndustry		**0.0450*** (3.63)**		**0.0542*** (4.66)**
债券层面控制变量	控制	控制	控制	控制
公司层面控制变量	不控制	不控制	控制	控制
截距	20.1669*** (63.85)	20.0281*** (63.19)	23.0523*** (34.41)	19.2902*** (56.05)
债券类型、评级机构、主承销商、年度、行业、省份	控制	控制	控制	控制
N	39100	39100	39100	39100
Adj. R^2	0.696	0.696	0.732	0.732

券，提高新发债券的信用利差，而这一研究结论的前提假设是债券定价里存在与同地区或同行业相关的影响因素。换言之，只有当同地区或同行业具有共同的风险因子时，交叉违约制度才会将同行业、同地区个别违约事件所伴随的违约风险进一步传递到新发债券上。为验证与同行业或同地区相关的风险因素对债券定价有非常重要的影响，本章采用夏普利值分解法（Shapley Value Decomposition）分析行业层面和地区层面的因素对债券定价的解释力度。具体地，夏普利值分解法也称为相对权重分析（Relative

Weight Analysis),该方法最早用于解决多个局中人在合作过程中因利益分配而产生矛盾的问题,即按照成员对联盟的边际贡献率将利益进行分配(Shorrocks,2013)。夏普利值的计算公式如式(5-2)所示:

$$\mathrm{ShVi(N,v)} = \frac{1}{n}\sum_{n_s=1}^{n}\left[\frac{1}{c(n_s)}\sum_{\substack{S\supset i\\|S|=n_s}}[v(S)-v(S-i)]\right] \quad (5-2)$$

其中,$S\supset i$ 是所有包含自变量 i 的子集,$v(S)-v(S-i)$ 是自变量 i 对子集 S 的边际贡献,$|S|=n_s$ 为子集 S 中自变量的个数,$c(n_s)=C_{n-1}^{n_s-1}=(n-1)!/(n-n_s)!(n_s-1)!$ 为包含因变量 i 且自变量个数为 n_s 的子集数目。夏普利值在计算各变量边际贡献率上具有有效性:首先,夏普利值保证了所有自变量的贡献总和等于总体贡献,避免了资源浪费①;其次,夏普利值允许使用多种贡献计量方法来计算每个模型下的夏普利值,呈现出线性可加性;最后,夏普利值有效减轻了模型和参数不确定性对研究结果的影响,这是因为其可以根据一定标准对多个夏普利值进行加权平均,从而得到对自变量贡献的稳健估计。

因此,夏普利值分解法的原理是用合作博弈的思想来分解各个回归变量对因变量差异的贡献,该方法之后在医学和经济等领域得到了广泛运用,如梁琪和李政(2014)识别单个银行对整个系统的风险贡献,武岩和胡必亮(2014)对地区农民工收入差距进行分解,徐淑一和陈平(2017)分析收入、社会地位、公平感知等因素对解释幸福感比例,陈钊和陈乔伊(2019)分析各变量对同行业企业能源效率的影响程度。

本章运用夏普利值分解法分解债券定价里债券、企业、地区、行业和时间层面因素的贡献程度,结果如表 5-7 所示,地区层面因素的夏普利值为 0.1018,对债券信用利差的相对贡献力度达到 13.87%;行业层面因素的夏普利值为 0.06149,对债券信用利差的相对贡献力度达到 8.38%。地区层面和行业层面因素的相对贡献度仅次于反映债券基本面信息的债券和企业层面因素,而且地区和行业层面因素的相对贡献度之和甚至超过了企业层面因素。因此,债与同地区或同行业相关的影响因素的确能在债券定价中发挥非常重要的作用,这表明同行业和同地区具有共同的风险因

---

① CoVaR 等"自下而上"方法并具有这一特点。

子。这些共同的风险因子是导致同行业和同地区个别违约事件所诱发的违约风险会进一步沿着交叉违约条款进行传递的根本原因。

表5-7　　　　　　　　　不同维度变量贡献程度

维度	夏普利值	相对贡献力度（%）
债券层面	0.31824	43.36
企业层面	0.10759	14.66
地区层面	0.10180	13.87
行业层面	0.06149	8.38
时间层面	0.14480	19.73

（2）基于交叉违约条款触发情形的作用机制检验。前文证实交叉违约制度的确是会放大和激化同地区、同行业个别违约事件所伴随的风险。如果该结论成立，那么当交叉违约条款更易被触发时，交叉违约条款所产生的风险放大效应应该更强。具体地，当交叉违约条款设定的债务违约主体范围更大或债务违约种类更多时，交叉违约条款更易被触发，因而也更易加剧发行人的资金链压力，并直接提升发行人的还款金额[①]，导致企业无法按期偿付，债券投资者所感知的风险程度会更高。因此，当同行业内和同地区内发生债券违约事件时，企业发行债券设置更易被触发的交叉违约条款会严重地放大投资者感知的信用风险，最终进一步提高债券信用利差。

为判断触发交叉违约条款的不同情形，本章根据《投资人保护条款范例》提供的交叉违约条款触发情形选项（见表5-8），对触发交叉违约条款的情形进行难易程度的划分。首先，若债券发行人将债务违约主体范围设置为"发行人及其合并范围内子公司"，本章定义 WideMainRange 取值为1，否则为0，而债券发行人若将债务违约主体范围仅仅设置为发行人本部及部分子公司、发行人本部等，显然交叉违约条款更难被触发，本章

---

① 如果债券发行人触发交叉违约条款，我们估算出债券发行人每一年要比其没有触发交叉违约条款时平均多偿还30亿元的本金和利息总额，这进一步证实了触发交叉违约条款后发行人会受到巨大资金链压力的冲击。

定义 NarrowMainRange 取值为 1，否则为 0。其次，若债券发行人将债务违约种类设置为包含《投资人保护条款范例》中的全部债务种类，本章定义 WideDebtRange 取值为 1，否则为 0，而债券发行人若将债务违约种类仅设置为全部债务种类中的某几类，显然交叉违约条款更难被触发，本章定义 NarrowDebtRange 取值为 1，否则为 0。对于未附有交叉违约条款的债券，上述关于债务违约触发范围的变量取值均为 0。

表 5-8　《投资人保护条款范例》中交叉违约条款触发情形选项

触发情形	选项
违反约定主体范围选项（单选）	□发行人及其合并范围内子公司； □发行人本部及持股比例＿＿＿% 及以上的子公司； □发行人本部及核心子公司（如包含核心子公司，应提供子公司名单或明确界定判定标准）； □发行人本部； □发行人、控股股东及其合并范围内子公司； □其他＿＿＿。
违反约定债务种类选项（多选）	□金融机构贷款（包括银行贷款、信托贷款、财务公司贷款等）； □承兑汇票； □金融租赁； □资产管理计划融资； □银行理财直接融资工具； □其他（如名股实债）＿＿＿。

因此，本章可以检验交叉违约条款在不同触发情形下，交叉违约制度放大和激化同地区、同行业个别违约事件所伴随的风险的差别，具体如模型（5-3）所示，模型（5-3）中其他变量定义同模型（5-1）。

$$\begin{aligned}\text{Spread} = &\beta_0 + \beta_1 \text{NarrowMainRange/NarrowDebtRange} + \beta_2 \text{WideMainRange/} \\ &\text{WideDebtRange} + \beta_2 \text{DefaultProvince/DefaultIndustry} + \beta_3 \text{Narrow-} \\ &\text{MainRange/NarrowDebtRange} \times \text{DefaultProvince/DefaultIndustry} \\ &+ \beta_2 \text{WideMainRange/WideDebtRange} \times \text{DefaultProvince/Default-} \\ &\text{Industry} + \beta_3 \text{Rating} + \beta_4 \text{Maturity} + \beta_5 \text{Proceeds} + \beta_6 \text{Guarantee} \\ &+ \beta_7 \text{Guar Nature} + \beta_8 \text{Call} + \beta_9 \text{Put} + \beta_{10} \text{Bond Index} + \beta_{11} \text{Volatility}\end{aligned}$$

$$+ \beta_{12}\text{SOE} + \beta_{13}\text{AUD} + \beta_{14}\text{Listed Firm} + \beta_{15}\text{Top1} + \beta_{16}\text{CASH}$$
$$+ \beta_{17}\text{PPE} + \beta_{18}\text{LEV} + \beta_{19}\text{AT} + \beta_{20}\text{SG} + \beta_{21}\text{ROA} + \beta_{22}\text{ASSETS}$$
$$+ \beta_{23}\text{PerCapGDP} + \beta_{24}\text{GDP Growth} + \beta_{25}\text{Marketization}$$
$$+ \sum \text{Bond Type} + \sum \text{CRA} + \sum \text{UnderWriter} + \sum \text{Year} + \sum \text{Industry}$$
$$+ \sum \text{Province} + \varepsilon \qquad (5-3)$$

表5-9中Panel A 和Panel B 分别报告了交叉违约条款所设置的债务违约主体范围大小和债务违约种类多少对债券信用利差影响的回归结果。由Panel A 可以看出，WideMainRange 的系数显著大于NarrowMainRange 的系数；由Panel B 可以看出，WideDebtRange 的系数显著大于NarrowDebt-Range 的系数。结果说明，当交叉违约条款设定的债务违约主体范围更大、违约种类更多时，交叉违约制度更容易将同行业、同地区个别违约事件所伴随的违约风险进一步传递到新发债券，从而产生更强的风险放大效应。

表5-9　不同触发情形下交叉违约制度放大违约风险的检验

PanelA：债务违约主体范围		
变量	（1） Spread 同地区	（2） Spread 同行业
NarrowMainRange	0.3111 *** (14.27)	0.3089 *** (14.27)
WideMainRange	0.3222 *** (18.66)	0.3182 *** (18.58)
DefaultProvince	-0.0109 ** (-2.16)	
DefaultIndustry		-0.0427 *** (-7.21)
(β₁) NarrowMainRange × DefaultProvince	0.0158 (0.58)	
(β₂) WideMainRange × DefaultProvince	0.0802 *** (4.00)	

续表

Panel A：债务违约主体范围

变量	(1) Spread 同地区	(2) Spread 同行业
Diff. ($\beta_2 - \beta_1$)	0.0644* [3.80]	
(β_1) NarrowMainRange × DefaultIndustry		0.0263 (1.36)
(β_2) WideMainRange × DefaultIndustry		0.0641*** (4.70)
Diff. ($\beta_2 - \beta_1$)		0.0378* [2.80]
Controls	控制	控制
截距	20.3808*** (67.67)	20.2787*** (67.10)
债券类型、评级机构、主承销商、年度、行业、省份	控制	控制
N	39100	39100
Adj. R^2	0.732	0.733

Panel B：债务违约种类

变量	(1) Spread 同地区	(2) Spread 同行业
NarrowDebtRange	0.3050*** (14.64)	0.2939*** (14.50)
WideDebtRange	0.3283*** (18.51)	0.3304*** (18.64)
DefaultProvince	-0.0116** (-2.32)	
DefaultIndustry		-0.0434*** (-7.38)

续表

PanelB：债务违约种类

变量	(1) Spread 同地区	(2) Spread 同行业
(β₁) NarrowDebtRange × DefaultProvince	-0.0092 (-0.38)	
(β₂) WideDebtRange × DefaultProvince	0.1045 *** (4.96)	
Diff. (β₂ - β₁)	0.1137 *** [13.26]	
(β₁) NarrowDebtRange × DefaultIndustry		0.0274 (1.43)
(β₂) WideDebtRange × DefaultIndustry		0.0668 *** (4.90)
Diff. (β₂ - β₁)		0.0394 * [3.05]
Controls	控制	控制
截距	20.3662 *** (67.67)	20.2745 *** (67.12)
债券类型、评级机构、主承销商、年度、行业、省份	控制	控制
N	39100	39100
Adj. R^2	0.733	0.733

注：方括号中为系数差异检验 F 值，下同。

（3）识别两类具体的风险传染渠道。为进一步证实交叉违约条款会进一步提高投资者感知的风险水平并加深投资者情绪的紧张程度，从而使得交叉违约制度会将同行业、同地区个别违约事件所伴随的违约风险进一步传递到新发债券上。进一步地，本章识别两类具体的风险传染渠道，分别是债券发行人供应链上的债券违约事件和债券发行人所在地区或行业的头部企业发生的债券违约事件，然后考察交叉违约制度是否也会通过这两类具体的风险传染渠道将违约风险进一步传递到新发债券。具体地，第一种具体的风险传染渠道为债券发行人供应链上的债券违约事件，当债券发行人的供应商或客户发生违约时，债券发行人的正常经营可能面临更大的不确定性，这可能导致债券发行人的信用风险变化与其供应商和客户趋于同步，因而交叉违约条款可能更易被触发。此时债券投资者所感知的风险水平进一步提高，在债务求偿时面临的不确定性也更高。第二种具体的风险传染渠道为债券发行人所在地区或行业的头部企业发生的债券违约事件，当债券发行人所处行业或地区的头部企业发生违约时，债券发行人可能受到更大的风险冲击，因而交叉违约条款可能更易被触发。此时债券投资者所感知的风险水平进一步提高，在债务求偿时面临的不确定性也更高。因此，交叉违约制度会将供应链上的债券违约事件和头部企业的债券违约事件所伴随的违约风险进一步传递到新发债券，引起违约风险放大的定价效应。

基于此，本章识别债券发行人披露的供应商或客户是否发生过债券违约[①]，如果债券发行人在债券发行前 90 天，其供应商或客户发生过债券违约，则定义 UpDown 取值为 1，否则为 0。同时，本章识别债券发行人所处行业或地区的头部企业是否发生过债券违约。首先，本章参考刘元春和丁洋（2022）的做法，将各年各企业的营业收入按行业或地区 75 百分位分成两组，75 百分位以上的可视为头部企业。然后，本章以每一只债券的发行日期为起点向前推 90 天，观测这个时间段内同地区和同行业头部企业发生债券违约事件的次数，分别记为 DefaultProvince_Head 和 DefaultIndustry_Head。本章建立如下模型（5-4）检验，模型（5-4）中其他变量定义同模型（5-1）。

$$\text{Spread} = \beta_0 + \beta_1 \text{Cross} + \beta_2 \text{UpDown/DefaultProvince\_Head/DefaultIndustry\_Head} + \beta_3 \text{Cross} \times \text{UpDown/DefaultProvince\_Head/DefaultIndustry\_Head} + \text{Controls} + \varepsilon \quad (5-4)$$

表 5-10 列示了模型（5-4）的回归结果，可以看出，Cross × Up-

---

① 由于年报中企业披露其客户或供应商并非强制性规定，因而该部分仅选取自愿披露其客户或供应商的企业为样本，使得该部分样本量减少。

Down、Cross × DefaultProvince_Head 和 Cross × DefaultIndustry_Head 的回归系数都显著为正，这表明交叉违约制度会将供应链上的债券违约事件、将债券发行人所处行业或地区的头部企业违约事件所伴随的违约风险进一步传递到新发债券，引起违约风险放大的定价效应。

表5-10　交叉违约制度将供应链和头部企业的违约风险进一步传递到新发债券的回归结果

变量	(1) Spread 供应链上下游企业	(2) Spread 同地区头部企业	(3) Spread 同行业头部企业
Cross	0.3129*** (13.27)	0.3317*** (24.61)	0.3242*** (23.59)
UpDown	0.1009** (2.40)		
Cross × UpDown	0.2399** (2.03)		
DefaultProvince_Head		-0.0169** (-2.04)	
Cross × DefaultProvince_Head		0.0722** (2.39)	
DefaultIndustry_Head			-0.0594*** (-5.99)
Cross × DefaultIndustry_Head			0.0712*** (3.59)
Controls	控制	控制	控制
债券类型、评级机构、主承销商、年度、行业、省份	控制	控制	控制
截距	21.0230*** (36.00)	20.3459*** (67.59)	20.3508*** (67.61)
N	11999	39100	39100
adj. R^2	0.752	0.732	0.732

5.4.3 稳健性检验

（1）更换同地区和同行业发生债券违约次数的时间段。前文定义同地区、同行业发生债券违约以每一只债券的发行日期为起点向前推 90 天，并观测这个时间段内同地区、同行业发生债券违约事件的次数（DefaultProvince_90/DefaultIndustry_90）。考虑到企业在发债前的不同时间段内，同地区、同行业发生债券违约事件的次数并不相同，因而本章更换模型（5-1）中企业在发债前同地区和同行业发生债券违约次数的时间段，即以每一只债券的发行日期为起点向前分别推 120、180 和 360 天，并分别观测这些时间段内同地区、同行业发生债券违约事件的次数，依次定义为 DefaultProvince_120/DefaultIndustry_120、DefaultProvince_180/DefaultIndustry_180 和 DefaultProvince_360/DefaultIndustry_360。本章认为，当同行业和同地区发生债券违约事件的时间段距离债券发行时间更近时，债券违约事件对新发债券产生的影响更大，因而交叉违约条款进一步放大和激化债券违约风险的效应会更强。

本章将模型（5-1）中 DefaultProvince_90/DefaultIndustry_90 分别更换为 DefaultProvince_120/DefaultIndustry_120、DefaultProvince_180/DefaultIndustry_180 和 DefaultProvince_360/DefaultIndustry_360 后进行检验，回归结果如表 5-11 中 Panel A 和 Panel B 所示，可以看出，Cross × DefaultProvince_90/Cross × DefaultIndustry_90 的回归系数最大，Cross × DefaultProvince_120/Cross × DefaultIndustry_120、Cross × DefaultProvince_180/Cross × DefaultIndustry_180 和 Cross × DefaultProvince_360/Cross × DefaultIndustry_360 的回归系数依次递减，该结果表明，当债券违约事件发生的时间段距离债券发行时间更近时，交叉违约制度更易将同地区、同行业个别违约事件所伴随的违约风险传递至新发债券，这进一步证明本章的研究结论是稳健的。

表 5-11　更改同地区和同行业发生债券违约次数的时间段

Panel A 更改债券发行前同地区发生债券违约次数的时间段

变量	(1) Spread	(2) Spread	(3) Spread	(4) Spread
Cross	0.3159***	0.3159***	0.3128***	0.2981***
	(22.17)	(21.75)	(20.92)	(18.38)
DefaultProvince	-0.0114**	-0.0143***	-0.0190***	-0.0153***
	(-2.26)	(-3.56)	(-6.13)	(-6.21)
Cross × DefaultProvince_90	0.0653***			
	(3.91)			
Cross × DefaultProvince_120		0.0479***		
		(3.58)		
Cross × DefaultProvince_180			0.0349***	
			(3.47)	
Cross × DefaultProvince_360				0.0266***
				(4.09)
Controls	控制	控制	控制	控制
截距	20.3658***	20.3717***	20.4037***	20.3661***
	(67.64)	(67.65)	(67.70)	(67.65)
债券类型、评级机构、主承销商、年度、行业、省份	控制	控制	控制	控制
N	39100	39100	39100	39100
Adj. R^2	0.732	0.732	0.732	0.732

Panel B 更改债券发行前同行业发生债券违约次数的时间段

变量	(1) Spread	(2) Spread	(3) Spread	(4) Spread
Cross	0.3138***	0.3100***	0.3105***	0.3109***
	(22.32)	(21.83)	(21.57)	(21.28)
DefaultIndustry	-0.0433***	-0.0327***	-0.0326***	-0.0204***
	(-7.31)	(-6.83)	(-9.22)	(-10.11)
Cross × DefaultIndustry_90	0.0542***			
	(4.66)			

续表

Panel B 更改债券发行前同行业发生债券违约次数的时间段

变量	(1) Spread	(2) Spread	(3) Spread	(4) Spread
Cross × DefaultIndustry_120		0.0450 *** (4.83)		
Cross × DefaultIndustry_180			0.0297 *** (4.56)	
Cross × DefaultIndustry_360				0.0151 *** (4.28)
Controls	控制	控制	控制	控制
截距	20.2531 *** (67.02)	20.3121 *** (67.31)	20.2681 *** (67.22)	20.2835 *** (67.38)
债券类型、评级机构、主承销商、年度、行业、省份	控制	控制	控制	控制
N	39100	39100	39100	39100
Adj. R^2	0.732	0.732	0.733	0.733

（2）限定企业发债前的债券违约事件为既在同行业又在同地区的违约事件。前文分别计算债券发行前同地区发生债券违约事件的次数和债券发行前同行业发生债券违约事件的次数。进一步地，本章考察企业新发债券时，与企业所处行业和所处地区均相同的企业发生债券违约，交叉违约条款引起的风险放大效应是否更强。具体地，本章仅考虑企业新发债券时，与企业所处行业和所处地区均相同的企业发生债券违约事件的次数，并定义为 DefaultProvince&ind。本章预期，当企业新发债券时，与企业所处行业和所处地区均相同的企业发生债券违约事件的次数更多，发债企业可能处于更为恶劣和严峻的经营环境之中，交叉违约制度引起的风险放大效应会更强。

本章将模型（5 - 1）中 DefaultProvince/DefaultIndustry 更换为 DefaultProvince&ind 后进行检验，回归结果如表 5 - 12 所示，可以看出 Cross × DefaultProvince&ind 的回归系数比 Cross × DefaultProvince/Cross × DefaultIndustry 的回归系数更大,这表明与新发债企业所处行业和地区均相同的企业发生债券违约时,交叉违约条款引起的风险放大效应更强,从而证明本章的研究结论是稳健的。

表 5–12　企业所处行业和地区均相同时交叉违约条款引起的违约风险放大效应

变量	(1) Spread 同地区	(2) Spread 同行业	(3) Spread 既是同地区又是同行业
Cross	0.3159*** (22.17)	0.3138*** (22.32)	0.3301*** (24.95)
DefaultProvince	-0.0114** (-2.26)		
DefaultIndustry		-0.0433*** (-7.31)	
DefaultProvince&Ind			0.0017 (0.13)
Cross × DefaultProvince	**0.0653*** (3.91)**		
Cross × DefaultIndustry		**0.0542*** (4.66)**	
Cross × DefaultProvince&Ind			**0.1107*** (2.94)**
Controls	控制	控制	控制
截距	20.3658*** (67.64)	20.2531*** (67.02)	20.3926*** (67.67)
债券类型、评级机构、主承销商、年度、行业、省份	控制	控制	控制
N	39100	39100	39100
Adj. R^2	0.732	0.732	0.732

(3) 采用 PSM 方法为附有交叉违约条款的债券匹配特征相似的债券。前文证实了交叉违约制度会将同地区、同行业个别债券违约事件所伴随的

违约风险进一步传递到新发债券，但考虑到附有交叉违约条款的债券与其他债券的基本面信息可能不同，为克服潜在的内生性问题，本章采用 PSM 方法为附有交叉违约条款的债券在相同发行年度匹配特征相似的未附有交叉违约条款的债券（PSM 匹配效果检验见图 5-1 和表 5-13）。结果如表 5-14 所示，Cross×DefaultProvince 和 Cross×DefaultIndustry 的系数分别在第（1）列和第（2）列显著为正。可见，当本章采用 PSM 方法解决选择性偏误时，交叉违约制度仍然会将同行业、同地区个别违约事件所伴随的违约风险进一步传递到新发债券，这再次证明本章研究结论是稳健的。

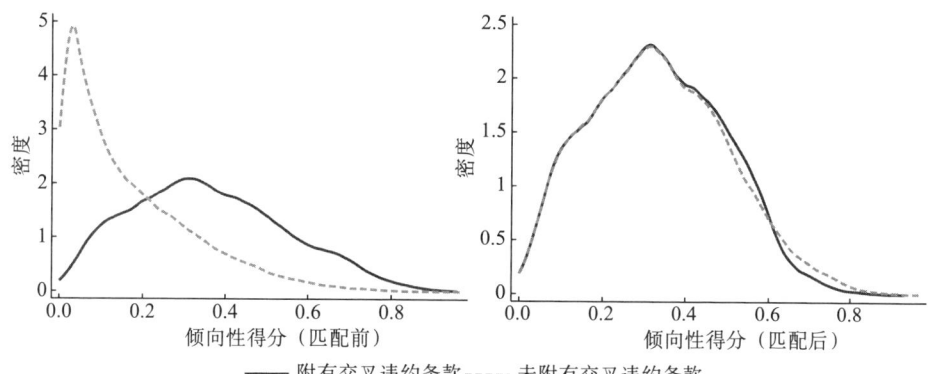

图 5-1　配对前后 PScore 密度分布图

表 5-13　PSM 匹配效果检验

变量	Full Sample			PSM Sample		
	Treated	Control	t 值	Treated	Control	t 值
Rating	3.7234	3.7951	10.6979***	3.7231	3.7184	-0.4785
Maturity	0.1220	0.1974	5.1671***	0.1321	0.1480	0.9051
Proceeds	20.2835	20.5732	32.6438***	20.2936	20.2698	-2.2710**
Guarantee	0.0550	0.0661	3.5830***	0.0591	0.0655	1.5919
Call	0.0396	0.0784	11.9992***	0.0427	0.0443	0.4793
Put	0.1106	0.1347	5.6826***	0.1160	0.1157	-0.0614
LBondIndex	192.7404	193.3281	3.1252***	192.9159	192.8745	-0.1864
LVolatility	1.0701	1.0249	-6.7778***	1.0613	1.0643	0.3397
SOE	0.8648	0.8946	7.5142***	0.8733	0.8724	-0.1578

续表

变量	Full Sample			PSM Sample		
	Treated	Control	t值	Treated	Control	t值
AUD	0.0454	0.1319	21.6437***	0.0486	0.0511	0.6716
LCASH	0.1068	0.1014	-6.6482***	0.1065	0.1070	0.4594
LPPE	0.1341	0.1889	21.4955***	0.1318	0.1274	-1.7027*
LLEV	0.3917	0.3637	-14.9996***	0.3865	0.3850	-0.7202
LROA	0.0143	0.0216	27.1561***	0.0148	0.0147	-0.4658
LSG	0.1291	0.1421	3.8985***	0.1349	0.1333	-0.3619
LAT	0.3674	0.3642	-0.6054	0.3519	0.3499	-0.2772
LASSETS	24.7460	25.0648	19.3934***	24.7285	24.6897	-2.2099**
LPerCapGDP	7.9010	9.1036	27.3335***	8.0806	8.1222	0.7853
LGDPGrowth	6.9801	6.6281	-15.5319***	7.0061	6.9837	-0.9265
LMarketization	7.6553	8.0727	20.2927***	7.7425	7.7717	1.0260
GuarNature	0.1541	0.1785	2.6915***	0.1660	0.1870	1.7210*
ListedFirm	0.1186	0.1966	16.0870***	0.1175	0.1107	-1.2913
Top1	81.5034	80.3414	-3.5186***	82.3272	82.5346	0.4900

表5-14 PSM和熵平衡检验交叉违约制度将债券违约风险进一步传递到新发债券

变量	(1)	(2)	(3)	(4)
	Spread	Spread	Spread	Spread
	PSM		熵平衡	
	同地区	同行业	同地区	同行业
Cross	0.2627***	0.2494***	0.2833***	0.2636***
	(14.81)	(14.13)	(16.77)	(15.58)
DefaultProvince	-0.0266**		0.0145	
	(-2.10)		(1.19)	
DefaultIndustry		-0.0652***		-0.0482***
		(-5.97)		(-4.69)
Cross × DefaultProvince	0.0807***		0.0383**	
	(4.09)		(2.02)	
Cross × DefaultIndustry		0.0826***		0.0624***
		(5.76)		(4.60)

续表

变量	(1)	(2)	(3)	(4)
	Spread	Spread	Spread	Spread
	PSM		熵平衡	
	同地区	同行业	同地区	同行业
Controls	控制	控制	控制	控制
截距	22.7932***	22.7145***	22.4333***	22.2745***
	(38.11)	(37.74)	(40.65)	(40.18)
债券类型、评级机构、主承销商、年度、行业、省份	控制	控制	控制	控制
N	14423	14423	39100	39100
Adj. R^2	0.666	0.667	0.659	0.659

(4) 采用熵平衡法寻找特征相似的债券并对比是否附有交叉违约条款的影响。前文采用 PSM 方法以消除债券基本面信息对债券信用利差的影响。然而，PSM 方法可能会删掉无法匹配的控制组样本，从而损失部分样本信息，且 PSM 方法高度依赖第一阶段 logit 模型的设定。为此，参考 Hainmueller（2012）的做法，本章进一步采用熵平衡法为实验组样本寻找对照组样，以消除债券基本面差异对债券违约风险的影响。结果如表 5-14 第（3）列和第（4）列所示，Cross × DefaultProvince 和 Cross × DefaultIndustry 的回归系数仍然显著为正。该结果表明，当本章采用熵平衡法解决选择性偏误时，交叉违约制度会将同行业、同地区个别违约事件所伴随的违约风险进一步传递到新发债券的研究结论依然是稳健的。

(5) 随机赋予债券发行前同地区和同行业发生债券违约次数的安慰剂检验。前文证实了交叉违约制度会将同行业、同地区个别违约事件所伴随的违约风险进一步传递到新发债券。进一步地，本章采用虚拟债券违约事件发生次数的方法进行安慰剂检验。具体地，本章按以下步骤进行安慰剂检验：第一步，本章从全样本中随机抽取 4945 只债券，并将其债券发行前 90 天内同行业债券违约次数赋值为 1，然后在余下样本中不放回继续随机抽取 1724 只债券，并将其债券发行前 90 天内同行业债券违约次数赋值为2,然后依此类推①。第二步,本章根据所构建的新样本组对主回归模型进行回归。第三步,本章采用自抽样法(Bootstrap)重复500次上述随机过程,从而获得图5-2列示的随机抽样回归系数和p值的分布特征。由图5-2可知,虚拟债券违约事件发生次数后的模拟回归系数分布在0两侧,且回归系数均值远大于基准检验中的回归系数。由此可知,交叉违约制度会将同行业、同地区个别违约事件所伴随的违约风险进一步传递到新发债券的结论依然是成立的。

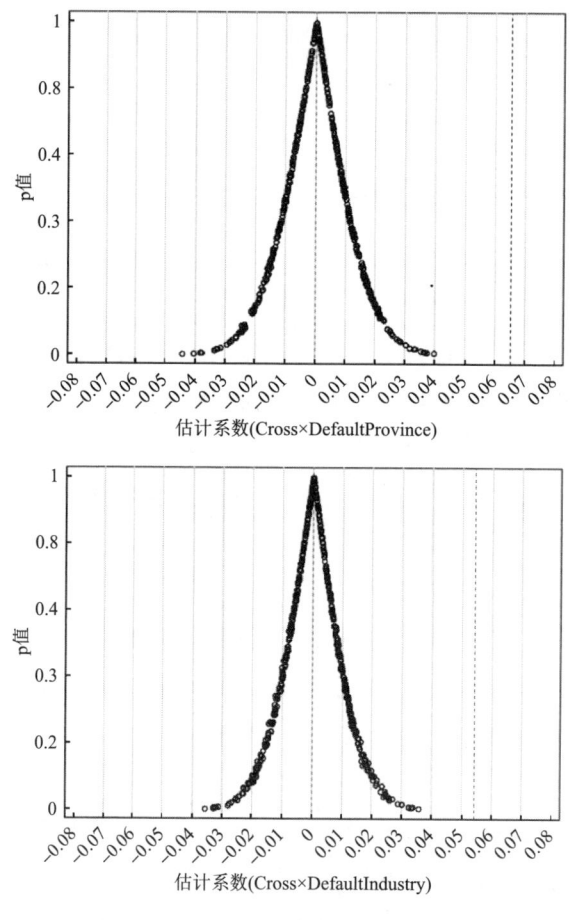

图5-2 安慰剂检验

---

① 本章抽取的样本量与表5-4所统计的债券发行前90天内同地区和同行业发生债券违约次数的真实分布相一致。此外,同地区债券发生违约的次数赋值与这种样本赋值方法相同。

第5章 交叉违约制度与债券市场系统性金融风险

(6) 使用债券发行前相邻地区发生债券违约次数的安慰剂检验。前文证实了交叉违约制度会将同行业、同地区个别违约事件所伴随的违约风险进一步传递到新发债券。如果该结论成立,那么本章将债券发行前同地区的违约次数替换为所有相邻地区违约次数时,应观察到交叉违约制度对相邻地区风险的放大效应不存在。基于此,我们计算债券发行前,债券发行人所在地区其所有相邻地区发生债券违约次数的平均值,并记为 DefaultNeighborProvince,然后根据所构建的新样本组对主回归模型进行回归。回归结果如表5-15所示,可以看出,Cross×DefaultNeighborProvince 的系数不再显著。由此可知,交叉违约制度不会将相邻地区债券违约事件所伴随的违约风险进一步传递到新发债券,而交叉违约制度会将同地区个别违约事件所伴随的违约风险进一步传递到新发债券的结论依然是稳健的。

表 5-15 使用债券发行前相邻地区发生债券违约次数的安慰剂检验

变量	(1) Spread 地区风险 放大效应
Cross	0.3399 ***
	(23.82)
DefaultNeighborProvince	0.0086
	(1.39)
Cross × DefaultNeighborProvince	**0.0050**
	(0.31)
债券层面控制变量	控制
公司层面控制变量	控制
截距	20.3739 ***
	(67.45)
债券类型、评级机构、主承销商、年度、行业、省份	控制
N	39100
Adj. R^2	0.732

（7）删除2016年的样本。前文以债券发行日期从2016年9月8日起选择样本，以确保本章能够识别到全部附有交叉违约条款的债券，从而保证样本的完整性。为进一步获得更稳健和可靠的研究结论，本章删除2016年的样本以确保在交叉违约条款大量运用后，研究结论依然稳健。回归结果如表5-16所示，可以看出，即便剔除2016年的样本，交叉违约制度会将同行业、同地区个别违约事件所伴随的违约风险进一步传递到新发债券上的研究结论依然是稳健的。

表5-16　　　　删除2016年样本的稳健性检验

变量	(1) Spread	(2) Spread
Cross	0.3145*** (22.01)	0.3076*** (21.82)
DefaultProvince	-0.0094* (-1.85)	
DefaultIndustry		-0.0487*** (-8.20)
Cross × DefaultProvince	0.0601*** (3.60)	
Cross × DefaultIndustry		0.0588*** (5.06)
债券层面控制变量	控制	控制
公司层面控制变量	控制	控制
常数项	22.1090*** (63.77)	21.9479*** (63.07)
债券类型、评级机构、主承销商、年度、行业、省份	控制	控制
N	37855	37855
Adj. R^2	0.740	0.741

5.5 进一步分析

5.5.1 异质性分析

（1）区分企业所在地区和行业风险高低。前文所有的实证分析结果均证实了当同地区和同行业发生债券违约时，交叉违约条款会放大投资者感知的信用风险，进而促使投资者对设置交叉违约条款的债券索取更高的溢价以补偿可能的风险损失，那么本章预期，当发债企业本身所在地区和所在行业风险更高时，交叉违约条款引起的风险放大效应更强。具体地，本章识别两个与发债企业本身所在地区和所在行业风险相关的指标，分别是地区失信程度高低和行业是否是重点支持行业。其中，地区失信程度越高表明企业所在地区风险更高，这是因为信任的"连坐机制"可以发挥威慑作用，即外部投资者无法对某一个失信企业进行惩罚，但外部投资者可以对这个失信企业所在当地的所有企业进行惩罚（张维迎和柯荣住，2002）。本章利用最高人民法院公布的失信被执行企业名单数据，对各省份的失信企业数量进行统计，然后将各省份的失信企业数量除以各省份的企业法人数量得到各省份的失信程度排名，排名越高的省份，地区失信程度也越高。此外，企业所在行业属于中央重点支持的行业则表明企业能获得国家更多的政策支持和资源倾斜（王克敏等，2017；张莉等，2019），企业风险更低。本章首先识别出样本区间内《中华人民共和国国民经济和社会发展五年规划纲要》中提及的相关产业，然后将规划中对相关产业未来五年发展的政策态度，分为鼓励、中性和抑制三类，最后将规划中所提及的鼓励类产业拆分为上市公司相关的行业分类并进行判断。

表5-17分别报告了企业所在地区和所在行业风险高和企业所在地区

和所在行业风险低时，交叉违约条款引起的风险放大效应的区别[①]。其中，第（1）列和第（2）列分别为发债企业所在地区失信程度高和所在地区失信程度低的样本，Cross × DefaultProvince 的系数分别显著为正，但组间差异检验结果显示，Cross × DefaultProvince 的回归系数在第（1）列和第（2）列间存在显著差异；第（3）和第（4）列分别为发债企业所在行业是重点支持行业的企业和所在行业不是重点支持行业的企业，Cross × DefaultIndustry 的回归系数在第（4）列显著大于第（3）列。可以看出，当企业所在地区失信程度更高及企业所在行业为非重点支持行业时，交叉违约制度会更易将同行业、同地区个别违约事件所伴随的违约风险进一步传递到新发债券。换言之，交叉违约条款引起的风险放大效应更多发生在风险较高的地区或行业。

表 5-17　区分企业所在地区和行业风险高低检验交叉
违约制度引起的风险放大效应

变量	(1) Spread	(2) Spread	(3) Spread	(4) Spread
	地区传染效应		行业传染效应	
	地区失信程度高	地区失信程度低	重点支持行业	非重点支持行业
Cross	0.4051 ***	0.2720 ***	0.3444 ***	0.3136 ***
	(16.32)	(15.61)	(8.50)	(20.74)
DefaultProvince	-0.0258 **	0.0053		
	(-2.26)	(0.91)		
DefaultIndustry			-0.0300	-0.0440 ***
			(-1.13)	(-7.26)
Cross × DefaultProvince	0.0935 ***	0.0409 **		
	(3.22)	(2.02)		
Cross × DefaultIndustry			-0.1324 ***	0.0690 ***
			(-3.03)	(5.62)

---

① 本章异质性检验中，若涉及地区层面的分组，本章仅验证交叉违约条款引起的地区违约风险放大效应；若涉及行业层面的分组，本章仅验证交叉违约条款引起的行业违约风险放大效应；若分组依据并未明确涉及地区或行业，本章同时验证交叉违约条款引起的地区和行业违约风险放大效应。

续表

变量	(1) Spread	(2) Spread	(3) Spread	(4) Spread
	地区传染效应		行业传染效应	
	地区失信程度高	地区失信程度低	重点支持行业	非重点支持行业
Diff. (1) − (2)/(3) − (4)	0.0526 ** [0.080]		− 0.2014 *** [0.000]	
截距	24.5899 *** (37.56)	19.0971 *** (54.62)	23.2092 *** (27.69)	19.7205 *** (60.96)
Controls	控制	控制	控制	控制
债券类型、评级机构、主承销商、年度、行业、省份	控制	控制	控制	控制
N	11507	27593	5028	34072
Adj. R^2	0.729	0.735	0.826	0.726

（2）区分债券发行时是否设置"事前"类限制性契约条款。前文证明当企业发债前同行业和同地区发生债券违约时，交叉违约条款可能更易被触发，而触发交叉违约条款意味着债券投资者在债务求偿时面临更高的不确定性。因此，若债券投资者在违约未发生的"事前"就对发行人予以限制，则能更好地避免发行人出现道德风险，进而降低投资者感知的信用风险。因此本章预期，相比于那些未设置"事前"类限制性契约条款的债券，设置"事前"类限制性契约条款的债券更可能会降低投资者感知的信用风险，交叉违约条款引起的风险放大效应会减弱。具体地，本章将样本分为事前设置财务指标承诺条款和未设置财务指标承诺条款两组。

表 5 − 18 报告了债券事前设置事先约束类和未设置事先约束类条款，交叉违约条款引起的风险放大效应的区别。可以看出，Cross × DefaultProvince 的系数在第（2）列显著大于第（1）列，Cross × DefaultIndustry 的系数在第（4）列显著大于第（3）列，这表明企业发行债券时未设置财务指标承诺条款就不能对发行人予以限制，因而交叉违约条款引起的风险放大效应更强。

表 5-18 区分交叉违约条款特质性检验交叉违约条款引起的违约风险放大效应

变量	(1) Spread 地区传染效应 事前设置事先约束类条款	(2) Spread 地区传染效应 事前未设置事先约束类条款	(3) Spread 行业传染效应 事前设置事先约束类条款	(4) Spread 行业传染效应 事前未设置事先约束类条款
Cross	0.1060*** (3.23)	0.3775*** (24.22)	0.0940*** (2.93)	0.3669*** (23.86)
DefaultProvince	-0.0209** (-2.05)	-0.0105* (-1.92)		
DefaultIndustry			-0.0143 (-1.45)	-0.0527*** (-7.57)
Cross × DefaultProvince	-0.0399 (-1.00)	0.0621*** (3.45)		
Cross × DefaultIndustry			0.0018 (0.07)	0.0701*** (5.46)
Diff. (1)-(2)/(3)-(4)	-0.1020*** [0.000]		-0.0683*** [0.000]	
截距	18.0822*** (29.06)	21.0105*** (62.33)	18.0756*** (28.95)	20.9092*** (61.85)
Controls	控制	控制	控制	控制
债券类型、评级机构、主承销商、年度、行业、省份	控制	控制	控制	控制
N	9033	30067	9033	30067
Adj. R^2	0.718	0.715	0.718	0.715

（3）区分债券发行时附有交叉违约条款债券的存量债券规模大小。前文证实交叉违约条款会引起风险放大效应，因此，企业新发债券时，企业发行在外的债券中附有交叉违约条款的债券比重越大，债券发行人违约所触发的交叉违约条款也就越多，此时债券发行人就会面临激增的还款压力，导致企业新发债券被按期兑付的概率大大降低。换言之，企业发行在

外的债券中附有交叉违约条款的债券比重越小，更可能会降低投资者感知的信用风险，交叉违约条款引起的风险放大效应也会减弱。具体地，本章以债券发行时间为基准，计算企业新发债券时，附有交叉违约条款的债券其存量债券规模占该企业全部存量债券规模的金额之比，并将债券分为发行时交叉违约条款累积规模大和发行时交叉违约条款累积规模小两组。

表5-19报告了债券发行时交叉违约条款累积规模较大和交叉违约条款累积规模较小时，交叉违约条款引起的风险放大效应的区别。可以看出，Cross×DefaultProvince的系数在第（1）列显著大于第（2）列，Cross×DefaultIndustry的系数在第（3）列显著大于第（4）列，这表明企业新发债券时，企业发行在外的债券中附有交叉违约条款的债券比重越大，交叉违约条款引起的风险放大效应更强。

表5-19 区分交叉违约条款债券存量规模检验交叉违约条款引起的违约风险放大效应

变量	(1) Spread 地区传染效应 累积规模大	(2) Spread 地区传染效应 累积规模小	(3) Spread 行业传染效应 累积规模大	(4) Spread 行业传染效应 累积规模小
Cross	0.0465 (0.66)	0.2910*** (15.17)	0.1039 (1.64)	0.2931*** (15.42)
DefaultProvince	-0.1915*** (-3.36)	-0.0099* (-1.96)		
DefaultIndustry			-0.1389* (-1.81)	-0.0420*** (-6.99)
Cross × DefaultProvince	**0.2327*** (3.91)	0.0423 (1.61)		
Cross × DefaultIndustry			**0.1658*** (2.18)	0.0299* (1.88)
Diff. (1)-(2)/(3)-(4)	0.1904*** [0.000]		0.1359** [0.020]	
截距	27.8140*** (23.13)	19.8336*** (63.85)	27.9701*** (23.07)	19.6835*** (63.17)

续表

变量	(1) Spread	(2) Spread	(3) Spread	(4) Spread
	地区传染效应		行业传染效应	
	累积规模大	累积规模小	累积规模大	累积规模小
Controls	控制	控制	控制	控制
债券类型、评级机构、主承销商、年度、行业、省份	控制	控制	控制	控制
N	4240	34860	4240	34860
Adj. R²	0.692	0.741	0.691	0.741

5.5.2 经济后果分析

（1）来源于信贷关系的经济后果。前文证实交叉违约制度会将同行业、同地区个别违约事件所伴随的违约风险进一步传递到新发债券，从而加剧债券市场系统性金融风险的发生。因此，在以同地区和同行业间债券违约广泛传染所产生的债券市场系统性金融风险中，企业发行附有交叉违约条款的债券，其信贷融资会产生怎样的经济后果？已有研究表明，一旦发债企业发生信贷风险，银行往往会对该企业施加更多的限制措施，比如提高利率、缩短债务期限，以及要求提供更多的抵押品等（Graham 等，2008）。那么在系统性金融风险发生的可能性增大时，信贷类债权人会设法降低其面临的逆向选择风险，降低其对发债企业的信贷期限，以及减少对发债企业的担保意愿，最终也会使得企业发行债券的难度上升。因此，本章应该观察到债券发行人短期借款占比增加①、债券发行期限变短以及债券的担保条款发生减少或没有变化。

基于此，本章进一步检验企业发行附有交叉违约条款的债券时，来源于其信贷关系的经济后果如何。具体地，本章将模型（5-1）中被解释变量依次替换为新发债券短期借款占比、新发债券发行期限和新发债券是否

---

① 债券发行人的短期借款占比 = 短期借款/（短期借款 + 长期借款）。

附有担保重新回归。回归结果如表5-20所示，可以看出，当同行业和同地区违约事件已经发生时，企业发行附有交叉违约条款的债券，企业更不易获得长期稳定的贷款，这表现在债券发行人的短期借款占比增加、新发债券发行期限变短，并且新发行债券较难获得担保。换言之，同行业和同地区的债券违约事件会使得债权人减少对附有交叉违约条款的发债企业的长期信贷融资。

表5-20　　　　　　　来源于信贷关系的经济后果检验

变量	(1) 同地区	(2) 同行业	(3) 同地区	(4) 同行业	(5) 同地区	(6) 同行业
	短期借款占比	短期借款占比	债券发行期限	债券发行期限	新发债券是否附有担保	新发债券是否附有担保
Cross	0.0117***	0.0130***	-0.0206*	-0.0122	0.2127***	0.1581***
	(4.13)	(4.54)	(-1.65)	(-1.01)	(4.31)	(3.10)
DefaultProvince	-0.0012		0.0047		0.0274	
	(-0.82)		(0.59)		(0.98)	
DefaultIndustry		0.0026*		-0.0077		-0.0416**
		(1.90)		(-1.03)		(-2.10)
Cross × DefaultProvince	**0.0096***		-0.0284*		-0.0966	
	(2.75)		(-1.78)		(-1.60)	
Cross × DefaultIndustry		0.0044*		-0.0350***		0.0319
		(1.87)		(-3.07)		(0.94)
Controls	控制	控制	控制	控制	控制	控制
截距	1.1960***	1.2141***	3.6057***	3.5015***	-7.1830***	-7.3023***
	(16.30)	(16.51)	(9.98)	(9.67)	(-5.66)	(-5.70)
债券类型、评级机构、主承销商、年度、行业、省份	控制	控制	控制	控制	控制	控制
N	39100	39100	39100	39100	39100	39100
Adj. R^2	0.592	0.592	0.830	0.830	0.359	0.359

（2）来源于供应链关系的经济后果。前文证实同行业和同地区的债券违约事件会使得债权人减少对附有交叉违约条款的发债企业的长期融资。

进一步地,在以同地区和同行业间债券违约广泛传染所产生的债券市场系统性金融风险中,企业发行附有交叉违约条款的债券,其供应链类借贷会产生怎样的经济后果?具体地,商业信用是指在商品交易中由于延期付款或预收货款所形成的企业间的供应链借贷关系,相当于供应链债权人给予企业的短期融资。商业信用作为一种重要的融资方式,其具体形式包括应付账款、应付票据、预收账款等。

基于此,本章进一步检验企业发行附有交叉违约条款的债券时,来源于其供应链关系的经济后果如何。参考陆正飞和杨德明(2011)的研究,本章以企业应付账款、应付票据和预收账款的总和占企业总资产的比例度量企业商业信用。然后本章将模型(5-1)中被解释变量替换为发债企业的商业信用。回归结果如表5-21所示,可以看出,当同行业和同地区违约事件已经发生时,企业发行附有交叉违约条款的债券,企业更难以获得供应链债权人的商业信用。换言之,同行业和同地区的债券违约事件会使得供应链上的债权人减少这类企业的商业信用。

表5-21　　　　　　来源于供应链关系的经济后果检验

变量	(1)	(2)
	同地区	同行业
	商业信用	
Cross	0.0080***	0.0094***
	(6.99)	(8.22)
DefaultProvince	-0.0000	
	(-0.04)	
DefaultIndustry		-0.0012**
		(-2.37)
Cross × DefaultProvince	-0.0022*	
	(-1.65)	
Cross × DefaultIndustry		-0.0041***
		(-4.88)
Controls	控制	控制

续表

变量	(1)	(2)
	同地区	同行业
	商业信用	
截距	0.1069***	0.0935***
	(3.81)	(3.32)
债券类型、评级机构、主承销商、年度、行业、省份	控制	控制
N	39100	39100
Adj. R^2	0.502	0.503

第6章

完善交叉违约制度的政策建议

6.1 规范交叉违约条款的设置与适用

6.1.1 明确触发条件

交叉违约条款的触发条件是其核心要素之一,直接决定了条款在何种情况下被激活。明确触发条件对于保护投资者利益、维护债券市场稳定具有重要意义。触发条件的设定应基于充分的市场调研和法律论证,确保其合理性和可操作性。触发条件的设定应充分考虑债务人的实际履约能力和市场环境变化。

第一,具体化违约界定。在金融领域,交叉违约条款的触发条件是其核心要素之一,直接决定了条款在何种情况下被激活。具体化违约界定是确保交叉违约条款有效性和可操作性的关键。具体化违约界定有助于减少因条款模糊而导致的法律纠纷和市场不确定性。在交叉违约条款中,违约界定不应仅仅停留在"其他债务违约"这样的宽泛表述上,而应详细列举各种可能构成违约的具体情形。例如,可以进一步细化为未按时支付利息、本金,未按约定用途使用资金,违反财务指标承诺,重大资产处置未经同意,虚假信息披露或隐瞒重要信息等。每一个具体情形都应有明确的定义和判断标准,以便在实际操作中能够迅速识别和判定是否构成违约。

这种具体化界定有助于提高市场的透明度和可预测性。对于投资者而言，明确知晓在何种情况下可以行使交叉违约条款赋予的权利，能够增强其投资信心，减少因信息不对称带来的风险。例如，当债券发行人的其他债务出现未按时支付利息的情况时，投资者可以根据具体化的违约界定条款，迅速评估该事件对其所持债券的影响，并采取相应的措施以保护自身利益。此外，具体化违约界定也有助于监管机构更有效地进行市场监管。监管机构可以根据明确的界定标准，对市场参与者的合规性进行监督和检查，确保交叉违约条款的执行符合法律法规的要求。这不仅有助于保护投资者权益，还有助于维护整个债券市场的稳定和健康发展。

第二，设置合理金额门槛。设置合理金额门槛是交叉违约条款设计中的另一个关键环节。金额门槛的设定应基于对市场风险的审慎评估和对各类债券特点的深入分析。合理的金额门槛能够在平衡投资者保护与企业正常融资需求之间发挥重要作用。若金额门槛设置过低，可能会导致交叉违约条款过于容易被触发，从而影响企业的正常经营和融资活动。相反，若金额门槛设置过高，则可能无法及时有效地保护投资者的利益。在设定金额门槛时，应充分考虑不同债券类型、信用等级和发行规模的差异。例如，对于高信用等级的大型企业债券，由于其违约风险相对较低，可以设定较高的金额门槛；而对于信用等级较低的中小企业债券，则应适当降低金额门槛，以增强投资者的保护力度。同时，金额门槛的设置还应参考国际标准和行业惯例，以确保我国债券市场的竞争力和国际化水平。动态调整机制是确保金额门槛合理性的必要手段。随着市场环境和企业经营状况的变化，原有的金额门槛可能不再适应新的情况。因此，监管机构应定期对金额门槛进行评估和调整，以反映市场的真实风险水平。例如，在经济下行期间，企业面临的经营压力增大，违约风险上升，此时可以适当降低金额门槛，以加强对投资者的保护；而在经济繁荣时期，则可以适当提高金额门槛，以避免条款被过度触发，影响企业的正常融资。

第三，增加触发条件灵活性。交叉违约条款的触发条件应具备一定的灵活性，以适应不同市场环境和企业个体差异。尽管具体化违约界定和合理金额门槛的设置能够为交叉违约条款提供清晰的框架，但在实际操作中，市场情况和企业经营状况千差万别，难以完全预见所有可能影响偿债能力的因素。因此，引入灵活性机制，允许在特定情况下对触发条件进行合理调整，是确保交叉违约条款有效应对复杂市场环境的必要措施。这种灵活性可以通过多种方式实现。例如，引入主观判断因素，允许债券持有人会议或受托管理人根据发行人的财务状况、市场环境变化等因素，对触发条件进行适度调整。当企业因不可抗力因素（如自然灾害、全球经济危机等）导致暂时性财务困难时，持有人会议可权衡利弊，适度放宽触发条件，给予企业一定的缓冲期，以支持其恢复正常经营。此外，在条款设计中设置弹性条款，允许在特定情况下豁免触发交叉违约条款，也可以增加灵活性。例如，对于一些对企业发展具有战略意义的重大投资项目，尽管可能在短期内增加企业的债务负担，但如果该项目预期能够显著提升企业的长期竞争力和盈利能力，经持有人会议同意，可以豁免因该项目导致的交叉违约条款触发。需要注意的是，增加触发条件的灵活性并不意味着削弱条款的约束力，而是在确保条款基本功能的前提下，更好地平衡各方利益。因此，在增加灵活性的同时，必须建立健全相应的监督和决策机制，确保调整触发条件的过程公开、透明、公正，防止滥用灵活性条款而导致投资者利益受损。例如，可以规定调整触发条件的决策需经过一定比例的债券持有人同意，并由独立的第三方机构进行评估和监督。

6.1.2 限定适用范围

第一，区分债务类型和市场层级。在交叉违约制度中，区分债务类型和市场层级是确保其合理应用的重要基础。债务类型多样，包括短期融资券、中期票据、企业债、公司债等，每种债务在发行目的、偿还期限、风险特征等方面存在显著差异。短期融资券通常用于企业短期资金周转，期限较短，风险相对较高；而中期票据和企业债则用于中长期资金需求，期限较长，风险相对较低；公司债则根据公司具体情况和市场环境而定。交叉违约条款的适用范围应充分考虑这些差异，避免因条款的不合理应用而影响企业的正常融资活动。市场层级的差异同样不可忽视。银行间债券市场和交易所债券市场是我国债券市场的两个主要组成部分。银行间市场参与者主要是金融机构等专业投资者，具有较强的市场分析和风险承受能力；而交易所市场则面向更广泛的投资者群体，包括个人投资者。交叉违约条款在不同市场层级的应用应根据参与者的风险认知和承受能力进行调整。在银行间市场，由于投资者的专业性较强，交叉违约条款可以相对复杂和严格，以便更有效地保护投资者利益；而在交易所市场，则需要更加注重条款的透明度和易懂性，确保普通投资者能够理解和运用。在国际经验方面，美国债券市场的做法值得借鉴。美国债券市场根据债务类型和市场层级的不同，制定了差异化的交叉违约条款。例如，高收益债券（垃圾债券）由于其高风险特性，交叉违约条款通常更为严格，触发条件相对简单，且违约金额门槛较低；而投资级债券则相对宽松。我国可以结合自身市场特点，参考国际经验，制定适合我国国情的交叉违约条款适用规则。

第二，分行业制定适用规则。分行业制定交叉违约条款适用规则是考虑到不同行业的经营特点和风险状况。房地产行业是资金密集型行业，开发周期长、资金回收慢，企业通常背负巨额债务。在房地产市场波动较大时，如房价下跌、销售不畅等情况，企业容易出现资金链紧张甚至断裂的风险。因此，交叉违约条款在房地产行业的应用应更加谨慎。例如，可以适当放宽触发条件，给予企业一定的缓冲期，以应对市场波动带来的短期困难。同时，应加强对房地产企业资金用途的监管，确保其合理使用资金，防范资金被挪用或滥用。制造业是国民经济的支柱产业，涵盖众多子行业，如机械制造、电子信息、化工等，各子行业的经营特点和风险状况差异较大。对于技术密集型的电子信息制造业，企业的核心竞争力在于技术研发和创新能力，资金需求主要用于研发和设备更新。交叉违约条款在该行业的应用应注重对企业的技术研发投入和创新能力的评估，避免因短期财务指标波动而触发交叉违约条款，影响企业的持续创新能力。可以设置一些与技术研发相关的豁免条款，如允许企业在研发投入占比较高时，适当放宽财务指标的限制。零售行业是劳动密集型行业，企业通常具有较轻的资产结构，但需要大量资金用于存货采购和日常运营。在经济下行期间，零售企业面临的主要风险是销售额下降和存货积压，这可能导致企业资金周转困难。交叉违约条款在零售行业的应用应充分考虑这些特点，设置合理的触发条件，如将存货周转率等运营指标纳入考量范围。当企业存货周转率低于一定水平时，触发交叉违约条款，促使企业采取措施改善运营状况。金融行业是高杠杆行业，银行、证券等金融机构的业务具有高风险、高收益的特征。交叉违约条款在金融行业的应用应更加严格，以防范系统性金融风险。例如，金融机构的资本充足率是衡量其风险承受能力的重要指标。当金融机构的资本充足率低于监管要求时，应及时触发交叉违约条款，限制其业务扩张，确保其风险可控。

第三，考虑宏观经济因素。考虑宏观经济因素是确保交叉违约条款合理应用的重要方面。构建宏观经济因素监测体系是实现这一目标的关键。选取GDP增长率、通货膨胀率、失业率、利率水平等关键指标，设定合理的阈值。当GDP增速放缓、通货膨胀率上升、失业率增加或利率大幅波动时，这些指标的变化可能反映出经济运行中的不稳定因素，影响企业的经营和偿债能力。例如，GDP增长率是衡量经济增长的重要指标，当GDP增速低于一定水平时，可能意味着市场需求不足，企业销售额下降，进而影响其偿债能力。此时，可以适当放宽交叉违约条款的触发条件，给予企业一定的缓冲期，以应对经济下行带来的压力。交叉违约条款的触发条件应具有一定的弹性，能够根据宏观经济环境的变化进行动态调整。在经济繁荣时期，企业经营状况良好，偿债能力较强，可以适当提高触发条件的严格程度，以加强对投资者的保护；而在经济衰退时期，则应适当放宽触发条件，避免因条款的过度触发而导致企业资金链断裂，加剧经济衰退。例如，在经济繁荣时期，可以将触发条件设定为其他债务违约金额达到企业总资产的一定比例；而在经济衰退时期，则可以提高这一比例，给予企业更多的喘息空间。与宏观经济政策相协调是确保交叉违约条款合理应用的重要保障。货币政策和财政政策是调节宏观经济的重要手段。在货币政策宽松时期，市场资金充裕，利率较低，企业的融资成本下降，偿债压力相对较小。此时，交叉违约条款的触发条件可以适当严格一些，以加强对投资者的保护；而在货币政策紧缩时期，市场资金紧张，利率上升，企业的融资成本增加，偿债压力加大，应适当放宽触发条件，以支持企业的发展。财政政策同样对企业的经营和偿债能力产生重要影响。例如,政府实施大规模减税降费政策,可以减轻企业的负担,增强其偿债能力,此时交叉违约条款的触发条件可以相应调整。

6.1.3 合理界定主体范围

第一,以股权关系和财务整合程度为依据。在交叉违约制度中,合理界定主体范围是确保条款有效性和公平性的关键环节。以股权关系和财务整合程度为依据进行界定,能够更准确地反映企业集团内部的风险关联性和控制力。通常情况下,当母公司对子公司的持股比例超过50%时,表明母公司对子公司拥有实际控制权,此时子公司应被纳入交叉违约条款的主体范围。这是因为母公司对子公司的经营决策和财务状况具有决定性影响,子公司出现债务违约时,母公司往往难以独善其身,其自身债务的安全性也会受到威胁。此外,财务整合程度也是界定主体范围的重要考量因素。如果母公司对子公司实施了全面的财务整合,如统一的资金管理、预算编制和财务报表合并等,那么子公司与母公司之间的财务依存度较高,风险传导的可能性也更大。在这种情况下,无论持股比例是否超过50%,都应将子公司纳入交叉违约条款的主体范围。例如,在一些大型企业集团中,母公司通过设立内部财务公司对集团内资金进行集中管理。子公司在日常经营中的资金收付和信贷活动都需要通过财务公司进行,这种高度的财务整合使得母子公司之间的财务风险紧密相连。一旦某个子公司出现债务违约,可能会迅速引发母公司及其他子公司的资金链紧张甚至违约。在实际操作中,对于股权关系和财务整合程度的判断需要结合企业的组织架构、公司章程、内部管理制度等多方面信息进行综合分析。对于一些股权结构复杂的集团企业,可能需要借助专业的财务顾问和法律顾问的协助,以确保主体范围界定的准确性和合理性。

第二,动态调整主体范围。交叉违约条款的主体范围不应是一成不变的,而应根据企业经营过程中的股权变动、业务调整、子公司设立或注销等动态情况及时进行调整。动态调整机制有助于确保交叉违约条款始终能够准确反映企业集团的实际风险状况，避免因主体范围的不合理界定而导致投资者利益受损或企业融资受阻。企业应建立完善的内部监测和报告系统，实时跟踪子公司股权结构和业务经营的变化情况。当发生可能导致主体范围变化的重大事项时，如母公司对子公司的持股比例发生变化、子公司之间进行合并或分立、子公司新增重大债务或处置重要资产等，应及时启动主体范围的重新评估程序。根据评估结果，对交叉违约条款中的主体范围进行相应的调整，并及时向投资者和监管机构进行信息披露。监管机构也应加强对企业动态调整主体范围的监督和指导。制定明确的调整标准和程序，要求企业在进行主体范围调整时遵循公开、透明、公正的原则。对于未按规定进行调整或利用调整机制进行不当利益输送的企业，应依法予以处罚，以维护市场秩序和投资者的合法权益。例如，当企业集团中的某个子公司因战略转型而逐渐剥离与母公司核心业务相关的资产和业务，导致母公司对其控制力减弱，此时应及时将其从交叉违约条款的主体范围中剔除。反之，当母公司新设或收购了一个与自身业务紧密相关且财务依存度较高的子公司时，则应及时将其纳入主体范围。

第三，引入第三方评估机构。为了提高交叉违约条款主体范围界定的客观性和公正性，引入独立的第三方评估机构是必要的。这些专业评估机构应具备丰富的财务、法律和行业知识，能够运用科学的评估方法和模型，对发行人与子公司之间的股权关系、财务整合程度、业务关联性等进行深入分析和准确评估。评估机构在开展评估工作时，应遵循独立、客观、公正的原则，不受企业或任何其他利益相关方的干扰。在评估过程中，应充分收集和分析企业的财务报表、审计报告、公司章程、内部管理制度、业务流程等多方面信息，必要时还可以对企业的管理层和相关业务人员进行访谈，以获取更全面、准确的评估依据。评估机构应定期对企业集团的主体范围进行重新评估，以确保其与企业实际情况保持一致。评估结果应及时向发行人、投资者和监管机构进行披露，为各方提供重要的决策参考。对于在评估过程中发现的可能影响主体范围界定的重大问题，评估机构应及时向相关方发出预警，并提出相应的调整建议。例如，评估机构可以通过对企业集团内部资金流动的分析，评估母公司与子公司之间是否存在资金拆借、担保等财务往来行为，以及这些行为的规模和频率是否足以构成财务整合。同时，还可以通过对子公司业务活动的分析，判断其与母公司业务的关联性和依赖程度，从而为确定主体范围提供更全面、准确的依据。通过引入第三方评估机构，可以增强交叉违约条款主体范围界定的权威性和可信度，减少企业与投资者之间的信息不对称，提高市场的透明度和效率，促进债券市场的健康发展。

6.2 完善交叉违约条款的配套措施

6.2.1 保障债券持有人会议决议的法律效力

第一，明确法律地位。债券持有人会议作为债券持有人表达集体意志、维护自身权益的关键平台，其决议的法律效力直接关系到投资者权益的实现与债券市场的稳定。目前，我国相关法律法规对债券持有人会议的法律地位规定不够明确，导致在实践中，持有人会议决议的执行往往面临诸多障碍。立法部门应尽快在《证券法》《公司法》或专门的《债券法》中，对债券持有人会议的法律地位进行明确界定。应明确规定债券持有人会议为债券持有人的最高权力机构，在债券存续期间，对涉及债券持有人重大利益的事项，如交叉违约条款的触发、债券违约处置方案的制定等，拥有最终决策权。持有人会议依法作出的决议，对所有债券持有人、发行人以及其他相关方具有法律约束力，任何单位和个人不得擅自变更或撤销。最高人民法院可通过发布司法解释，为债券持有人会议决议在司法实践中的适用提供具体指导。明确持有人会议决议与法院判决、仲裁裁决之间的衔接机制，确保持有人会议决议在司法程序中能够得到优先认可和执行。当发行人或其他相关方拒不执行持有人会议决议时，持有人有权依据司法解释，直接向人民法院申请强制执行，无须再经过烦琐的诉讼或仲裁程序。

第二，规范会议召集程序。规范债券持有人会议的召集程序是确保会议合法有效、决议具有公信力的重要基础。监管机构应制定统一的《债券持有人会议规则》，对会议召集的各个环节进行详细规范。会议召集人应为债券的受托管理人或持有一定比例债券的持有人。召集人应在会议召开前至少30个工作日，向所有债券持有人发出书面通知。通知内容应包括会议的具体时间、地点、议程、提案内容及背景资料等详细信息。债券持有人有权在收到通知后一定期限内，对提案内容提出异议或建议。会议的召开应达到法定的最低参会人数或债券持有比例要求，否则会议无效。对于未能出席会议的持有人，应提供便捷的书面或电子投票方式，确保其表决权得到充分行使。在会议进行过程中，应详细记录会议的讨论过程和表决结果，并由参会代表签字确认。会议结束后，召集人应在规定时间内将会议决议及相关资料向监管机构备案，并及时向全体持有人公告。对于违反会议召集程序的行为，监管机构应规定明确的处罚措施。召集人未按规定程序召集会议的，监管机构可责令其重新召集，并对相关责任人处以警告、罚款等处罚。因程序违法导致持有人权益受损的，召集人应承担相应的民事赔偿责任。

第三，强化决议执行监督。强化对债券持有人会议决议执行的监督是确保持有人权益落地生根的关键环节。发行人应将持有人会议决议的执行纳入公司内部治理的重要议程。发行人董事会或管理层应在决议通过后一定期限内，制定详细的执行计划，并向持有人会议报告。执行计划应明确各项任务的责任人、时间表和具体措施，确保决议得到不折不扣的落实。监管机构应建立持有人会议决议执行的跟踪监测机制。定期检查发行人对决议的执行情况，并要求发行人及时报送执行进展报告。对发现的问题，及时发出监管问询函，要求发行人限期整改。引入独立的第三方监督机构对发行人执行持有人会议决议的过程进行监督。监督机构可由持有人会议授权，定期对发行人的执行情况进行评估，并向持有人会议和监管机构提交评估报告。当发行人拒不执行持有人会议决议时，赋予债券持有人或受托管理人向监管机构申请强制执行的权利。监管机构可依法采取限制发行人融资、暂停其业务活动等措施,直至其履行决议义务。对因拒不执行决议给持有人造成损失的,持有人有权要求发行人承担民事赔偿责任,构成犯罪的,依法追究刑事责任。

6.2.2 完善发行人财产保全制度

第一,构建动态监测体系。构建动态监测体系是完善发行人财产保全制度的重要环节,通过实时追踪发行人的资产和资金流动状况,能够及时发现潜在风险,为债券持有人提供有力保障。发行人应配合监管机构与受托管理人,搭建涵盖主要资产和资金流向的动态监测体系。该体系应整合企业的财务信息系统、银行账户信息以及重大资产的登记和变动记录,确保数据的全面性和实时性。动态监测体系的核心功能在于对发行人的资金流向进行实时监控,设置关键节点和预警阈值。例如,当单笔资金划转金额超过企业净资产的一定比例,或者企业核心资产面临被查封、冻结、拍卖等风险时,系统应自动触发预警机制。预警机制一旦启动,应立即向债券持有人、受托管理人以及监管机构发送详细警报,包括风险事件的性质、涉及金额、可能影响等关键信息。同时,发行人应承担主动报告的义务,及时向市场披露相关信息,确保投资者能够迅速掌握企业的财务动态。为了确保监测体系的有效运行,监管机构应制定统一的监测标准和技术规范,要求发行人采用符合规范的信息系统,并定期对监测数据进行审计和验证。通过这种全面且严谨的动态监测体系,能够最大程度地降低信息不对称风险,为债券持有人提供及时、准确的信息支持。

第二,赋予持有人财产调查权。赋予债券持有人或受托管理人合理的财产调查权,能够增强其对发行人财产状况的了解,及时发现潜在风险。持有人或其委托的专业机构有权在有合理怀疑时,对发行人的财产状况进行深入调查。调查范围应包括但不限于发行人的不动产、股权、知识产权等重要资产的登记情况,以及银行账户、资金往来记录等关键财务信息。为了确保调查的顺利进行,相关法律法规应明确规定发行人在接受调查时的配合义务,包括及时提供所需的文件和信息,接受询问等。对于拒不配合调查的发行人,监管机构可依法采取包括警告、罚款、限制融资等在内的监管措施,以维护持有人的合法权益。在具体操作中,持有人或受托管理人应遵循一定的程序规范,避免滥用调查权。这包括在调查前提交书面申请,说明调查的理由和范围,获得监管机构的批准后方可实施。同时,为保护发行人的商业秘密和合法权益,调查应在必要范围内进行,调查结果仅供持有人会议或相关监管程序使用,不得随意泄露给无关方。通过这种制度安排,可以在保护持有人权益和尊重企业商业秘密之间实现平衡,同时增强债券市场的透明度和公信力。

第三,建立财产保全应急机制。建立财产保全应急机制是应对发行人财产面临突发风险时的关键措施,能够确保在紧急情况下迅速采取行动,防止损失扩大。发行人应制定详细的财产保全应急预案,明确在不同风险情境下的应对措施。当监测系统或持有人调查发现发行人财产面临重大风险时,发行人应立即启动应急机制。具体措施包括但不限于冻结相关银行账户、查封涉事资产、暂停可能损害持有人利益的业务活动等。同时,发行人应及时向监管机构和持有人披露应急处置的详细情况,包括采取的措施、预计的影响以及后续的解决方案。监管机构在财产保全应急机制中扮演着不可或缺的角色。应建立快速反应通道,确保在接到发行人或持有人的应急报告后,能够在最短时间内启动监管程序。对于违反财产保全规定、故意转移、隐匿资产的发行人,监管机构应依法采取严厉的处罚措施,包括高额罚款、市场禁入等。同时,监管机构应积极推动司法机关介入,在必要时申请法院对发行人的财产进行保全,确保持有人的求偿权得到实现。通过这种多层次、多维度的财产保全应急机制,可以在最大程度上降低债券违约风险,维护债券市场的稳定运行。

6.2.3 引入交叉违约条款专业评估机制

第一,建立专业评估机构。建立专业评估机构是确保交叉违约条款科学合理设置的关键环节。监管机构应牵头组织成立专业的交叉违约条款评估机构,成员涵盖法律、金融、财务、行业分析等多个领域的专家。这些专家应当具备深厚的理论功底和丰富的实践经验，能够在复杂多变的市场环境中准确把握交叉违约条款的风险特征和潜在影响。评估机构应具备独立性和权威性，其运作不受任何一方利益主体的干扰，以确保评估结果的客观公正。独立性是评估机构的灵魂，只有保持独立，才能确保评估结果不受发行人、投资者或其他市场参与者的影响。评估机构的经费应由监管机构或行业协会统一筹集，避免因资金来源问题而影响其独立性。同时，为了确保评估机构的权威性，监管机构应赋予其相应的法律地位和职责，使其评估结果能够得到市场参与者的广泛认可和尊重。评估机构的职责是全面、深入地评估交叉违约条款的设置是否合理、风险水平是否可控、对债券市场的影响是否积极等。具体而言，评估机构需要综合考量交叉违约条款的触发条件是否明确、主体范围界定是否准确、处置措施是否得当等因素。在实际操作中，评估机构应制定详细的工作流程和标准，确保评估工作的规范化和标准化。例如，评估机构可建立一套完整的评估指标体系，包括触发条件的合理性指标、主体范围的准确性指标、处置措施的合法性指标等，通过定量分析与定性分析相结合的方式，对交叉违约条款进行全面评估。

第二，规范评估流程。规范评估流程是确保交叉违约条款评估质量的重要保障。评估机构应制定详细的评估流程规范，明确从评估准备到报告撰写等各个环节的操作细则。评估准备阶段，评估机构应充分收集与交叉违约条款相关的各类信息，包括债券发行文件、发行人财务报表、行业研究报告等。同时，评估机构还应与发行人、受托管理人、投资者等市场参与者进行沟通交流，了解各方对交叉违约条款的看法和意见。沟通交流的方式可以多样化，如召开座谈会、发放调查问卷、进行个别访谈等，以确保评估机构能够全面了解市场参与者的需求和关切。现场考察是评估过程中不可或缺的一环。评估人员应深入发行人企业，对其经营状况、财务状况、内部控制等进行实地考察。通过与企业管理层的面对面交流，评估人员可以获取第一手资料，更准确地判断交叉违约条款设置的合理性和可行性。实地考察的重点应包括企业的主要生产经营场所、财务部门、内部审计部门等，评估人员应详细查看企业的财务管理制度、资金运作流程、风险控制机制等，以评估交叉违约条款对企业正常经营可能产生的影响。在风险评估阶段，评估人员应运用科学的评估方法，对交叉违约条款可能引发的风险进行全面分析。常见的评估方法包括定性分析法、定量分析法、案例分析法等。定性分析法主要通过对市场环境、行业发展趋势、企业经营状况等因素的分析，判断交叉违约条款的风险特征；定量分析法则借助数学模型和统计工具，对交叉违约条款的触发概率、风险损失等进行量化评估；案例分析法则是通过对类似案例的深入研究，总结经验教训，为当前评估提供参考借鉴。评估机构应根据具体情况，灵活选择和组合运用这些评估方法，以提高评估结果的准确性和可靠性。评估报告撰写阶段，评估机构应按照统一的格式和内容要求，撰写详细的评估报告。报告内容应包括交叉违约条款的评估背景、评估目的、评估方法、评估结果、评估建议等部分。评估报告应语言简洁明了、逻辑严谨清晰、数据准确翔实，能够为市场参与者提供有价值的参考和决策依据。评估报告完成后，应提交给监管机构进行备案，并及时向市场参与者公开披露，接受社会监督。

  第三，强化评估结果应用。强化评估结果的应用是确保交叉违约条款专业评估机制发挥实效的重要环节。发行人应将评估报告作为债券发行文件的必备内容，向投资者充分披露交叉违约条款的设置情况、风险特征及可能产生的影响。同时，发行人应根据评估结果，对交叉违约条款进行优化和完善，确保条款的合理性和可行性。此外，发行人还应定期对交叉违约条款的执行情况进行自我评估，并将评估结果向市场参与者进行披露，以增强市场透明度。监管机构应将评估结果作为重要参考依据，加强对交叉违约条款的监管力度。对于评估结果表明存在较高风险的交叉违约条款，监管机构应要求发行人进行限期整改，并对整改情况进行跟踪检查。同时，监管机构还应根据评估结果，及时调整和完善相关监管政策和制度，不断提高监管的科学性和有效性。例如，如果评估结果显示某一行业的交叉违约条款普遍存在设置不合理的问题，监管机构可以针对该行业制定专门的监管指引，规范交叉违约条款的设置和应用。评估结果的应用还应延伸到司法领域。在债券违约纠纷的司法实践中，司法机关可以参考评估机构的专业意见，对交叉违约条款的效力和适用进行判断。这有助于提高司法裁判的公正性和准确性,维护市场秩序和投资者合法权益。例如,当投资者与发行人在交叉违约条款的触发条件、处置措施等问题上发生争议时,司法机关可以委托专业的评估机构对相关条款进行评估,并结合评估结果作出公正合理的裁决。为了确保评估结果得到充分应用,评估机构应建立定期跟踪和反馈机制。定期对已评估的交叉违约条款进行跟踪监测,及时了解条款的执行情况和市场反应,并将跟踪结果向市场参与者进行反馈。通过这种动态跟踪和反馈机制,评估机构能够及时发现交叉违约条款在实际应用中出现的新问题、新情况,为持续优化评估工作提供实践依据。

6.3 加强对交叉违约条款的监管力度

6.3.1 强化信息披露监管

第一,细化披露内容与标准。在债券市场中,信息披露是投资者了解发行人财务状况和经营成果的重要途径,也是债券市场健康发展的重要保障。为了使投资者能够全面、准确地了解交叉违约条款的相关信息,监管机构应细化交叉违约条款的信息披露内容与标准。发行人应当在募集说明书和定期报告中,详细披露交叉违约条款的具体内容,包括触发条件、主体范围、处置措施等关键要素。发行人应披露交叉违约条款在不同情形下的实际应用案例,以便投资者更好地理解条款的实际意义和潜在影响。可以引入标准化的信息披露模板,规定发行人必须按照模板要求,逐项填写和披露交叉违约条款的相关信息,从而提高披露内容的完整性和可比性。同时,监管机构应当定期更新和细化披露标准,以适应市场的发展和变化。

第二,加强披露违规处罚。为了确保交叉违约条款信息披露的真实性和完整性，监管机构必须加大对披露违规行为的处罚力度。监管机构应建立专门的信息披露违规举报渠道，鼓励市场参与者和社会公众对违规行为进行监督和举报。对于举报查实的违规行为，给予举报人适当的奖励，以提高社会监督的积极性。监管机构应当与司法机关建立紧密的合作机制，对于涉嫌犯罪的信息披露违规行为，及时移交司法机关追究刑事责任。通过刑事处罚的威慑作用，有效遏制严重的披露违规行为。此外，监管机构可以建立信息披露违规的信用记录制度，将违规行为记入发行人的信用档案，并向社会公开。在一定期限内限制其市场融资活动，如暂停其新债发行、限制其股票增发等，从而增加其违规成本。

第三，构建信息披露监管协作机制。信息披露监管涉及多个部门和机构，仅靠单一监管主体难以实现对信息披露的有效监管。构建信息披露监管协作机制是提高监管效率和效果的关键。监管机构之间应建立定期的信息共享会议制度，每季度或每月召开一次，由主要监管机构牵头，各相关部门参加，共同讨论信息披露监管中发现的问题和解决方案。监管机构可以联合开展对发行人信息披露的现场检查和非现场监管活动，整合各方资源，形成监管合力。对于重大信息披露违规案件，可以成立联合调查小组，共同进行调查取证，提高执法效率。通过签订监管合作协议或备忘录的方式，明确各监管机构在信息披露监管中的职责分工和协作方式，避免出现监管重叠或监管空白的情况。同时，建立信息披露监管的协调机构或指定牵头监管机构，负责统筹协调各方面的监管工作，确保监管协作机制的顺畅运行。

6.3.2 建立条款设置合规性审查机制

第一，设立审查标准。在债券市场中，交叉违约条款的合规性审查标准是确保其合法性和合理性的关键。监管机构应制定明确且全面的审查标准，为企业和市场参与者提供清晰的指引。这些标准应涵盖交叉违约条款的多个方面，包括触发条件的合理性、主体范围的准确性、处置措施的合法性等。触发条件的合理性审查应关注条款是否基于充分的市场调研和法律论证，确保其能够真实反映债务人的履约能力和市场环境变化。主体范围的准确性审查则需确保交叉违约条款所涉及的主体界定清晰，避免因主体范围模糊而导致的法律纠纷。此外，处置措施的合法性审查至关重要。监管机构应确保交叉违约条款中规定的处置措施符合相关法律法规的要求，不会损害其他市场参与者的合法权益。例如，加速到期条款的设置应合理确定宽限期，确保发行人有足够的时间来采取补救措施。审查标准应明确规定，交叉违约条款的设置不得违反公平原则，不得包含不公平的格式条款。监管机构应定期对审查标准进行更新和完善，以适应市场的发展和变化，确保持审标准的有效性和适用性。

第二，实施专项审查。对已发行债券交叉违约条款设置合规性的专项审查，是及时发现并纠正违规条款设置行为的重要手段。监管机构应定期组织专业团队，对市场上已发行债券的交叉违约条款进行全面梳理和审查。专项审查团队应由法律、金融、财务等多领域的专家组成，确保审查工作的专业性和权威性。审查过程中，应重点关注交叉违约条款是否存在触发条件过于宽泛、主体范围界定不清、处置措施不合理等问题。对于发现的问题，监管机构应及时要求发行人进行整改，并跟踪整改进度，确保问题得到彻底解决。同时，监管机构应建立专项审查档案，详细记录每次审查的过程、发现的问题以及整改情况，以便日后查阅和分析。新发行债券的交叉违约条款合规性审查应纳入注册发行审核的重点关注内容。在债券注册发行阶段，监管机构对交叉违约条款的合规性进行严格审核，从源头上杜绝违规条款的出现。对于不符合审查标准的债券发行申请，监管机构应要求发行人进行修改和完善，直至符合要求后方可批准发行。

第三，强化违规处置。对交叉违约条款设置违规的发行人实施有效的监管措施，是维护市场秩序和投资者合法权益的重要保障。监管机构应建立一套完善的违规处置机制，对违规发行人进行严厉处罚，以起到威慑作用，防止类似违规行为再次发生。监管机构应根据违规行为的性质和严重程度，灵活运用多种监管措施，如监管谈话、出具警示函、罚款等。对于情节严重的违规行为，监管机构可限制发行人的融资活动，如暂停其新债发行、禁止其进行再融资等，直至其完成整改。同时，监管机构应建立违规行为的公示制度,将发行人的违规行为及其处罚结果向社会公开,接受公众监督。对于因交叉违约条款设置违规而导致投资者损失的,监管机构应支持投资者通过法律途径维护自身权益,要求发行人承担相应的民事赔偿责任。这不仅有助于补偿投资者的损失,也能进一步增强发行人的合规意识。此外,监管机构应加强对违规发行人的整改指导,帮助其分析问题根源,制定切实可行的整改措施,确保其在规定期限内完成整改工作。

6.3.3 加强对市场参与者的监管协调

第一,搭建监管协调框架。为加强对交叉违约条款涉及的市场参与者的监管协调,首要任务是搭建一个坚实、全面且灵活的监管协调框架。这个框架应明确界定各个监管机构的职责与权限,确保每个机构都在其专业领域内发挥最大效能,同时避免监管重叠或真空的现象。具体而言,应详细梳理并区分不同监管机构在交叉违约条款监管中的具体职责,例如,有的机构负责条款的法律合规性审查,有的则侧重于市场影响评估与风险防控指导。在此基础上,建立一个高效的日常信息共享平台是关键,该平台需确保监管机构之间能够实时、准确地交流有关交叉违约条款设置与执行的信息,包括但不限于条款的具体内容、市场反馈、违规案例等。例如,当某一监管机构发现某类交叉违约条款普遍存在问题时,能够迅速通过该平台通知其他相关机构,以便共同商讨应对策略。同时,建立定期的联席会议制度,规定各监管机构按固定周期(如每季度)召开会议,共同审视市场动态、评估监管政策的有效性以及协调未来的工作计划。联席会议不仅是信息交流的场所,更是共同制定监管政策、解决重大监管问题的重要平台。在会议中,各机构可以共同审视当前交叉违约条款监管中遇到的难题,如条款的复杂性导致市场理解不一致、不同行业应用条款的差异等,并通过集体智慧寻求解决方案。此外,该框架还应包含对新问题和新挑战的快速响应机制,设立专门的应急协调小组,当市场出现突发的重大交叉违约事件或新型条款争议时,能够迅速启动,集合各机构力量进行紧急处理,确保市场的稳定运行。

第二,开展联合监管行动。在交叉违约条款的监管过程中,开展联合监管行动是提升监管效能的重要手段。联合监管行动能够充分发挥各监管机构的专业优势,形成监管合力,有效应对复杂多变的市场环境。联合监管行动的启动通常基于对市场风险的共同评估,当监管机构通过日常监测或投诉举报等渠道发现交叉违约条款可能引发系统性风险或普遍存在违规设置等问题时,应迅速启动联合行动。例如,在经济下行期间,若多个行业的债券出现因交叉违约条款设置不合理而导致的大规模违约风险上升,监管机构应联合起来,共同制定专项检查计划。在检查过程中,各监管机构按照各自的专长和职责分工协作,如法律监管机构重点审查条款的合法性,金融监管机构则关注条款对市场稳定和投资者保护的影响。联合检查不仅限于对条款文本的审查,还应深入条款的实际执行情况,包括发行人是否按照规定进行信息披露、受托管理人是否有效履行职责等。对于检查中发现的问题,联合监管团队应共同商议解决方案,确保整改措施能够全面覆盖问题的各个方面,同时避免因单一机构行动可能导致的监管偏差或遗漏。联合监管行动的成果应通过联合报告的形式向市场公开,报告内容应详细说明检查的背景、过程、发现的问题以及整改要求等,以增强市场透明度和公信力。此外,监管机构还应建立联合监管行动的后续跟踪机制,定期对被检查对象的整改情况进行复查,确保问题得到彻底解决,防止类似问题再次发生。

第三,建立监管协调评估机制。建立科学有效的监管协调评估机制是确保交叉违约条款监管协调工作持续改进和优化的关键环节。该评估机制应首先设定一套全面、客观且具有可操作性的评估指标体系,这些指标应涵盖监管协调的多个关键维度,如信息共享的及时性与准确性、联席会议的决策效率与执行力、联合监管行动的成效以及市场参与者的满意度等。具体而言,信息共享的及时性可以通过监测信息从产生到在共享平台发布的时间间隔来衡量,而准确性则可以通过信息的错误率或修正率来评估。对于联席会议的决策效率,可以统计会议决策的平均耗时以及决策执行的完成率等指标。在评估联合监管行动成效时,应重点关注行动前后市场风险指标的变化、违规行为的整改率以及市场参与者的合规意识提升程度等。同时，定期组织市场参与者（如发行人、投资者、受托管理人等）对监管协调工作进行满意度调查是不可或缺的一环。通过问卷调查、深度访谈等方式，收集市场参与者对监管协调工作的意见和建议，了解他们在实际业务中感受到的监管协调效果以及存在的不足之处。例如，投资者可能对联合监管行动能否有效保护其合法权益提出看法，发行人则可能关注监管协调是否有助于减少其合规成本。根据评估结果，监管机构应制定详细的整改计划，明确责任主体和时间表，确保问题得到及时解决。对于在评估中发现的监管协调框架中的漏洞或不合理之处，应及时修订和完善相关制度，以适应市场的发展和变化。同时，建立评估结果的反馈与公开机制，定期向市场公布监管协调工作的评估结果以及改进措施，接受社会监督，增强市场对监管工作的信任和支持。

综上所述，规范交叉违约条款的设置与适用、完善配套措施以及加强监管力度，有助于优化交叉违约制度设计，平衡投资者保护与企业融资需求，增强债券市场服务实体经济的能力。这不仅能提高债券市场的透明度和规范性，还能有效防范系统性金融风险，促进债券市场的长期稳定发展。

第7章 结论与展望

7.1 主要研究结论

7.1.1 交叉违约条款对债券违约风险的影响

交叉违约条款对债券市场的影响主要体现在对债券违约风险的影响。实证研究表明，交叉违约制度显著提高了债券违约风险，表现为债券信用利差显著更高。当交叉违约条款被触发时，债券发行人可能面临更高的资金链压力，进而增加违约的可能性。这表明交叉违约条款虽然旨在保护投资者利益，但在某些情况下可能会起到相反的效果，加剧债券市场的违约风险。因此，交叉违约条款的设计和实施需要更加谨慎，以平衡投资者保护和企业融资需求之间的关系。具体来看，交叉违约条款通过引入额外的风险因素，影响债券的风险定价，进而影响债券市场的资源配置。当市场出现新的信息，如发行人其他债务的违约事件，投资者会根据这些信息重新评估债券的风险，并调整其定价。交叉违约条款通过将其他债务的违约风险纳入当前债券的风险评估范围，使得债券定价更能反映其真实的信用风险。这有助于提高市场的透明度和效率，促进资源的合理配置。然而，交叉违约条款的触发可能会对发行人的资金链产生重大影响，尤其是在发行人面临短期流动性困难时，可能导致其无法按时偿还债务，从而引发违约风险的上升。因此，在设计和应用交叉违约条款时，需要充分考虑其对债券市场的影响，既要保护投资者的合法权益，又要避免对企业的正常经营和融资活动造成不合理的干扰。因此，交叉违约条款能够显著提高债券的信用利差，反映出投资者对违约风险的更高要求。当债券发行时附有交叉违约条款时，投资者会要求更高的风险溢价，以补偿潜在的违约风险。

7.1.2 交叉违约制度激化债券违约风险的作用机制

交叉违约制度激化债务违约风险的直接作用机制体现在三个方面：一是债券发行人还款金额激增。当交叉违约触发后，发行人需面对大量债务同时到期，还款压力骤增。资金链可能断裂，引发流动性危机，甚至走向破产重组，损害投资者利益，破坏市场稳定。二是债券价格下跌。交叉违约触发使市场对发行人偿债能力产生疑虑，投资者信心受挫，抛售债券导致价格下跌。价格下跌使投资者遭受市值损失，影响投资组合收益，也使企业再融资困难，形成恶性循环。三是债券信用评级被调低。信用评级机构在交叉违约发生后，基于发行人信用风险上升，会下调债券信用评级。信用评级下调使债券吸引力下降，投资者要求更高风险溢价，增加企业融资成本，进一步加重企业负担。

交叉违约制度激化债务违约风险的间接作用机制体现在两个方面：一是债务违约主体范围和违约种类影响触发难易度。当条款设定范围大、种类多时，交叉违约更易触发，风险放大效应增强。范围大、种类多意味着更多债务和行为纳入监测，企业面临更高违约风险，投资者因担忧风险而要求更高收益，信用利差扩大。二是附有交叉违约条款债券的存量规模影响风险。当企业存量债券中附有交叉违约条款的债券占比高时，新发债券信用利差也高。存量规模大意味着触发交叉违约的潜在风险点增多，新发债券风险增大，投资者要求更高风险溢价。

7.1.3 交叉违约制度对债券违约风险的异质性影响

交叉违约条款导致债券信用利差抬升的现象在国有企业以及非市场化

的国有企业和中央国有企业等债务违约预期低的企业中显著更弱,而在流动比率低、现金保证比率低等偿债压力大的企业中显著更强,在未设置"事前"类限制性契约条款的债券中也显著更强。

具体而言,对于国有企业与非国有企业差异:国有企业信用背书强,投资者认为其违约风险低,交叉违约条款影响较小,信用利差上升幅度低。非国有企业信用背书弱,投资者要求更高的溢价,信用利差上升幅度大。对于市场化程度差异:市场化程度低的企业受政府干预和支持可能性大,投资者认为其违约风险相对低,交叉违约条款影响较小。市场化程度高的企业无此优势,投资者要求更高风险溢价。对于中央与非中央国有企业差异:中央国有企业政府支持力度大,投资者认为其违约风险低,交叉违约条款影响较小。非中央国有企业支持力度小,投资者要求更高风险溢价。对于偿债压力差异:偿债压力大的企业(如流动比率、现金保证比率低)本身财务状况差,交叉违约条款使风险雪上加霜,投资者要求更高溢价,信用利差上升显著。对于契约条款差异:设置"事前"类限制性契约条款的企业,投资者风险有"事前"约束,交叉违约条款影响较小。未设置此类条款的企业,投资者面临更大风险,信用利差上升显著。

7.1.4 交叉违约制度会将违约风险进一步传递到新发债券

交叉违约条款在债券市场中具有显著的风险传染效应,能够将个别企业的违约风险迅速扩散至同行业、同地区甚至整个债券市场。实证研究发现,交叉违约条款会将同行业、同地区个别违约事件所伴随的违约风险进一步传递到新发债券上,导致新发债券的信用利差显著更高。这表明交叉违约条款可能会放大债券市场的违约风险,加剧系统性金融风险的形成。具体而言,当同行业或同地区的企业发生违约事件时,由于行业和地区的关联性,其他企业的信用风险也会受到影响,进而使得新发债券的风险定价上升。例如,在同一行业内,企业的经营模式、市场需求和竞争环境往往具有相似性,一家企业的违约可能引发市场对整个行业信用状况的担忧,从而影响该行业内其他企业的债券发行。此外,地区性的经济环境、政策支持和金融生态也会对区域内企业的信用风险产生共同影响，交叉违约条款的存在使得这种区域性风险更容易在债券市场中蔓延。这种风险传染效应还可能导致债券市场的流动性下降，投资者在面对潜在风险时可能会减少投资或要求更高的风险溢价，进一步提高企业的融资成本，影响债券市场的正常功能发挥。因此，在设计交叉违约条款时，必须充分考虑其风险传染效应，通过合理的条款设置和有效的监管措施，防范和控制风险的过度扩散，维护债券市场的稳定运行。

7.1.5　交叉违约制度将违约风险传递到新发债券的作用机制

第一，债务违约主体范围和违约种类的作用机制。当交叉违约条款中约定的债务违约主体范围更大、违约种类更多时，交叉违约条款所产生的风险放大效应更强。具体而言，主体范围更大意味着更多关联方的债务违约情况会被纳入监测，而违约种类更多则表示对债务人行为的约束更加全面。这种广泛的监测和约束使得违约风险更容易达到触发交叉违约条款的条件，进而导致违约风险的传播范围更广、程度更深，使得企业的债务偿还压力显著增加，投资者面临的不确定性也随之上升，最终导致债券信用利差扩大，反映了市场对风险的重新定价。

第二，供应链和头部企业违约风险传导机制。供应链上的企业和头部企业发生的违约事件具有更强的影响力和传导性。供应链上的企业与发债企业存在紧密的业务往来和资金联系，其违约可能会直接冲击发债企业的正常经营，如导致原材料供应中断、应收账款无法收回等问题。而头部企业作为行业内的领头羊，其违约事件往往具有较强的示范效应和冲击波，可能引发市场对整个行业信用风险的重新评估。这些违约事件会沿着交叉违约条款将违约风险进一步传递到新发债券上，使得新发债券的信用利差显著升高，投资者要求更高的风险补偿，增加了企业的融资成本。

7.1.6　交叉违约制度将违约风险传递到新发债券的异质性影响

第一，地区和行业风险差异。交叉违约条款引起的风险放大效应在风险较高的地区或行业更为显著。在高风险地区，可能由于当地经济环境不稳定、政策支持不足、产业结构单一等原因，企业的经营和财务风险本来就相对较高。交叉违约条款的引入进一步放大了这些风险，使得企业在面临违约事件时更容易触发交叉违约，导致风险迅速蔓延。同样地，在高风险行业中，企业面临的竞争压力大、市场波动频繁，交叉违约条款的触发可能性也相应增加，从而加剧了债券市场的风险。

第二，契约条款设置的差异。未设置"事前类"限制性契约条款的债券更容易受到交叉违约条款风险放大效应的影响。事前类限制性契约条款能够在债券发行前对发行人的行为进行约束，降低其未来的违约风险。而当债券未设置此类条款时，投资者对发行人的约束相对较弱，交叉违约条款成为保护投资者利益的重要手段。然而，这种保护机制也可能导致发行人在违约风险增加时更容易触发交叉违约，进而引发风险的放大效应。此外，附有交叉违约条款债券的存量债券规模更大的新发债券中，风险放大效应也更为明显。这是因为存量债券规模越大，意味着市场上存在更多的潜在风险点，一旦发生违约事件，对新发债券的影响也更为深远，投资者对风险的担忧程度更高，要求的风险溢价也更大。

7.1.7 交叉违约制度将违约风险传递到新发债券的经济后果

第一，长期信贷融资的影响：同行业和同地区的债券违约事件会使得债权人减少对附有交叉违约条款的发债企业的长期信贷融资。这是因为债券违约事件会向债权人传递负面信号，表明该企业所在行业或地区的信用风险较高。债权人出于风险规避的考虑，会收紧对这些企业的长期信贷额度，以降低自身面临的风险。这种行为不仅会影响企业的长期资金规划和投资能力，还可能导致企业不得不寻求成本更高的融资渠道，进一步加重其财务负担。

第二，商业信用的影响：同行业和同地区的债券违约事件同样会使得供应链上的债权人减少这类企业的商业信用。供应链上的债权人通常是企业的合作伙伴，他们在日常经营中为企业提供原材料、商品或服务等，并允许企业延期付款。然而,债券违约事件的发生会引发供应链债权人对企业支付能力的担忧,促使他们采取更加谨慎的信用政策。这可能会导致企业面临更严格的付款要求,甚至被要求预付款项,从而影响企业的资金流动性和日常运营。

7.2 主要研究创新点

7.2.1 研究视角的创新

本书在研究视角上进行了创新性的拓展,突破了传统研究多从市场视角出发探讨企业间特定经济关系对风险传导作用的局限,转而从制度层面深入剖析交叉违约制度对债券市场的影响。传统研究多聚焦于企业个体层面的信用风险、市场风险等对债券违约的影响,或是从宏观经济形势、行业竞争格局等外部环境因素出发探讨债券市场的风险形成与演变。然而,这些研究往往忽视了制度因素在债券市场风险生成与传导中的关键作用。本书敏锐地捕捉到这一研究空白,将交叉违约制度这一特定的金融制度安排作为研究切入点,深入探究其在债券市场风险结构中的地位与作用。

具体而言,本书深入分析了交叉违约制度如何通过其独特的机制设计,影响债券市场的风险定价与违约风险。在风险定价方面,交叉违约条款通过将其他债务的违约风险纳入当前债券的风险评估范围,使得债券定价更能反映其真实的信用风险。这有助于提高市场的透明度和效率,促进资源的合理配置。然而,交叉违约条款的触发可能会对发行人的资金链产生重大影响,尤其是在发行人面临短期流动性困难时,可能导致其无法按时偿还债务,从而引发违约风险的上升。

从制度视角出发,本书不仅关注交叉违约条款对单个债券或单个企业的影响,更将其置于整个债券市场乃至宏观经济的大背景下进行考察。这种宏观与微观相结合的研究视角，使得本书能够更全面地揭示交叉违约制度对债券市场的复杂影响，为后续研究提供了新的理论框架和分析工具。

7.2.2 研究方法的创新

本书在研究方法上进行了大胆创新，综合运用了多种科学的研究方法，以确保研究结果的科学性、可靠性和有效性。在理论分析方面，本书系统梳理了信息不对称理论、委托代理理论、风险定价理论等经典理论，为交叉违约制度的研究提供了坚实的理论基础。这些理论为交叉违约制度的合理性与必要性提供了有力支持，同时也为后续的实证研究提供了分析框架。

实证研究是本书的一大亮点。本书采用了描述性统计、相关性分析、多元回归分析等多种统计方法，对交叉违约条款的影响进行了全面深入的剖析。例如，通过对大量实际债券数据的分析，揭示了交叉违约条款对债券信用利差的显著影响。同时，本书还运用了倾向得分匹配法（PSM）和熵平衡法，这两种方法在处理选择偏差方面具有独特优势，能够更准确地估计交叉违约条款的因果效应。双重差分法（DID）的运用则进一步增强了研究结论的稳健性，通过对比有无交叉违约条款债券的差异变化，有效识别了交叉违约条款的独立影响。

此外，本书还引入了案例分析法，选取了大连机床等典型案例进行深入剖析。案例分析法能够将抽象的理论与具体的实践相结合，生动展现交叉违约条款在实际操作中的应用与问题。通过对具体案例的详细分析，本书深入理解交叉违约条款在实际应用中的复杂性和潜在风险，为理论分析和政策建议提供了丰富的现实背景和实践依据。

7.2.3 研究内容的创新

本书在研究内容上进行了全面而深入的探索，不仅涵盖了交叉违约制度的理论基础、发展现状、政策建议等方面，还在多个具体领域进行了创新性的拓展。

在理论基础部分，本书对信息不对称理论、委托代理理论、风险定价理论等进行了细致的阐述和深入的分析。通过对这些理论的梳理和应用，本书为交叉违约制度的研究提供了坚实的理论支撑。例如，在信息不对称理论的框架下，详细分析了交叉违约条款如何通过减少信息不对称来降低逆向选择和道德风险问题；在委托代理理论的视角下，探讨了交叉违约条款如何平衡委托人与代理人之间的利益冲突；在风险定价理论的指导下，研究了交叉违约条款对债券信用利差的影响机制。

在发展现状部分，本书对交叉违约制度的引入背景、法理依据、触发情形和处置方案等进行了全面系统的梳理。通过对国内外实践的深入调研，本书详细描述了交叉违约制度在不同法域、不同债券类型、不同行业中的应用情况。这种全面而细致的现状分析，为后续的影响分析和政策建议提供了丰富的背景资料。

在影响分析部分，本书深入探讨了交叉违约条款对债券信用利差、违约风险的作用机制。实证研究表明，交叉违约条款显著提高了债券信用利差，反映了投资者对违约风险的更高要求。同时，交叉违约条款对债券违约风险具有重要影响，其触发可能会导致企业资金链断裂，增加违约的可能性。此外，本书还揭示了交叉违约条款的风险传染效应，发现其会将同行业、同地区个别违约事件的风险传递到新发债券上，加剧系统性金融风险的形成。

7.2.4 政策建议的创新

本书提出的政策建议具有创新性和可操作性，旨在为我国债券市场的健康发展提供理论支持和实践指导。在规范交叉违约条款的设置与适用方面，本书建议明确触发条件、限定适用范围、合理界定主体范围。这些政策建议有助于确保交叉违约条款的合理应用，平衡投资者保护与企业融资需求。

在完善交叉违约条款的配套措施方面，本书提出了保障债券持有人会议决议的法律效力、完善发行人财产保全制度、引入交叉违约条款专业评估机制等建议。这些建议有助于提高债券市场的透明度和规范性，增强投资者信心。

在加强对交叉违约条款的监管力度方面，本书建议强化信息披露监管、建立条款设置合规性审查机制、加强对市场参与者的监管协调等。这些建议有助于优化交叉违约制度设计，防范系统性金融风险。

7.2.5 研究结论的创新

本书得出的研究结论具有创新性和前瞻性，为交叉违约制度的研究提供了新的视角和深入的见解。研究发现交叉违约条款对债券信用利差和违约风险具有显著影响，其风险放大效应在不同地区、行业、企业类型中存在显著差异。这些结论不仅丰富了交叉违约制度的研究成果，还为政策制定者、市场参与者和监管机构提供了重要的参考。

例如，研究发现交叉违约条款会将同行业、同地区个别违约事件所伴随的违约风险进一步传递到新发债券上，导致新发债券的信用利差显著更高。这一发现揭示了交叉违约条款在风险传染中的重要作用，提示监管机构和市场参与者需要加强对行业和区域风险的关注。此外，研究还发现交叉违约条款引起的风险放大效应更多发生在风险较高的地区或行业，以及债券发行时未设置"事前类"限制性契约条款或附有交叉违约条款债券的存量债券规模更大的新发债券中。这些结论为政策制定者提供了针对性的政策建议，有助于提高政策的有效性和精准性。

7.3 主要研究贡献

7.3.1 理论贡献

本书在理论层面为债券市场研究作出了重要贡献。首先，系统梳理和整合了交叉违约制度相关理论。在金融领域，交叉违约制度涉及诸多理论基础，如信息不对称理论、委托代理理论以及风险定价理论等。本书在已有研究的基础上，将这些理论与交叉违约制度有机结合起来，为交叉违约制度的研究提供了更为系统和全面的理论框架。这一整合不仅有助于深入理解交叉违约制度的经济逻辑和作用机制，还为后续相关研究提供了理论工具和分析视角。

其次，本书对交叉违约制度的风险传染效应进行了深入的理论剖析。已有研究多关注交叉违约条款对单个债券或单个企业的影响，而本书从风险传染的角度，深入探讨了交叉违约条款如何在同行业、同地区企业间传导风险，以及如何进一步影响整个债券市场的稳定性。这一理论拓展有助于丰富债券市场风险理论的内涵，深化对债券市场系统性风险形成机制的理解，为构建更为完善的债券市场风险预警与防范体系提供了理论支持。

最后，本书在理论上明确了交叉违约条款的经济后果。通过严谨的理论分析和实证检验，揭示了交叉违约条款对债券信用利差和违约风险的复杂影响机制。这不仅有助于完善债券市场风险定价理论，还为理解交叉违约条款在债券市场中的多重作用提供了新的理论视角，推动了债券市场相关理论的发展。

7.3.2 实践贡献

本书在实践层面也为债券市场的健康发展提供了有力支持。首先，为债券市场的稳健运行提供了实证依据。通过对交叉违约条款的深入研究，本书揭示了其在债券市场中的实际运作情况和潜在风险。例如，实证研究发现交叉违约条款显著提高了债券信用利差，反映了投资者对违约风险的更高要求。这一发现有助于市场参与者更准确地评估债券风险，优化投资决策，同时也提醒发行人在设置交叉违约条款时需充分考虑其对融资成本的影响。

其次，为政策制定者提供了科学的政策建议。本书从多个角度提出了完善交叉违约制度的具体措施，如规范交叉违约条款的设置与适用、完善配套措施以及加强监管力度等。这些建议具有较强的可操作性和前瞻性,能够为监管部门优化债券市场制度设计、加强市场监管提供有力参考,有助于提高债券市场的透明度和规范性,防范系统性金融风险的发生。

最后,为债券市场的投资者保护和企业融资提供了平衡策略。交叉违约条款在保护投资者利益和满足企业融资需求之间存在一定的平衡问题。本书通过深入分析交叉违约条款的影响机制,为市场参与者提供了如何在两者之间寻求平衡的思路和方法。例如,在企业融资方面,建议企业根据自身的财务状况和风险承受能力合理设置交叉违约条款,避免因条款设置不当而影响正常的融资活动;在投资者保护方面,强调投资者应充分了解交叉违约条款的内容和潜在风险,增强自身的风险意识和投资决策能力。这有助于促进债券市场的供需平衡,推动债券市场的长期稳定发展。

7.4 研究局限与未来展望

7.4.1 研究局限

第一,数据局限性。尽管本书采用了多种方法获取数据,但在研究过程中仍面临数据方面的局限。在实证研究中,主要依赖于公开的债券市场数据和企业财务报表等信息,这些数据可能存在一定的缺失、误差或不一致性。例如,部分债券的发行文件中对交叉违约条款的描述不够详细,导致在分析条款具体内容和效果时存在一定的困难。同时,一些企业的财务数据可能存在粉饰或不准确的情况,这会影响对交叉违约条款风险传导效应的准确评估。

第二,模型局限性。本书在实证分析中采用了多种统计模型,尽管这些模型在一定程度上能够揭示交叉违约条款的影响,但仍然存在局限性。例如,多元回归模型在处理复杂的因果关系时可能存在遗漏变量偏差的问题。债券市场涉及众多因素，很难完全控制所有可能影响债券信用利差和违约风险的变量，这可能导致对交叉违约条款作用的估计不够准确。此外，模型假设可能与实际情况存在差异。例如，假设变量之间具有线性关系，但实际上变量之间的关系可能更为复杂。

第三，研究范围局限性。研究范围的局限性可能影响研究结果的全面性和代表性。尽管研究涵盖了我国债券市场的主要类型和大量样本，但可能未能充分考虑一些特殊情况或新兴的债券品种。例如，随着金融创新的不断推进，市场上出现了许多具有特殊条款和结构的债券，这些债券的交叉违约条款可能具有独特的特点和影响机制，但由于数据可得性或样本量的限制，未能在研究中充分涵盖。此外，研究主要集中在债券市场的宏观层面，对个别企业的微观层面分析相对不足，可能忽略了企业在实际操作中的一些具体问题和实践经验。

7.4.2 未来展望

第一，微观层面研究。未来的研究可以进一步深入企业的微观层面，探讨交叉违约条款在不同企业类型、企业规模和企业治理结构中的具体应用和影响。通过对企业进行实地调研和案例分析，可以更详细地了解企业在设置和执行交叉违约条款时的实际考量因素，以及条款对企业经营决策和财务状况的微观影响。此外，还可以研究企业如何通过内部治理机制来平衡交叉违约条款带来的风险和收益，以及如何在满足投资者保护要求的同时，优化自身的融资策略。

第二，动态研究。未来的研究可以采用动态研究方法，跟踪交叉违约条款在债券生命周期中的变化及其影响。交叉违约条款的影响可能随时间而变化，如在债券发行初期和临近到期时，条款的作用机制可能有所不同。此外，市场环境的动态变化，如宏观经济形势、行业竞争格局和监管政策的调整，也会对交叉违约条款的效果产生影响。通过动态分析，可以更好地把握交叉违约条款在不同阶段的风险特征和传导机制，为投资者和企业提供更具时效性的决策支持。

第三，比较研究。未来的研究可以加强与其他国家和地区的比较研究，深入分析不同市场环境下交叉违约制度的差异和共性。通过比较我国与国际成熟债券市场在交叉违约条款设计、应用和监管方面的经验，可以为我国债券市场的进一步完善提供有益的借鉴。此外，比较研究还可以拓展到不同法域之间的交叉违约制度差异，探讨如何在借鉴国际经验的基础上，结合我国国情构建更加科学合理的交叉违约制度体系。

第四，跨学科研究。未来的研究可以加强跨学科的融合，结合金融学、法学、经济学和管理学等多学科的理论和方法，对交叉违约制度进行更为全面和深入的研究。例如，从法学角度进一步探讨交叉违约条款的法律效力和执行保障机制，从经济学角度分析交叉违约制度对资源配置和市场效率的影响，从管理学角度研究企业在交叉违约条款约束下的战略管理和风险控制策略。通过跨学科的研究方法，可以为交叉违约制度的研究提供更为丰富的理论视角和实践指导。

第五，新技术应用研究。随着金融科技的快速发展，未来的研究可以探索如何利用大数据、人工智能和区块链等新技术来优化交叉违约条款的设置和管理。例如，通过大数据分析可以更准确地评估企业的信用风险和违约可能性，为交叉违约条款的触发条件设置提供更科学的依据。人工智能技术可以用于实时监测和预警交叉违约风险，提高风险防控的及时性和有效性。区块链技术的不可篡改和信息透明特性可以增强交叉违约条款的执行力度和可信度。这些新技术的应用将为交叉违约制度的研究和实践带来新的机遇和挑战，有助于推动债券市场的创新发展和风险防控能力的提升。

参考文献

[1] 韩鹏飞,胡奕明. 政府隐性担保一定能降低债券的融资成本吗?——关于国有企业和地方融资平台债券的实证研究 [J]. 金融研究,2015 (3): 116 – 130.

[2] 林晚发,刘颖斐,赵仲匡. 承销商评级与债券信用利差——来自《证券公司分类监管规定》的经验证据 [J]. 中国工业经济,2019 (1): 174 – 192.

[3] 王雄元,高开娟. 如虎添翼抑或燕巢危幕:承销商、大客户与公司债发行定价 [J]. 管理世界,2017 (9): 42 – 59.

[4] 王永钦,陈映辉,杜巨澜. 软预算约束与中国地方政府债务违约风险:来自金融市场的证据 [J]. 经济研究,2016 (11): 96 – 109.

[5] 陈超,李镕伊. 债券融资成本与债券契约条款设计 [J]. 金融研究,2014 (1): 44 – 57.

[6] 褚剑,方军雄. 中国式融资融券制度安排与股价崩盘风险的恶化 [J]. 经济研究,2016 (5): 143 – 158.

[7] 崔建远. 合同法总论 [M]. 北京:中国人民大学出版社,2016.

[8] 方红星,施继坤,张广宝. 产权性质、信息质量与公司债定价——来自中国资本市场的经验证据 [J]. 金融研究,2013 (4): 170 – 182.

［9］冯果，阎维博．论债券限制性条款及其对债券持有人利益之保护［J］．现代法学，2017（4）：40－53．

［10］黄风．简析"交叉违约条款"［J］．国际金融，1999（3）：65－68．

［11］金明．国际贷款协议中的交叉违约条款［J］．比较法研究，1994（Z1）：354－359．

［12］赖其男，姚长辉，王志诚．关于我国可转换债券定价的实证研究［J］．金融研究，2005（9）：105－121．

［13］林晚发，刘岩，赵仲匡．债券评级包装与"担保正溢价"之谜［J］．经济研究，2022（2）：194－210．

［14］龙玉，赵海龙，张新德，李曜．时空压缩下的风险投资——高铁通车与风险投资区域变化［J］．经济研究，2017（4）：195－208．

［15］马文涛，马草原．政府担保的介入、稳增长的约束与地方政府债务的膨胀陷阱［J］．经济研究，2018（5）：72－87．

［16］史永东，田渊博．契约条款影响债券价格吗？——基于中国公司债市场的经验研究［J］．金融研究，2016（8）：143－158．

［17］史永东，田渊博，马雪．契约条款、债务融资与企业成长——基于中国公司债的经验研究［J］．会计研究，2017（9）：41－47．

［18］史永东，王三法，齐燕山．契约条款能够降低债券发行利率吗？——基于中国上市公司债券的实证研究［J］．证券市场导报，2018（2）：49－58．

［19］汪莉，陈诗一．政府隐性担保、债务违约与利率决定［J］．金融研究，2015（9）：66－81．

[20] 王博森, 吕元稹, 叶永新. 政府隐性担保风险定价: 基于我国债券交易市场的探讨 [J]. 经济研究, 2016 (10): 155–167.

[21] 王利明. 合同法研究 [M]. 北京: 中国人民大学出版社, 2011.

[22] 王小鲁, 樊纲, 余静文. 中国分省份市场化指数报告 2016 [M]. 北京: 社会科学文献出版社, 2017.

[23] 王新红. 金融法 [M]. 北京: 人民邮电出版社, 2013.

[24] 王永钦, 戴芸, 包特. 财政分权下的地方政府债券设计: 不同发行方式与最优信息准确度 [J]. 经济研究, 2015 (11): 65–78.

[25] 阎维博. 债券交叉违约条款: 溯源、演化及保护功能优化 [J]. 南方金融, 2019 (4): 11–19.

[26] 钟辉勇, 钟宁桦, 朱小能. 城投债的担保可信吗?——来自债券评级和发行定价的证据 [J]. 金融研究, 2016 (4): 66–82.

[27] 周铭山, 董志勇, 方旭赟, 黄伟. 我国可转债定价效率可以提高吗?——基于套利交易成本的视角 [J]. 经济学 (季刊), 2013 (4): 1277–1298.

[28] 杨子晖, 王姝黛, 梁方. 产业链结构新视角下的尾部风险跨行业传染 [J]. 经济学 (季刊), 2023 (1): 212–227.

[29] 张一林, 郁芸君, 蒲明. 担保圈危机、债务挤兑与区域风险治理 [J]. 世界经济, 2022 (9): 83–105.

[30] 陈钊, 陈乔伊. 中国企业能源利用效率: 异质性、影响因素及政策含义 [J]. 中国工业经济, 2019 (12): 78–95.

[31] 焦健, 张雪莹. 债券违约对流动性影响的传染效应研

究［J］．证券市场导报，2021（1）：44-55．

［32］寇宗来，盘宇章，刘学悦．中国的信用评级真的影响发债成本吗？［J］．金融研究，2015（10）：81-98．

［33］梁琪，李政．系统重要性、审慎工具与我国银行业监管［J］．金融研究，2014（8）：32-46．

［34］林晚发，刘岩，赵仲匡．债券评级包装与"担保正溢价"之谜［J］．经济研究，2022（2）：194-210．

［35］刘元春，丁洋．工时视角下头部企业工资溢价及成因［J］．经济研究，2022（4）：33-49．

［36］陆正飞，杨德明．商业信用：替代性融资，还是买方市场？［J］．管理世界，2011（4）：6-14．

［37］马榕，石晓军．中国债券信用评级结果具有甄别能力吗？——基于盈余管理敏感性的视角［J］．经济学（季刊），2016（1）：197-216．

［38］纳鹏杰，雨田木子，纳超洪．企业集团风险传染效应研究——来自集团控股上市公司的经验证据［J］．会计研究，2017（3）：53-60．

［39］王辉，朱家云，陈旭．银行间市场网络稳定性与系统性金融风险最优应对策略：政府控股视角［J］．经济研究，2021（11）：100-118．

［40］王克敏，刘静，李晓溪．产业政策、政府支持与公司投资效率研究［J］．管理世界，2017（3）：113-124．

［41］王雷，李晓腾，张自力，赵学军．失信风险传染会影响债券定价吗？——基于担保网络大数据的实证研究［J］．金融研究，2022（7）：171-189．

［42］王伟同，辛格，周佳音．债务违约、属地信用与风险

外溢［J］. 世界经济，2022（12）：201-224.

［43］吴德胜，曹渊，汤灿，郝希阳. 分类管控下的债务风险与风险传染网络研究［J］. 管理世界，2021（4）：35-54.

［44］武岩，胡必亮. 社会资本与中国农民工收入差距［J］. 中国人口科学，2014（6）：50-61.

［45］徐淑一，陈平. 收入、社会地位与幸福感——公平感知视角［J］. 管理科学学报，2017（12）：99-116.

［46］杨国超，蒋安璇. 债券投资者的"保护盾"还是债务违约的"多米诺"——对债券交叉违约制度的分析［J］. 中国工业经济，2022（5）：140-158.

［47］杨国超，李晓溪，龚强. 长痛还是短痛？——金融危机期间经济刺激政策的长短期效应研究［J］. 经济学（季刊），2020（3）：1123-1144.

［48］杨国超，刘琪. 中国债券市场信用评级制度有效性研究［J］. 经济研究，2022（10）：191-208.

［49］张春强，鲍群，盛明泉. 公司债券违约的信用风险传染效应研究——来自同行业公司发债定价的经验证据［J］. 经济管理，2019（1）：174-190.

［50］张莉，朱光顺，李世刚，李夏洋. 市场环境、重点产业政策与企业生产率差异［J］. 管理世界，2019（3）：114-126.

［51］张维迎，柯荣住. 信任及其解释：来自中国的跨省调查分析［J］. 经济研究，2002（10）：59-70.

［52］张伟平，曹廷求. 中国房地产企业间系统性风险溢出效应分析——基于尾部风险网络模型［J］. 金融研究，2022（7）：94-114.

［53］钟宁桦，刘志阔，何嘉鑫，苏楚林. 我国企业债务的

结构性问题［J］. 经济研究, 2016（7）: 102-117.

［54］祝小全, 陈卓, 施展, 何治国. 违约风险传染的避险效应与溢出效应: 隐性担保预期的视角［J］. 经济研究, 2022（11）: 174-190.

［55］Acharya, V. V., S. T. Bharath, and A. Srinivasan. Does Industry-Wide Distress Affect Defaulted Firms? Evidence from Creditor Recoveries［J］. Journal of Financial Economics, 2007, 85（3）: 787-821.

［56］Azizpour, S., K. Giesecke, and G. Schwenkler. Exploring the Sources of Default Clustering［J］. Journal of Financial Economics, 2018, 129（1）: 154-183.

［57］Banko, J. C., and Z. Lei. Callable Bonds Revisited［J］. Financial Management, 2010, 39（2）: 613-641.

［58］Beneish, M. D., and E. Press. The Resolution of Technical Default［J］. Accounting Review, 1995, 70（2）: 337-353.

［59］Beneish, M. D., and E. Press. Costs of Technical Violation of Accounting-Based Debt Covenants［J］. Accounting Review, 1993, 68（2）: 233-257.

［60］Beneish, M. D., and E. Press. Interrelation Among Events of Default［J］. Contemporary Accounting Research, 1995, 12（1）: 57-84.

［61］Beyhaghi, M., K. Panyagometh, and A. A. Gottesman, et al. Do Tighter Loan Covenants Signal Improved Future Corporate Results? The Case of Performance Pricing Covenants［J］. Financial Management, 2017, 46（3）: 593-625.

［62］Bonsall, S. B., and B. P. Miller. The Impact of Narrative Disclosure Readability on Bond Ratings and the Cost of Debt［J］.

Review of Accounting Studies, 2017, 22 (2): 608 – 643.

[63] Boone, A. L., and V. I. Ivanov. Bankruptcy Spillover Effects on Strategic Alliance Partners [J]. Journal of Financial Economics, 2012, 103 (3): 551 – 569.

[64] Bradley, M. H., and M. R. Roberts. The Structure and Pricing of Corporate Debt Covenants [J]. Quarterly Journal of Finance, 2004, 5 (2): 1392 – 2010.

[65] Childsa, P. D., S. H. Otta, and T. J. Riddioughb. The Value of Recourse and Cross – Default Clauses in Commercial Mortgage Contracting [J]. Journal of Banking and Finance, 1996, 20 (3): 511 – 536.

[66] Das, S. R., D. Duffie, and N. Kapadia, et al. Common Failings: How Corporate Defaults Are Correlated [J]. The Journal of Finance, 2007, 62 (1): 93 – 117.

[67] Davydenko, S. A., I. A. Strebulaev, and X. Zhao. A Market – Based Study of the Cost of Default [J]. Review of Financial Studies, 2012, 10 (25): 2959 – 2999.

[68] Defond, M. L., and J. Jiambalvo. Debt Covenant Violation and Manipulation of Accruals [J]. Journal of Accounting and Economics, 1994, 17 (1 – 2): 145 – 176.

[69] Francis, B., D. Hunter, and D. Robinson, et al. Auditor Changes and the Cost of Bank Debt [J]. Accounting Review, 2017, 92 (3): 155 – 184.

[70] Glover, B. The Expected Cost of Default [J]. Journal of Financial Economics, 2016, 119 (2): 284 – 299.

[71] Hainmueller, J. Entropy Balancing for Causal Effects: A Multivariate Reweighting Method to Produce Balanced Samples in Ob-

servational Studies [J]. Political Analysis, 2012, 20 (1): 25 - 46.

[72] Hansen, B. E. Threshold Effects in Non - Dynamic Panels: Estimation, Testing, and Inference [J]. Journal of Econometrics, 1999, 93 (2): 345 - 368.

[73] Joachim, G. Cross - Default Clauses in Finance Contracts [J]. International Business Law Journal, 1997 (5): 595.

[74] Jorion, P., and G. Zhang. Credit Contagion from Counterparty Risk [J]. The Journal of Finance, 2009, 64 (5): 2053 - 2087.

[75] Kogin, K., M. Isnaeni, and E. Prasetyawati. Ratio Legis of Using Cross Collateral and Cross Default Clauses in Banking Credit Contract [J]. Journal of Law, Policy and Globalization, 2018, 78: 82 - 92.

[76] Kruft, S. R. Cross - Default Provisions in Financing and Derivatives Transactions [J]. Banking Law Journal, 1996, 113 (3): 216 - 240.

[77] Lang, L., and R. Stulz. Contagion and Competitive Intra - Industry Effects of Bankruptcy Announcements: An Empirical Analysis [J]. Journal of Financial Economics, 1992, 32 (1): 45 - 60.

[78] Leland, H. E. Corporate Debt Value, Bond Covenants, and Optimal Capital Structure [J]. The Journal of Finance, 1994, 49 (4): 1213 - 1252.

[79] Li, N., and Y. Lou. Default Clauses in Debt Contracts [J]. Review of Accounting Studies, 2015 (4): 1596 - 1637.

[80] Miller, D. P., and N. Reisel. Do Country - level Investor Protections Affect Security - level Contract Design? Evidence from Foreign Bond Covenants [J]. Review of Financial Studies, 2012, 25

(2): 408 – 438.

[81] Shleifer, A., and R. W. Vishny. Management Entrenchment: The Aase of Manager – Specific Investments [J]. Journal of Financial Economics, 1989, 25 (1): 123 – 139.

[82] Simpson, M. W. A., and A. B. Grossmann. The Value of Restrictive Covenants in the Changing Bond Market Dynamics Before and After the Financial Crisis [J]. Journal of Corporate Finance, 2017, 46 (11): 307 – 319.

[83] Smith, C. W., and J. B. Warner. On Financial Contracting: An Analysis of Bond Covenants [J]. Journal of Financial Economics, 1979, 7 (2): 117 – 161.

[84] Stulz, R. Managerial Control of Voting Rights: Financing Policies and the Market for Corporate Control [J]. Journal of Financial Economics, 1988, 20 (1 – 2): 25 – 54.

[85] Yeh, M., H. Chu, and P. Sher, et al. R&D Intensity, Firm Performance and the Identification of the Threshold: Fresh Evidence from the Panel Threshold Regression Model [J]. Applied Economics, 2010, 42 (3): 389 – 401.

[86] Zhang, X., and S. Zhou. Bond Covenants and Institutional Blockholding [J]. Journal of Banking and Finance, 2018, 96 (C): 136 – 152.

[87] Ziebart, D. A., and S. A. Reiter. Bond ratings, bond yields and financial information [J]. Contemporary Accounting Research, 1992, 9 (1): 252 – 282.

[88] Cong, L. W., H. Gao, and J. Ponticelli, et al. Credit Allocation Under Economic Stimulus: Evidence from China [J]. The Review of Financial Studies, 2019, 32 (9): 3412 – 3460.

[89] Dong, Y., Q. Hou, and C. Ni. Implicit government guarantees and credit ratings. [J]. Journal of Corporate Finance, 2021, 69 (1): 102046.

[90] Elango, B., C. Pattnaik, and J. R. Wieland. Do business group characteristics matter? An exploration on the drivers of performance variation [J]. Journal of Business Research, 2016, 69 (9): 3205 – 3212.

[91] Graham, J. R., S. Li, and J. Qiu. Corporate misreporting and bank loan contracting [J]. Journal of Financial Economics, 2008, 89 (1): 44 – 61.

[92] Jankowitsch, R., F. Nagler, and M. G. Subrahmanyam. The determinants of recovery rates in the US corporate bond market (Article) [J]. Journal of Financial Economics, 2014 (No.1): 155 – 177.

[93] Livingston, M. L. M., W. P. W. P. Poon, and L. Z. L. Zhou. Are Chinese credit ratings relevant? A study of the Chinese bond market and credit rating industry [J]. JOURNAL OF BANKING & FINANCE, 2018 (1): 216 – 232.

[94] Sensoy, A., D. K. Nguyen, and A. Rostom, et al. Dynamic integration and network structure of the EMU sovereign bond markets [J]. Annals of Operations Research, 2019, 281 (1): 297 – 314.

[95] Shorrocks, A. F. Decomposition procedures for distributional analysis: A unified framework based on the Shapley value [J]. Journal of Economic Inequality, 2013, 11 (1): 99 – 126.

投资人保护条款范例

一、交叉保护条款

1.1【触发情形】【发行人及其合并范围内子公司】未能清偿到期应付（或宽限期到期后应付（如有））的其他债务融资工具、公司债、企业债或境外债券的本金或利息[①]；或【发行人及其合并范围内子公司】未能清偿到期应付的任何【金融机构贷款】，且单独或累计的总金额达到或超过：【人民币_____元】，或（2）发行人最近一年或最近一个季度合并财务报表【净资产的_____%】，以较低者为准。

以上【】中内容为可选，说明如下：
（1）违反约定主体范围选项（单选）：
□发行人及其合并范围内子公司；
□发行人本部及持股比例%及以上的子公司；
□发行人本部及核心子公司（如包含核心子公司，应提供子公司名单或明确界定判定标准）；
□发行人本部；
□发行人、控股股东及其合并范围内子公司；

[①] 添加范围以"未能清偿任何债务融资工具、公司债、企业债或境外债券的本金或利息"为最低要求，对其他债务种类不做强制约定。

☐其他。

（2）违反约定债务种类选项（多选）：

☐金融机构贷款（包括银行贷款、信托贷款、财务公司贷款等）；

☐承兑汇票；

☐金融租赁；

☐资产管理计划融资；

☐银行理财直接融资工具；

☐其他（如名股实债）。

（3）违反约定金额绝对值选项（单选）：

☐人民币5000万元；

☐人民币1亿元；

☐其他。

（4）违反约定金额相对值选项（单选）：

☐净资产的3%；

☐净资产的5%；

☐其他。

1.2【处置程序】如果第1.1条中的触发情形发生，发行人应在2个工作日内予以公告，且应立即启动如下保护机制：

（一）书面通知

1.2.1 发行人知悉第1.1条中的触发情形发生或其合理认为可能构成该触发情形的，应当及时书面通知主承销商；任一本期债务融资工具持有人有权利通知主承销商。

1.2.2 主承销商在收到上述通知后，应当及时书面通知本期债务融资工具的全体持有人。

1.2.3 主承销商通过发行人告知以外的途径获悉发生触发情形的，应及时书面通知发行人，以便发行人做出书面确认和解释或者采取补救措施。

（二）救济与豁免机制

1.2.4 主承销商应在知悉（或被合理推断应知悉）发行人第

1.1 条触发情形发生之日起的_____个工作日内召开债务融资工具持有人会议。

1.2.5 发行人可做出适当解释或提供救济方案,以获得持有人会议决议豁免本期债务融资工具违反约定。债务融资工具持有人有权对如下处理方案进行表决:

☐无条件豁免违反约定;

☐持有人对本期债务融资工具享有回售选择权①;

☐有条件豁免违反约定,即如果发行人采取了以下几项或某项救济方案,并在_____日内完成相关法律手续的,则豁免违反约定:

(1) 发行人对本期债务融资工具增加担保;

(2) 发行人提高_____BP 的票面利率;

(3) 自公告之日起直至本期债务融资工具到期之日不得新增发行债务融资工具;

(4) 其他_____。

出席持有人会议的债务融资工具持有人所持有的表决权数额达到本期债务融资工具总表决权的 2/3 以上,并经过出席会议的本期债务融资工具持有人所持表决权的 3/4 以上通过的,上述豁免的决议生效,并对发行人、其他未出席该持有人会议以及对该决议投票反对或弃权的债务融资工具持有人产生同等的法律约束力。发行人应无条件接受持有人会议作出的上述决议,并于_____工作日内完成相关法律手续。

如果出席持有人会议的债务融资工具持有人所持有的表决权数额未达到本期债务融资工具总表决权的 2/3 以上,或未经过出席会议的本期债务融资工具持有人所持表决权的 3/4 以上通过的,视同未获得豁免;则本期债务融资工具本息应在持有人会议召开日的次一日立即到期应付。

---

① 可以参照本范例第 3.2.2 – 3.2.4 条中赋予持有人回售选择权,其中具体的回售价格、触发时间应按情况进行具体约定。

1.2.6 持有人会议决议有条件豁免，但发行人未在_____工作日内完成相关法律手续的，则本期债务融资工具本息在办理法律手续期限届满后次一日立即到期应付。

（三）宽限期

1.2.7 同意给予发行人在发生第 1.1 条触发情形之后的_____个工作日（不得超过 10 个工作日）的宽限期①，若发行人在该期限内对第 1.1 条中的债务进行了足额偿还，则不构成发行人在本期债务融资工具项下的违反约定，无需适用第 1.2 条中约定的救济与豁免机制（触发交叉保护条款项下的债券本息如已设置宽限期，则本宽限期天数为 0 天）。

1.2.8 □宽限期内不设罚息，按照票面利率继续支付利息。/□宽限期内按照_____支付罚息，并按照票面利率继续支付利息。

二、事先约束条款

2.1.1【触发情形】（财务指标承诺）发行人在本期债务融资工具存续期间应当确保□发行人的合并财务报表/□发行人的母公司：□财务报表资产负债率不超过_____%。

□年度/年化净资产收益率（经审计）不得低于____%（不含），且最低净利润不得低于人民币____万元（不含）；

□最低流动比率不得低于_____（不含）；

□有息债务（或短期有息债务）每年增长率不得超过_____%；

□未偿还债务融资工具余额占有息债务（包括金融机构贷款、债务融资工具、公司债、企业债等）的比例不得超过_____%；

---

① 同一发行主体在各期债务融资工具设置的宽限期期限应保持一致。

☐以发行人的母公司财务报表为计算口径，母公司的"经营活动净现金流/总负债（或债务总额）"比例。

发行人及主承销商应按☐季度/☐年度监测。

如果未满足上述约定的任一财务指标要求，则触发第2.2条约定的保护机制。

2.1.2（事先约束事项）发行人在本期债务融资工具存续期间，拟做出如下行为的①，应事先召开持有人会议并经持有人会议表决同意：

☐（1）（出售/转移重大资产）发行人拟出售或转移重大资产或重要子公司或通过委托管理协议等其他形式不再将重大资产、重要子公司纳入合并报表（该类资产单独或累计金额超过发行人最近一年或季度经审计合并财务报表的净资产10%及以上，该类子公司单独或累计营业收入或净利润贡献超过发行人最近一年经审计财务报表营业收入或净利润的30%及以上）；

☐（2）（股权委托管理协议变更）发行人拟解除重要子公司（该类子公司单独或合计营业收入或净利润贡献超过发行人最近一年经审计财务报表营业收入或净利润的30%及以上）股权委托管理行为，解除后发行人不再控制该子公司的；

☐（3）（质押或减持上市子公司股权）在本期债务融资工具存续期间，公司承诺控股的上市公司：（公司全名＋上市公司代码），（股票数额及市值，或持有市值大于等于本期债务融资工具到期本息），拟对该股权质押或减持的；

☐（4）（名股实债）"名股实债"存续规模较大（较大指该类资产占发行人最近一年经审计的净资产的10%及以上，下同）的发行人，发行人拟在存续期间新增金额较大的"名股实债"的；

☐（5）（资产池承诺）在本期债务融资工具存续期间，发

---

① 可选择（1）-（7）项行为中的一项或多项进行约定，也可视实际情况约定其他行为。

行人承诺如下资产不作其他用途出售、转让、抵押、质押或留置，仅作为本期债务融资工具偿债资金来源（请详细列出资产明细，包括但不限于资产名称、类别、账面价值等，上述资产的价值一般情况下能覆盖本期债务融资工具的本息，并可以列出如果上述资产变现，具体挂牌的平台、受托交易机构等要素），并接受主承销商每季度的核查和监测，如果发行人拟对上述资产进行抵质押或转让的；

□（6）（对外提供重大担保）发行人（及其合并范围内子公司）拟对合并口径以外的公司或自然人或其他机构提供超过发行人最近一年或季度（以较低者为准）合并财务报表的净资产_____%以上的担保的；

□（7）（债务重组）发行人拟对本期债务融资工具进行债务重组的；或者虽拟对除本期债务融资工具以外的其他债务进行重组，但对本期债务融资工具的偿还产生重大不利影响的。债务重组包括但不限于债权转股权、展期、削减利率等方式。

主承销商有义务提示并协助发行人召开持有人会议，出席持有人会议的债务融资工具持有人所持有的表决权数额应达到本期债务融资工具总表决权的2/3以上，会议方可生效；同意发行人拟做出的上述行为的持有人会议决议应当由出席会议的本期债务融资工具持有人所持表决权的3/4以上通过后生效；如果出席持有人会议的未达到上述比例要求，应召开第二次会议，对于第二次会议仍未达出席比例要求，视为□同意/□不同意发行人拟做出的上述行为。

2.2【处置程序】如果发行人违反第2.1.1、2.1.2条中的约定，应在2个工作日内予以公告，并立即启动如下保护机制：

（一）书面通知

2.2.1 发行人知悉第2.1.1、2.1.2条中的触发情形发生或其合理认为可能构成该触发情形的，应当及时书面通知主承销商；任一本期债务融资工具持有人有权利通知主承销商。

2.2.2 主承销商在收到上述通知后,应当及时书面通知本期债务融资工具的全体持有人。

2.2.3 主承销商通过发行人告知以外的途径获悉发生触发情形的,应及时书面通知发行人,以便发行人做出书面确认和解释或者采取补救措施。

(二) 救济与豁免机制

2.2.4 主承销商须在知悉(或被合理推断应知悉)第2.1.1、2.1.2 条中的触发情形发生之日起＿＿＿＿个工作日内召开债务融资工具持有人会议①。发行人可做出适当解释或提供救济方案,以获得持有人会议决议豁免本期债务融资工具违反约定。债务融资工具持有人有权对如下处理方案进行表决:

☐无条件豁免违反约定;

☐持有人对本期债务融资工具享有回售选择权②;

☐有条件豁免违反约定,即如果发行人采取了以下几项或某项救济方案,并在＿＿＿＿日内完成相关法律手续的,则豁免违反约定:

(1) 发行人对本期债务融资工具增加担保;

(2) 发行人提高＿＿＿＿BP 的票面利率;

(3) 自公告之日起直至本期债务融资工具到期之日不得新增发行债务融资工具;

(4) 其他＿＿＿＿。

出席持有人会议的债务融资工具持有人所持有的表决权数额达到本期债务融资工具总表决权的 2/3 以上,并经过出席会议的本期债务融资工具持有人所持表决权的 3/4 以上通过的,上述豁免违反约定的决议生效,并对发行人、其他未出席该持有人会议

---

① 持有人会议参会、决议比例可自行约定,但不得低于《银行间债券市场非金融企业债务融资工具持有人会议规程》的相关要求。

② 可以参照本范例第 3.2.2 – 3.2.4 条中赋予持有人回售选择权,其中具体的回售价格、触发时间应按情况进行具体约定。

以及对该决议投票反对或弃权的债务融资工具持有人产生同等的法律约束力。

如果出席持有人会议的债务融资工具持有人所持有的表决权数额未达到本期债务融资工具总表决权的 2/3 以上，或未经过出席会议的本期债务融资工具持有人所持表决权的 3/4 以上通过的，视同持有人□无条件豁免/□未豁免发行人违反约定的行为。

2.2.5 发行人应无条件接受持有人会议作出的上述决议，如果发行人未获得豁免，则发行人在该触发情形发生之日（若有宽限期的，在宽限期到期之日）起构成违反约定，□且本期债务融资工具持有人可在持有人会议召开日的次一日提起诉讼或仲裁/□则本期债务融资工具本息应在持有人会议召开的次一日立即到期应付；若持有人会议决议有条件豁免，发行人应于_____个工作日内完成相关法律手续，发行人未在该工作日内完成相关法律手续的，□则本期债务融资工具持有人可在办理法律手续期限届满后次一日提起诉讼或仲裁/□则本期债务融资工具本息应在办理法律手续期限届满后次一日立即到期应付。

（三）宽限期

2.2.6 同意给予发行人在第 2.1.1、2.1.2 条中的触发情形发生之日起_____个工作日的宽限期，若发行人在该期限内恢复原状，则不构成发行人在本期债务融资工具项下的违反约定，无需适用第 2.2 条中约定的救济与豁免机制。如有宽限期，应早于持有人会议召开日到期。

2.2.7 □宽限期内不设罚息，按照票面利率继续支付利息/□宽限期内按照_____支付罚息，并按照票面利率继续支付利息。

三、控制权变更条款

3.1【触发情形】按照《公司法》等相关法律法规规定，结合企业实际情况，根据发行人律师认定和发行人在募集说明书中确认，发行人的控股股东为＿＿＿＿，实际控制人为＿＿＿＿。在本期债务融资工具存续期内，出现下列情形之一：

1. 控制权变更

☐（1）控股股东发生变更；

☐（2）实际控制人发生变更；

☐（3）＿＿＿＿不再为发行人股东；

☐（4）董事长＿＿＿＿或者总经理＿＿＿＿发生变动或无法履行职责；

☐（5）发行人＿＿＿＿（比例）以上董事发生变动（发行人可根据企业情况确定董事发生变动的比例）。

2. 因控制权变更导致信用评级发生变化

☐（1）控制权变更导致信用评级下调；

☐（2）控制权变更导致信用评级展望由稳定调为负面。

3.2【处置程序】如果第 3.1 条中的触发情形发生，应立即启动如下保护机制：

（一）**信息披露**

3.2.1 发行人应在下列控制权变更信息披露事项发生之日起两个工作日内，及时通过中国银行间市场交易商协会认可的渠道以公告的方式进行信息披露，说明事项的起因、目前的状态和可能产生的影响，并持续披露控制权变更的有关事项：

（1）董事会、监事会或者其他有权决策机构就控制权变更事项形成决议时；

（2）有关各方就控制权变更事项签署意向书或者协议时；

（3）董事、监事或者高级管理人员知悉控制权变更事项发生并有义务进行报告时；

（4）收到相关主管部门决定或通知时。

（二）回售安排或违反控制权约定事项①

3.2.2 发行人应在下列事项发生之日起两个工作日内，及时在中国银行间市场交易商协会认可的网站向市场发布投资者回售公告，包括回售登记的方式、期限、价格、行权日等事项，主承销商应协助发行人进行债券回售登记（回售登记期限不应超过10天）。投资者可选择继续持有或回售债券，若选择回售的，应回售登记期内进行登记，将持有的本期债务融资工具以票面价值101%②的价格全部或部分回售给发行人：

☐（1）信用评级下调或展望调为负面时；③

☐（2）有关股权转让完成交割时；

☐（3）第3.1条中约定的触发情形实际发生时。

3.2.3 投资者选择将持有的该期债务融资工具全部或部分回售给发行人的，须于回售登记期内与主承销商联系并进行登记；若投资者未作登记，则视为继续持有本期债券并接受上述调整。

3.2.4 如投资者行使回售选择权，发行人应及时筹措资金，保证在投资者回售登记期结束后一个月内兑付完毕，并按照票面利率支付该部分债务融资工具的应计及未付利息。

发行人发行本期债务融资工具，主承销商承销本期债务融资工具，以及本期债务融资工具持有人认购或购买本期债务融资工具，均视为已同意及接受上述约定，并认可该等约定构成对其有法律约束力的相关合同义务。发行人违反上述约定，投资人有权向人民法院提起诉讼或提交仲裁委员会仲裁，【诉讼/仲裁（二选一）】。持有人会议的召开应不违反《持有人会议规程》的相关规定。

---

① 发行人可选择控制权变更触发回售权，或违反控制权约定事项，如选择违反控制权约定事项，参照本范例第2.2.1－2.2.5条约定的程序进行处置（不设置宽限期）。

② 根据市场惯例，投资人回售价格为票面价值101%；发行人可选择其他回售价格，但应在募集说明书中明确。

③ 如在第3.1条触发情形中勾选"因控制权变更导致信用评级发生变化"的，本条为必选项。

银行间债券市场非金融企业债务融资工具信息披露规则

(2008年4月15日第一届常务理事会第二次会议审议通过；2012年3月1日第三届常务理事会第一次会议修订；2017年6月16日第三届理事会第三次会议修订；2021年2月9日第三届理事会第十三次会议修订；2023年6月29日第四届理事会第九次会议授权修订)

第一章 总 则

第一条 为规范银行间债券市场非金融企业债务融资工具发行企业（以下简称"企业"）和其他信息披露义务人的信息披露行为，维护银行间债券市场秩序，保护市场参与者合法权益，根据中国人民银行《银行间债券市场非金融企业债务融资工具管理办法》（中国人民银行令〔2008〕第1号）、《公司信用类债券信息披露管理办法》及相关法律法规，制定本规则。

第二条 中国银行间市场交易商协会（以下简称"交易商协会"）对非金融企业债务融资工具（以下简称"债务融资工具"）信息披露及相关工作实施自律管理。

第三条 债务融资工具发行及存续期的信息披露适用本规则。法律法规或交易商协会另有规定的，从其规定。

本规则所称存续期为债务融资工具发行登记完成直至付息兑付全部完成或发生债务融资工具债权债务关系终止的其他情形期间。

第四条 信息披露应当遵循真实、准确、完整、及时、公平的原则,不得有虚假记载、误导性陈述或重大遗漏。

信息披露语言应简洁、平实和明确,不得有祝贺性、广告性、恭维性或诋毁性的词句。

第五条 信息披露文件一经发布不得随意变更。确有必要进行变更或更正的,应披露变更公告和变更或更正后的信息披露文件。已披露的原文件应在信息披露渠道予以保留,相关机构和个人不得对其进行更改或替换。

第六条 债务融资工具的投资者应当对披露信息进行独立分析,独立判断债务融资工具的投资价值,自行承担投资风险。

第七条 本规则是债务融资工具信息披露的最低要求。不论本规则是否明确规定,凡对发行债务融资工具的非金融企业偿债能力或投资者权益可能有重大影响的信息,企业和其他相关信息披露义务人均应当及时披露。

第八条 除依本规则需要披露的信息之外,信息披露义务人可以自愿披露与投资者作出价值判断和投资决策有关的信息,但应符合法律法规及本规则相关要求,以事实为基础,不得误导投资者。

第二章 企业信息披露

第一节 一般规定

第九条 企业应当及时、公平地履行信息披露义务,企业及其全体董事、监事、高级管理人员应当忠实、勤勉地履行信息披露职责,保证信息披露内容真实、准确、完整,不存在虚假记载、误导性陈述或重大遗漏。

企业的董事、监事和高级管理人员或履行同等职责的人员无法保证发行文件和定期报告内容的真实性、准确性、完整性或者有异议的,应当在发行文件和定期报告中发表意见并陈述理由,企业应当披露。企业不予披露的,董事、监事和高级管理人员可以提供能够证明其身份的证明材料,并向交易商协会申请披露对发行文件或定期报告的相关异议。企业控股股东、实际控制人应当诚实守信、勤勉尽责,配合企业履行信息披露义务。

第十条 企业应当建立信息披露事务管理制度。信息披露事务管理制度应当经企业董事会或其他有权决策机构审议通过。

第十一条 企业应当设置并披露信息披露事务负责人。信息披露事务负责人负责组织和协调债务融资工具信息披露相关工作,接受投资者问询,维护投资者关系。信息披露事务负责人应当由企业董事、高级管理人员或具有同等职责的人员担任。对未按规定设置并披露信息披露事务负责人的,视为由企业法定代表人担任。

第十二条 债务融资工具清偿义务承继方(以下简称"承继方")、为债务融资工具提供信用增进服务的机构(以下简称"增进机构")及相关责任人应比照本节对企业的要求建立信息披露事务管理制度,设置信息披露事务负责人,承担信息披露责任。

第二节 发行的信息披露

第十三条 企业发行债务融资工具,应当根据相关规定于发行前披露以下文件:

(一)企业最近三年经审计的财务报告及最近一期会计报表;

(二)募集说明书;

(三)信用评级报告(如有);

(四)受托管理协议(如有);

(五)法律意见书;

(六)交易商协会要求的其他文件。

定向发行对本条涉及内容另有规定或约定的,从其规定或约定。

第十四条 企业应当在募集说明书显著位置作如下提示:

"本企业发行本期债务融资工具已在交易商协会注册,注册不代表交易商协会对本期债务融资工具的投资价值作出任何评价,也不表明对债务融资工具的投资风险做出了任何判断。凡欲认购本期债务融资工具的投资者,请认真阅读本募集说明书全文及有关的信息披露文件,对信息披露的真实性、准确性和完整性进行独立分析,并据以独立判断投资价值,自行承担与其有关的任何投资风险。"

定向发行对本条涉及内容另有规定或约定的,从其规定或约定。

第十五条　企业应当在首次发行前披露信息披露事务管理制度主要内容的公告,并在发行文件中披露信息披露事务负责人相关情况。增进机构未披露过信息披露事务管理制度的,应在首次提供信用增进业务前披露信息披露事务管理制度主要内容的公告。

第十六条　企业或簿记管理人应当在不晚于债务融资工具交易流通首日披露发行结果。公告内容包括但不限于当期债券的实际发行规模、期限、价格等信息。

第三节　存续期信息披露

第十七条　债务融资工具存续期内,企业信息披露的时间应当不晚于企业按照境内外监管机构、市场自律组织、证券交易场所要求,或者将有关信息刊登在其他指定信息披露渠道上的时间。

第十八条　债务融资工具存续期内,企业应当按以下要求披露定期报告:

(一)企业应当在每个会计年度结束之日后4个月内披露上一年年度报告。年度报告应当包含报告期内企业主要情况、审计机构出具的审计报告、经审计的财务报表、附注以及其他必要信息;

（二）企业应当在每个会计年度的上半年结束之日后 2 个月内披露半年度报告；

（三）企业应当在每个会计年度前 3 个月、9 个月结束后的 1 个月内披露季度财务报表，第一季度财务报表的披露时间不得早于上一年年度报告的披露时间；

（四）定期报告的财务报表部分应当至少包含资产负债表、利润表和现金流量表。编制合并财务报表的企业，除提供合并财务报表外，还应当披露母公司财务报表。

企业定向发行债务融资工具的，应当按照前款规定时间，比照定向注册发行关于财务信息披露的要求披露定期报告。

第十九条 增进机构应当比照企业的披露时间要求披露定期报告。增进机构披露的年度报告应包括审计报告、经审计的财务报表及附注。定期报告的财务报表部分应当至少包含资产负债表、利润表和现金流量表。编制合并财务报表的，除提供合并财务报表外，还应当披露母公司财务报表。

第二十条 企业、增进机构无法按时披露定期报告的，应当于本规则第十八条、第十九条规定的披露截止时间前，披露未按期披露定期报告的说明文件，内容包括但不限于未按期披露的原因、预计披露时间等情况。

企业、增进机构披露前款说明文件的，不代表豁免定期报告的信息披露义务。

第二十一条 存续期内，企业发生可能影响债务融资工具偿债能力或投资者权益的重大事项时，应当及时披露，并说明事项的起因、目前的状态和可能产生的影响。所称重大事项包括但不限于：

（一）企业名称变更；

（二）企业生产经营状况发生重大变化，包括全部或主要业务陷入停顿、生产经营外部条件发生重大变化等；

（三）企业变更财务报告审计机构、债务融资工具受托管理人、信用评级机构；

（四）企业1/3以上董事、2/3以上监事、董事长、总经理或具有同等职责的人员发生变动；

（五）企业法定代表人、董事长、总经理或具有同等职责的人员无法履行职责；

（六）企业控股股东或者实际控制人变更，或股权结构发生重大变化；

（七）企业提供重大资产抵押、质押，或者对外提供担保超过上年末净资产的20%；

（八）企业发生可能影响其偿债能力的资产出售、转让、报废、无偿划转以及重大投资行为、重大资产重组；

（九）企业发生超过上年末净资产10%的重大损失，或者放弃债权或者财产超过上年末净资产的10%；

（十）企业股权、经营权涉及被委托管理；

（十一）企业丧失对重要子公司的实际控制权；

（十二）债务融资工具信用增进安排发生变更；

（十三）企业转移债务融资工具清偿义务；

（十四）企业一次承担他人债务超过上年末净资产10%，或者新增借款超过上年末净资产的20%；

（十五）企业未能清偿到期债务或企业进行债务重组；

（十六）企业涉嫌违法违规被有权机关调查，受到刑事处罚、重大行政处罚或行政监管措施、市场自律组织做出的债券业务相关的处分，或者存在严重失信行为；

（十七）企业法定代表人、控股股东、实际控制人、董事、监事、高级管理人员涉嫌违法违规被有权机关调查、采取强制措施，或者存在严重失信行为；

（十八）企业涉及重大诉讼、仲裁事项；

（十九）企业发生可能影响其偿债能力的资产被查封、扣押或冻结的情况；

（二十）企业拟分配股利，或发生减资、合并、分立、解散及申请破产的情形；

（二十一）企业涉及需要说明的市场传闻；

（二十二）债务融资工具信用评级发生变化；

（二十三）企业订立其他可能对其资产、负债、权益和经营成果产生重要影响的重大合同；

（二十四）发行文件中约定或企业承诺的其他应当披露事项；

（二十五）其他可能影响其偿债能力或投资者权益的事项。

定向发行对本条涉及内容另有规定或约定的，从其规定或约定。

第二十二条　增进机构在发生以下可能影响其信用增进能力的重大事项时，应当及时披露，并说明事项的起因、目前的状态和可能产生的影响。

（一）名称变更；

（二）未能清偿到期债务；

（三）未能按照约定履行债券信用增进义务或超过上年末净资产10%以上的担保责任；

（四）发生减资、合并、分立、解散及申请破产的情形，或受到重大行政处罚；

（五）发行文件中约定或增进机构承诺的其他应当披露事项；

（六）其他可能影响其信用增进能力或投资者权益的事项。

第二十三条　企业、增进机构应当在出现以下情形之日后2个工作日内，履行本规则第二十一条、第二十二条规定的重大事项的信息披露义务：

（一）董事会、监事会或者其他有权决策机构就该重大事项形成决议时；

（二）有关各方就该重大事项签署意向书或者协议时；

（三）董事、监事、高级管理人员或者具有同等职责的人员知道该重大事项发生时；

（四）收到相关主管部门关于重大事项的决定或通知时；

（五）完成工商登记变更时。

重大事项出现泄露或市场传闻的，企业、增进机构应当在出现该情形之日后2个工作日内履行本规则第二十一条、第二十二条规定的重大事项的信息披露义务。

已披露的重大事项出现重大进展或变化的，企业、增进机构应当在进展或变化发生之日后2个工作日内披露进展或者变化情况及可能产生的影响。

第二十四条　企业、增进机构变更信息披露事务管理制度的，应当在披露最近一期年度报告或半年度报告披露变更后制度的主要内容；企业、增进机构无法按时披露上述定期报告的，企业、增进机构应当于本规则第十八条、第十九条规定的披露截止时间前披露变更后制度的主要内容。

第二十五条　企业、增进机构变更信息披露事务负责人的，应当在变更之日后2个工作日内披露变更情况及接任人员；对于未在信息披露事务负责人变更后确定并披露接任人员的，视为由法定代表人担任。如后续确定接任人员，应当在确定接任人员之日后2个工作日内披露。

第二十六条　债务融资工具存续期内变更增进机构的，变更后的增进机构应当在不晚于信用增进承诺函披露之日前披露信息披露事务负责人相关情况及信息披露事务管理制度的主要内容。

第二十七条　企业变更债务融资工具募集资金用途的，应当按照规定和约定履行必要变更程序，并至少于募集资金使用前5个工作日披露拟变更后的募集资金用途。

第二十八条　企业、增进机构对财务信息差错进行更正，涉及未经审计的财务信息的，应当同时披露更正公告及更正后的财务信息。

涉及经审计财务信息的，企业、增进机构应当聘请会计师事务所进行全面审计或对更正事项进行专项鉴证，并在更正公告披露之日后 30 个工作日内披露专项鉴证报告及更正后的财务信息；如更正事项对经审计的财务报表具有广泛性影响，或者该事项导致公司相关年度盈亏性质发生改变，应当聘请会计师事务所对更正后的财务信息进行全面审计，并在更正公告披露之日后 30 个工作日内披露审计报告及经审计的财务信息。

第二十九条　债务融资工具清偿义务发生转移的，承继方应当接受交易商协会的自律管理，比照本规则中对企业的要求履行相应义务，并在提交债务融资工具登记要变更申请之日前披露信息披露事务负责人相关情况及信息披露事务管理制度的主要内容。

第三十条　债务融资工具附选择权条款、投资人保护条款等特殊条款的，企业应当按照相关规定和发行文件约定及时披露相关条款的触发和执行情况。

第三十一条　企业应当至少于债务融资工具利息支付日或本金兑付日前 5 个工作日披露付息或兑付安排情况的公告。

第三十二条　债务融资工具偿付存在较大不确定性的，企业应当及时披露付息或兑付存在较大不确定性的风险提示公告。

第三十三条　债务融资工具未按照约定按期足额支付利息或兑付本金的，企业应在当日披露未按期足额付息或兑付的公告；存续期管理机构应当不晚于次 1 个工作日披露未按期足额付息或兑付的公告。

第三十四条　债务融资工具违约处置期间，企业及存续期管理机构应当披露违约处置进展，企业应当披露处置方案主要内容。企业在处置期间支付利息或兑付本金的，应当在 1 个工作日内进行披露。

第三十五条　若企业无法履行支付利息或兑付本金义务，提请增进机构履行信用增进义务的，企业应当及时披露提请启动信用增进程序的公告。

第三十六条　增进机构应在知道或应当知道其需履行信用增

进义务的5个工作日内,披露信用增进履行安排公告,并于履行债务融资工具信用增进义务之日后1个工作日内进行披露。

第三十七条 增进机构未能按照约定履行债务融资工具信用增进义务的,应于约定履行日期后的1个工作日内进行披露。

第三十八条 企业进入破产程序的,信息披露义务由破产管理人承担,企业自行管理财产或营业事务的,由企业承担。

破产信息披露义务人无需按照本节要求披露定期报告和重大事项,但应当在知道或应当知道以下情形之日后2个工作日内披露破产进展:

(一)人民法院作出受理企业破产申请的裁定;

(二)人民法院公告债权申报安排;

(三)计划召开债权人会议;

(四)破产管理人提交破产重整计划、和解协议或破产财产变价方案和破产财产分配方案;

(五)人民法院裁定破产重整计划、和解协议、破产财产变价方案和破产财产分配方案;

(六)重整计划、和解协议和清算程序开始执行及执行完毕;

(七)人民法院终结重整程序、和解程序或宣告破产;

(八)其他可能影响投资者决策的重要信息。

破产信息披露义务人应当在向人民法院提交破产重整计划、和解协议、破产财产变价方案和破产财产分配方案及其他影响投资者决策的重要信息之日后5个工作日内披露上述文件的主要内容,并同时披露审计报告、资产评估报告等财产状况报告。

发生对债权人利益有重大影响的财产处分行为的,破产信息披露义务人应当在知道或应当知道后2个工作日内进行信息披露。

第三章 其他机构信息披露

第三十九条 为债务融资工具的发行、交易、存续期管理提供中介服务的专业机构（以下简称"中介机构"）和人员，包括但不限于承销机构、存续期管理机构、受托管理人、会计师事务所、律师事务所、资产评估机构、信用评级机构或具有同等职责的机构等，应当勤勉尽责，严格遵守相关法律法规、执业规范和自律规则，按规定和约定履行义务，并对所出具的专业报告、专业意见以及其所披露的其他信息负责。

第四十条　承担存续期管理职责的机构（以下简称"存续期管理机构"），应当按照规定和约定履行信息披露职责或义务，并督促企业依照本规则规定履行信息披露义务。

第四十一条　受托管理人应当建立信息披露事务管理制度，并按照规定和约定履行信息披露职责或义务。

第四十二条　会计师事务所应当严格执行注册会计师执业准则及相关规定，合理运用职业判断，通过设计和实施恰当的程序、方法和技术，获取充分、适当证据，并在此基础上发表独立意见。

第四十三条　律师事务所应当严格执行律师执业准则及相关从业规定，合理运用职业判断，勤勉尽责，依法独立发表法律意见。

第四十四条　信用评级机构应当按照规定及合同约定持续跟踪受评对象信用状况的变化情况，及时发布定期跟踪评级报告。跟踪评级期间，发生可能影响受评对象偿债能力的重大事项时，信用评级机构应当及时启动不定期跟踪评级程序，发布不定期跟踪评级报告。

第四十五条　企业、承继方、增进机构等应当确保其向中介机构提供的与债务融资工具相关的所有资料真实、准确、完整。

中介机构出具文件需要依据企业、承继方、增进机构等提供文件资料的，应当对其内容的真实性、准确性、完整性进行必要的核查和验证。中介机构认为文件资料存在虚假记载、误导性陈述、重大遗漏等情形的，应当要求其补充、纠正。提供方不予以纠正的，中介机构应在其出具的文件中就上述情形进行说明。

第四十六条 中介机构应当制作并妥善保存信息披露相关工作底稿，包括出具文件所依据的资料、尽职调查报告、会议纪要、谈话记录等。工作底稿至少应保存至债权债务关系终止后5年，并符合法律法规及行业规范相关要求。

第四十七条 为债务融资工具提供登记托管和代理付息兑付的机构（以下简称"登记托管机构"）在债务融资工具利息支付日或本金兑付日未足额收到兑付资金的，应及时以书面形式向交易商协会报告，并不晚于次1个工作日向投资者公告或告知持有人。

第四十八条 交易商协会授权北京金融资产交易所（以下简称"北金所"）在本规则第十八条、第十九条规定的信息披露期限结束之日后5个工作日内，将定期报告信息披露情况通过协会认可的信息披露渠道向市场公告。

第四章 自律管理和自律处分

第四十九条 企业等相关信息披露义务人未按规定建立信息披露事务管理制度并披露制度主要内容，或者未设置并披露信息披露事务负责人的，予以通报批评，可并处责令改正。

第五十条 企业披露的债务融资工具发行文件缺失，或者发行文件披露信息缺少重要内容的，予以诫勉谈话、通报批评或警告，可并处责令改正、责令致歉、暂停相关业务或暂停会员权利。

第五十一条 企业、增进机构未按第十八条和第十九条规定披露半年度报告或季度财务报表的，予以诫勉谈话或通报批评，可并处责令改正或责令致歉；未按规定披露年度报告的，予以通报批评或警告，可并处责令改正、责令致歉、暂停相关业务或暂停会员权利。

第五十二条 企业、增进机构在存续期内未按第二十一条、第二十二条、第二十三条规定披露重大事项的，予以诫勉谈话、通报批评、警告或严重警告，可并处责令改正、责令致歉、暂停相关业务或暂停会员权利。

第五十三条 企业、增进机构已经披露的有关制度、信息披露事务负责人、募集资金用途或财务信息等需要变更或更正，未按规定披露有关公告的，予以诫勉谈话或通报批评，可并处责令改正或责令致歉。

第五十四条 企业未按规定披露兑付安排公告或风险提示公告的，予以诫勉谈话或通报批评，可并处责令改正；债务融资工具未按期足额兑付，企业未按规定披露有关公告的，予以通报批评或警告，可并处责令改正、责令致歉、暂停相关业务或暂停会员权利。

第五十五条 中介机构未按规定或约定履行信息披露义务，或者披露的信息存在错误的，予以诫勉谈话或通报批评，可并处责令改正。

第五十六条 中介机构未按规定保存有关文件和资料等工作底稿的，予以诫勉谈话或通报批评，可并处责令改正；工作底稿严重缺失，或者泄露、隐匿、伪造或损毁工作底稿的，予以警告、严重警告或公开谴责，可并处责令改正、暂停相关业务、暂停会员权利或取消业务资格。

第五十七条 企业、中介机构等信息披露义务人披露的信息存在虚假记载、误导性陈述或重大遗漏的，予以警告、严重警告或公开谴责，可并处责令改正、责令致歉、暂停相关业务或暂停会员权利。

第五十八条 企业、增进机构等信息披露义务人因违反本规则被自律处分的，对负有直接责任的信息披露事务负责人、董事、监事、高级管理人员和其他责任人员，根据情节严重程度，予以诫勉谈话、通报批评、警告、严重警告或公开谴责的处分，可并处责令改正、责令致歉或认定不适当人选。

第五十九条 中介机构因违反本规则被自律处分的，对直接负责的主管人员和其他直接责任人员,根据情节严重程度,予以诫勉谈话、通报批评、警告、严重警告或公开谴责的处分,可并处责令改正、责令致歉或认定不适当人选。

第六十条 承继方等未按规定履行信息披露义务的,参照对企业的标准予以相应的自律处分。

第六十一条 上述违规事项情形明显轻微或者情形严重、需要先行予以处理的,可根据相关规定予以自律管理措施。企业等信息披露义务人及相关责任人员存在违反本规则规定的其他行为的,交易商协会将依据相关规定,根据情节予以自律管理措施或自律处分措施。

第五章 附 则

第六十二条 对资产支持票据、境外非金融企业债务融资工具等产品的信息披露另有规定或约定的,从其规定或约定。

第六十三条 本规则所称净资产,指企业合并范围内经审计的净资产。

第六十四条 信息披露文件应以符合规定的格式送达交易商协会综合业务和信息服务平台(以下简称"综合平台")。

交易商协会授权北金所对发送至综合平台的信息披露文件进行格式审核。完成格式审核的信息披露文件应当通过综合平台披露。

综合平台应当将符合要求的信息披露文件同时发送至全国银行间同业拆借中心、登记托管机构和北金所等信息披露服务平台,由其及时在官方网站发布。

北金所作为综合平台的技术支持机构,应当做好基础设施的运营和维护,为信息披露提供必要的服务支持和技术保障,及时发布并妥善保管信息,不得发布虚假信息或故意隐匿、伪造、篡改或毁损信息披露文件或泄露非公开信息。

第六十五条 企业及其他信息披露义务人可以依据国家有关保密法律法规豁免披露本规则规定的信息。

第六十六条　本规则由交易商协会秘书处负责解释。

第六十七条　本规则自公布之日起施行。

银行间债券市场非金融企业债务融资工具持有人会议规程

（2010年8月27日第二届常务理事会第二次会议审议通过；2013年6月27日第三届常务理事会第六次会议修订；2019年11月22日第五届常务理事会第十四次会议修订；2023年12月7日第四届理事会第十一次会议修订）

第一章　总　　则

第一条　为了保护银行间债券市场非金融企业债务融资工具（以下简称"债务融资工具"）投资人的合法权益，规范债务融资工具持有人会议，明确相关各方的权利义务，根据中国人民银行《银行间债券市场非金融企业债务融资工具管理办法》（中国人民银行令〔2008〕第1号发布）等相关法律法规及中国银行间市场交易商协会（以下简称"交易商协会"）相关自律规则，制定本规程。

第二条　债务融资工具持有人会议适用本规程。本规程的规定是持有人会议的最低要求，交易商协会另有规定的，从其规定。

第三条　持有人会议由本期债务融资工具持有人或其授权代表参加，以维护债务融资工具持有人的共同利益，表达债务融资工具持有人的集体意志为目的。

第四条　持有人会议应当围绕本期债务融资工具募集说明书或发行协议（以下统称"发行文件"）、受托管理协议及相关补充协议项下权利义务实现的有关事项进行审议与表决。

持有人会议议案应有明确的待决议事项，遵守法律法规和银行间市场自律规则，尊重社会公德，不得扰乱社会经济秩序、损害社会公共利益及他人合法权益。

第五条 发行人应当在发行文件中将下列事项约定为持有人会议的特别议案：

（一）变更本期债务融资工具与本息偿付直接相关的条款，包括本金或利息金额、计算方式、支付时间、信用增进安排；

（二）新增、变更发行文件中的选择权条款、持有人会议机制、同意征集机制、投资人保护条款以及争议解决机制；

（三）聘请、解聘、变更本期债务融资工具受托管理人或变更涉及持有人权利义务的受托管理协议条款；

（四）除合并、分立外，发行人向第三方转移本期债务融资工具清偿义务；

（五）变更可能会严重影响持有人收取本期债务融资工具本息的其他约定。

第六条 持有人会议涉及的召集人、发行人、提供信用增进服务的机构（以下简称"增进机构"）和相关中介机构应当遵循诚实、守信、独立、勤勉、尽责的原则，保证其所出具文件的真实性、准确性、完整性和及时性。

债务融资工具持有人应当遵循平等自愿、诚实守信、合法合规的原则参与持有人会议。

第七条 除法律法规另有规定外，持有人会议所作出的决议对本期债务融资工具持有人，包括所有参加会议或未参加会议，同意议案、反对议案或放弃投票权，有表决权或无表决权的持有人，以及在相关决议作出后受让债务融资工具的持有人，具有同等效力和约束力。

持有人会议决议对发行人、增进机构、受托管理人等第三方机构，需根据法律法规或当事人之间的约定产生效力。

第八条 发行人应当在发行文件中明确约定持有人会议的权限范围、召开情形、议案类型、会议召集与决策程序、会议有效性、表决比例、决议效力范围和其他重要事项，并且就议案表决机制对投资人权益的影响进行风险提示，约定内容应当符合本规程及相关自律规则要求。发行人在发行文件中约定同意征集程序的，可以在符合相关自律规则要求的前提下约定与持有人会议的衔接机制。

债务融资工具设有选择权等条款，可能导致持有人对发行人及相关方享有不同请求权的，发行人应当在发行文件约定不同请求权持有人的表决机制，有效表决结果对持有相同请求权的持有人均具有约束力。

第二章 会议召集人与召开情形

第九条 发行人应当在发行文件中约定持有人会议的召集人。召集人原则上由受托管理人或为本期债务融资工具提供存续期管理服务的机构（以下简称"存续期管理机构"）担任。

第十条 召集人负责组织召开持有人会议，征求与收集债务融资工具持有人对会议审议事项的意见，履行信息披露、文件制作、档案保存等职责。

召集人知悉持有人会议召开情形发生的，应当在实际可行的最短期限内或在发行文件约定期限内召集持有人会议；未触发召开情形但召集人认为有必要召集持有人会议的，也可以主动召集。

召集人召集召开持有人会议应当保障持有人提出议案、参加会议、参与表决等本规程规定或发行文件约定的程序权利。

第十一条 召集人不能履行或者不履行召集职责的，以下主体可以自行召集持有人会议，履行召集人的职责：

（一）发行人；
（二）增进机构；

（三）受托管理人；

（四）出现本规程第十二条、第十三条规定情形的，单独或合计持有10%以上本期债务融资工具余额的持有人；

（五）出现本规程第十四条规定情形的，单独或合计持有30%以上本期债务融资工具余额的持有人。

第十二条 债务融资工具存续期间（以下称"存续期内"）出现以下情形之一的，召集人应当召集持有人会议。

（一）发行人未按照约定按期足额兑付本期债务融资工具本金或利息；

（二）发行人拟解散、申请破产、被责令停产停业、暂扣或者吊销营业执照；

（三）发行人、增进机构或受托管理人书面提议召开持有人会议对特别议案进行表决；

（四）单独或合计持有30%以上本期债务融资工具余额的持有人书面提议召开；

（五）法律、法规及相关自律规则规定，或发行文件约定的其他应当召开持有人会议的情形。

第十三条 存续期内出现以下情形之一，且有单独或合计持有10%以上本期债务融资工具余额的持有人、受托管理人、发行人或增进机构书面提议的，召集人应当召集持有人会议。相关事项披露之日起15个工作日内未满足提议条件，或前期已就同一事项召集会议且相关事项未发生重大变化的，召集人可以不召集持有人会议。

（一）本期债务融资工具信用增进安排、增进机构偿付能力发生重大不利变化；

（二）发行人发行的其他债务融资工具或境内外债券的本金或利息未能按照约定按期足额兑付；

（三）发行人及合并范围内子公司拟出售、转让、划转资产或放弃其他财产，将导致发行人净资产减少单次超过上年末经审计净资产的 10%；

（四）发行人及合并范围内子公司因会计差错更正、会计政策或会计估计的重大自主变更等原因，导致发行人净资产单次减少超过 10%；

（五）发行人最近一期净资产较上年末经审计净资产减少超过 10%；

（六）发行人及合并范围内子公司发生可能导致发行人丧失其重要子公司实际控制权的情形；

（七）发行人及合并范围内子公司拟无偿划转、购买、出售资产或者通过其他方式进行资产交易，构成重大资产重组的；

（八）发行人进行重大债务重组；

（九）发行人拟合并、分立、减资，被暂扣或者吊销许可证件；

（十）发行文件约定的其他情形。

第十四条 存续期内虽未出现第十二条、第十三条规定情形，单独或合计持有 10% 以上本期债务融资工具余额的持有人、受托管理人、发行人或增进机构认为有需要召开持有人会议的，可以向召集人书面提议。召集人应当自收到书面提议起 5 个工作日内向提议人书面回复是否同意召集持有人会议。

第十五条 发行人或者增进机构发生第十二条、第十三条规定情形的，应当及时披露或告知召集人。

第三章 会议召集与召开

第十六条 召集人应当至少于持有人会议召开日前 10 个工作日披露持有人会议召开公告（以下简称"召开公告"）。召开公告应当包括但不限于下列事项：

（一）本期债务融资工具基本信息、会议召开背景；

（二）会议要素：召集人、会议时间、地点与召开形式等；

（三）会议议事程序：议案发送与补充程序、债权登记日、表决截止日等；

（四）参会程序：参会证明的要求等；

（五）表决程序：表决回执的要求、提交截止时点等；

（六）会务联系方式。

第十七条　召集人应当与发行人、持有人或增进机构等相关方沟通，并拟定议案。提议召开持有人会议的机构应当在书面提议中明确拟审议事项。

召集人应当至少于持有人会议召开日前7个工作日将议案披露或发送持有人。议案内容与发行人、增进机构、受托管理人等机构有关的，应当同时发送至相关机构。持有人及相关机构未查询到或收到议案的，可以向召集人获取。

第十八条　发行人、增进机构、受托管理人、单独或合计持有10%以上本期债务融资工具余额的持有人可以于会议召开日前5个工作日以书面形式向召集人提出补充议案。

召集人拟适当延长补充议案提交期限的，应当披露公告，但公告和补充议案的时间均不得晚于最终议案概要披露时点。

第十九条　召集人可以提出补充议案，或在不影响提案人真实意思表示的前提下对议案进行整理合并，形成最终议案，并提交持有人会议审议。最终议案较初始议案有增补或修改的，召集人应当在不晚于会议召开前3个工作日将最终议案发送至持有人及相关机构。

召集人应当在不晚于会议召开前3个工作日披露最终议案概要，说明议案标题与主要内容等信息。召集人已披露完整议案的，视为已披露最终议案概要。

第二十条　持有人会议债权登记日为持有人会议召开日的前1个工作日。

除法律、法规及相关自律规则另有规定外，在债权登记日确认债权的债务融资工具持有人有权参加会议。

第二十一条　债务融资工具持有人应当于会议召开前提供债

权登记日的债券账务资料以证明参会资格。召集人应当对债务融资工具持有人或其授权代表的参会资格进行确认，并登记其名称以及持有份额。债务融资工具持有人在持有人会议召开前未向召集人证明其参会资格的，不得参加会议和参与表决。

持有人可以通过提交参会回执或出席持有人会议的方式参加会议。

第二十二条 发行人、债务融资工具清偿义务承继方（以下简称"承继方"）、增进机构等相关方应当配合召集人召集持有人会议，并按照召集人的要求列席持有人会议。

受托管理人不是召集人的，应当列席持有人会议，及时了解持有人会议召开情况。

信用评级机构、存续期管理机构、为持有人会议的合法合规性出具法律意见的律师可以应召集人邀请列席会议。

交易商协会可以派员列席持有人会议。

第二十三条 发行人出现公司信用类债券违约以及其他严重影响持有人权益突发情形的，召集人可以在不损害持有人程序参与权的前提下，合理缩短持有人会议召集、召开与表决程序。

会议程序缩短的，召集人应当提供线上参会的渠道及方式，并且在持有人会议召开前将议案发送至持有人及相关机构、披露最终议案概要。

第二十四条 召开公告发布后，持有人会议不得随意延期、变更。

出现相关债务融资工具债权债务关系终止，召开事由消除或不可抗力等情形，召集人可以取消本次持有人会议。召集人取消持有人会议的，应当发布会议取消公告，说明取消原因。

第四章 会议表决和决议

第二十五条 债务融资工具持有人及其授权代表行使表决权，所持每一债务融资工具最低面额为一表决权。未参会的持有人不参与表决，其所持有的表决权计入总表决权。

第二十六条　发行人及其重要关联方持有债务融资工具的，应当主动以书面形式向召集人表明关联关系，除债务融资工具由发行人及其重要关联方全额合规持有的情况外，发行人及其重要关联方不享有表决权。利用、隐瞒关联关系侵害他人合法利益的，相关方应当承担相应法律责任。

前款所称重要关联方包括：

（一）发行人或承继方控股股东、实际控制人；

（二）发行人或承继方合并范围内子公司；

（三）本期债务融资工具承继方、增进机构；

（四）其他可能影响表决公正性的关联方。

第二十七条　参加会议持有人持有本期债务融资工具总表决权过半数，会议方可生效。法律法规另有规定或发行文件约定更高会议生效比例的，从其规定或约定。

第二十八条　持有人会议对列入议程的各项议案分别审议、逐项表决，不得对公告、议案中未列明的事项进行审议和表决。

持有人会议的全部议案应当不晚于会议召开首日后的 3 个工作日内表决结束。

第二十九条　召集人应当根据登记托管机构提供的本期债务融资工具表决截止日持有人名册，核对相关债项持有人当日债券账务信息。表决截止日终无对应债务融资工具面额的表决票视为无效票，无效票不计入议案表决的统计中。

持有人未做表决、投票不规范或投弃权票、未参会的，视为该持有人放弃投票权，其所持有的债务融资工具面额计入议案表决的统计中。

第三十条　持有人会议决议应当经参加会议持有人所持表决权的过半数通过；对特别议案的决议，应当经参加会议持有人所持表决权 2/3 以上，且经本期债务融资工具总表决权过半数通过。

法律法规另有规定或发行文件约定更高议案表决比例的,从其规定或约定。

第三十一条 召集人应当在不晚于持有人会议表决截止日后的2个工作日内披露会议决议公告。会议决议公告包括但不限于以下内容:

(一)参加会议的持有人所持表决权情况;

(二)会议有效性;

(三)会议审议情况:各项议案的概要、表决结果及通过情况。

第三十二条 特别议案的表决,应当由律师就会议的召集、召开、表决程序、参会人员资格、表决权有效性、议案类型、会议有效性、决议情况等事项的合法合规性出具法律意见,召集人应当在表决截止日后的2个工作日内披露相应法律意见书。

其他议案的表决,可以根据实际需要聘请律师出具法律意见,发行文件约定应当出具法律意见的,按照约定履行。

法律意见应当由2名以上律师公正、审慎作出。律师事务所应当在法律意见书中声明自愿接受交易商协会自律管理,遵守交易商协会的相关自律规则。

第三十三条 发行人应当对持有人会议决议进行答复,相关决议涉及增进机构、受托管理人或其他相关机构的,上述机构应当进行答复。

召集人应当在会议表决截止日后的2个工作日内将会议决议提交至发行人及相关机构,并代表债务融资工具持有人及时就有关决议内容与相关机构进行沟通。发行人、相关机构应当自收到会议决议之日后的5个工作日内对持有人会议决议情况进行答复。

第三十四条 召集人应当不晚于收到相关机构答复的次一工作日内协助相关机构披露。

第五章 自律管理

第三十五条 持有人会议应有书面会议记录作为备查文件。持有人会议记录由参加会议的召集人代表签名。

第三十六条 持有人会议的会议公告、会议议案、参会机构与人员名册、表决机构与人员名册、参会证明材料、会议记录、表决文件、会议决议公告、持有人会议决议答复（如有）、法律意见书（如有）、召集人获取的债权登记日日终和会议表决截止日日终债务融资工具持有人名单等会议文件和资料由召集人保管，并至少保管至对应债务融资工具债权债务关系终止之日起5年。

第三十七条 召集人、参会机构、其他列席会议的机构对涉及单个债务融资工具持有人的持券情况、投票结果等信息承担保密义务，不得利用参加会议获取的相关信息从事内幕交易、操纵市场、利益输送和证券欺诈等违法违规活动，损害他人合法权益。

第三十八条 对未按本规程履行持有人会议有关职责的召集人、发行人、增进机构、承继方、中介机构、持有人及其授权代表等相关方，交易商协会将根据《银行间债券市场自律处分规则》《银行间债券市场自律管理措施实施规程》等有关规定进行处理。涉嫌违反法律、行政法规的，交易商协会将移交有关部门处理。

第三十九条 召集人拒不履行召集人职责，损害持有人等相关方利益，情节较为严重的，予以警告、严重警告或公开谴责，可并处责令改正、责令致歉、暂停相关业务、暂停会员权利、取消业务资格或取消会员资格。

第四十条 召集人、参会机构、其他列席会议的机构违反保密义务，获取不正当利益或损害他人合法权益的，根据情节严重程度予以警告、严重警告或公开谴责，可并处责令改正、责令致歉、暂停相关业务、暂停会员权利、取消业务资格或取消会员资格。对负有直接责任的人员予以警告、严重警告或公开谴责，可并处责令改正、责令致歉或认定不适当人选。

第六章　附　　则

第四十一条　承继方按照本规程对于发行人的要求履行相应义务。

第四十二条　召集人可以凭召开公告，依据登记托管机构相关要求向其查询本期债务融资工具持有人名册。

第四十三条　召集人可以通过"NAFMII综合业务和信息服务平台存续期服务系统"（以下简称"系统"）召集和召开持有人会议、保管本规程第三十六条要求的档案材料，债务融资工具持有人可以通过系统进行书面提议、参会与表决，发行人、增进机构、受托管理人等相关机构可以通过系统提出补充议案。

第四十四条　交易商协会对资产支持证券、项目收益票据、境外非金融企业债务融资工具等产品的持有人会议及相关工作有特别规定的，从其规定。定向发行另有规定或约定的，从其规定或约定。

第四十五条　本规程所称"以上"，包括本数，"超过"不包含本数；所称"净资产"，指企业合并范围内净资产；所称"披露"，是指在《银行间债券市场非金融企业债务融资工具信息披露规则》中规定的信息披露渠道进行披露。

第四十六条　本规程由交易商协会秘书处负责解释。

第四十七条　本规程自2024年4月1日起施行。